一 个 人 ， 遇 见 一 本 书

TopBook
饕书客

通识中国佛教

吴言生　辛鹏宇 —— 著

鉴书客
陕西新华出版传媒集团
陕西人民出版社

图书在版编目（CIP）数据

通识中国佛教 / 吴言生，辛鹏宇著. —西安：陕西人民出版社, 2017

（通识中国传统文化）

ISBN 978-7-224-12975-5

Ⅰ. ①通… Ⅱ. ①吴… ②辛… Ⅲ. ①佛教－宗教文化－中国 Ⅳ. ①B949.2

中国版本图书馆CIP数据核字(2018)第245564号

出 品 人　惠西平

总 策 划　宋亚萍

出版统筹　关　宁 韩　琳

策划编辑　王　倩 王　凌

责任编辑　张启阳 晏　藜

装帧设计　闫薇薇

通识中国佛教

作　　者：吴言生 辛鹏宇

出版发行：陕西新华出版传媒集团 陕西人民出版社

（西安北大街147号 邮编：710003）

网　　址：www.sxrmbook.com

发行电话：029-87205094

地　　址：西安北大街147号

邮　　编：710003

印　　刷：陕西金和印务有限公司

开　　本：787mm × 1092mm　16开　19.75印张

字　　数：320千字

版　　次：2019年8月第1版 2019年8月第1次印刷

书　　号：ISBN 978-7-224-12975-5

定　　价：69.80元

前言

《通识中国佛教》是“通识中国书系”中的一册。

本书对佛教基本知识进行了系统性的介绍。佛教是世界三大宗教之一，从释迦牟尼在印度创教至今已有两千五百多年的历史。佛教自东汉末年传入中国以来，不只在宗教信仰方面对我国产生了深远影响，更在中国思想、文化、文学、艺术等方面注入了新的元素。了解中国佛教基本知识，既能为深入研习佛学打好基础，也能对提高国学知识储备有所帮助。

本书旨在使读者形成对中国佛教的基本认知，从基本知识、基本教义、修行方法、佛教历史、中国佛教宗派、中国佛教八宗祖庭、佛教人物、佛教经典、佛教仪轨、佛教文化艺术、佛教诗歌等方面进行介绍。

基本知识：对佛教的基本称谓和概念进行介绍，使读者对什么是佛教，什么是佛、菩萨、罗汉、三宝，什么是比丘、比丘尼、居士，什么是解脱、涅槃等基本概念有所认知。

基本教义：重点介绍缘起论、因果观、无常观、四圣谛、三学、六根清净、四大五蕴皆空、六道轮回、西方净土等思想义理，这些是佛教的基本思想和特色思想，是佛教义理的精髓。

修行方法：介绍六度、渐修与顿悟、念佛法门等佛教的基本修行方法。

佛教历史：介绍佛教自东汉至隋唐，汉传佛教渐渐融摄为天台宗、华严宗、三论宗、唯识宗、净土宗、律宗、禅宗、密宗八个大乘佛教宗派的历史进程，以及密宗在西藏的发展。

中国佛教宗派：介绍中国佛教八宗的思想精华，如三论宗“缘起性空”、法相宗“万法唯识”、天台宗“一念三千”、华严宗“法界缘起”、禅宗“明心见性”、净土宗念佛法门、律宗传持戒律、密宗“三密加持”等，读者借此可以更为深入地领略各宗的思想精髓及深妙奥义。

中国佛教八宗祖庭：介绍与佛教八宗开宗立派所在佛寺的历史文化，即法相宗大慈恩寺、天台宗国清寺、三论宗草堂寺、华严宗华严寺、禅宗少林寺、律宗净业寺、净土宗香积寺、密宗大兴善寺等。

佛教人物：介绍佛教历史上古今中外的重要人物，如四大译经家（鸠摩罗什、真谛、玄奘和义净）、达摩、慧远、慧能、玄奘、莲华生、明末四大高僧（袾宏、真可、德清和智旭）、太虚、弘一等著名法师的生平和贡献。

佛教经典：佛经是佛教思想的载体，《阿含经》《四十二章经》《心经》《金刚经》《法华经》《净土三经》《坛经》《五灯会元》等佛教典籍内容博大精深，是人类历史上一笔丰厚的历史文化遗产。

佛教仪轨：仪轨是指佛门僧侣普遍遵守的礼仪制度，佛教的仪轨涉及修行、生活的方方面面，如怎样布置佛堂，怎样穿着袈裟，怎样使用法器，怎样受戒等都有着严格的要求。

佛教与文化艺术：佛教从印度传入中国后，与儒家、道家三教共同构成中华民族的思想源泉，深刻影响了哲学、文学、语言、建筑、音乐、书画等域的发展。

佛教诗歌：文人及僧人用诗歌表达自己理解佛禅、修习佛禅、参悟佛禅心得体会，或宣扬佛禅哲理，或表现禅意禅趣。佛教思想内涵及审美特质对人的艺术思维、思想层次以及诗歌境界的探寻，为中国古典诗歌开辟了一条同于儒家诗教传统的诗学体系。

本书的出版缘于众多善缘的成就，其中有曹胜高教授的发起及统筹，有西人民出版社的促成，有前贤时哲的学术成果的启发。此外，辛鹏宇博士为书撰写了9万余字。感谢一切善缘！希望本书的出版能够对爱好佛学、爱好国的读者有所裨益。

目录

第一章

基础知识

佛教是世界三大宗教之一，从释迦牟尼创教至今已有两千五百年的历史。要深入了解佛教的历史文化、思想智慧，就必须了解佛教的基础知识。本章对佛教的基本称谓和概念进行介绍，引导大家进入学习佛学的大门，从而为深入了解佛教的“无上甚深微妙法”打下坚实的基础。

什么是佛教？

佛教，广义上说是一种宗教，包括它的经典、仪式、习惯、教团的组织等。狭义上说，就是佛陀所说的言教，如果用佛教固有的术语来说，应叫作佛法。佛法的“法”字，梵语音译为达摩（dharma），意译为“法”，指佛所觉悟的真理和觉悟的方法。在另外的情况下，佛教把一切事物都叫作法。“一切法”“诸法”就是“一切事物”“宇宙万物”的意思。

佛教分为大乘（Mahayana）和小乘（Hinayana）两大宗派。大乘就像是一辆大的车子，大的车子能把很多人从烦恼的此岸拉到智慧的彼岸，是以救世、利他作为宗旨的。而小乘呢，好比是一部很小的车子，只能把你自己一个拉过去，只能解决自己的问题。

从信仰观念上说，佛教是以佛为崇拜对象的宗教。佛是从印度古代梵文Buddha音译出来的“佛陀”的简称，意译“觉者”，即指觉悟了的人。佛陀的觉悟包含三方面的意思：一是自己觉悟，即自觉；二是使他人也得觉悟，即觉他；三是自觉觉他都达到了圆满的层次，即圆觉。普通人没有这三种觉悟中的任何一种觉悟。声闻和缘觉有的是自觉；菩萨自觉觉他，但自觉没有佛那么深，觉他没有佛那么广，所以没有达到觉满的层次；只有佛才具备这三项的全部内涵。

与“佛”同义的词是“如来”。“如来”的“如”字，是“真如”，即真理。“如来”是“乘真如之道而来”，为的是度化众生。“如来”本是一个通用名词，是“佛陀”的异名。“如来”的意思就是佛。有人将“如来”和“佛”并称，称为“如来佛”，这就成了同义重复。

从基本教义方面说，佛教主张人的生命及与人的世俗生活相关的一切事物现象都是无常的，只要生存在这个世界上，就意味着要承受无穷无尽的痛苦；只有按照佛所给予的启示努力修行，才有可能完全跳出苦海，进入持久欢乐、祥和、自由的涅槃彼岸。

从生命存在形式而言，佛教认为，世界上存在的一切生命体不外乎凡、圣两类，总称六凡四圣。佛、菩萨、缘觉、声闻彻底摆脱了痛苦，属于觉悟的圣者一类；天、人、阿修罗、畜生、鬼、地狱，属于迷惑的凡者一类，合称六道。六道众生无一例外地要在无边的苦海中挣扎煎熬，不同的是每一道众生所承受的苦痛有着本质的分别，天道的处境较好，人道的处境次之，阿修罗道、畜生道、鬼道、地狱道依次越来越差。

佛教的基本活动场所统称为寺院，其中比丘尼住的寺院又称作“庵”。僧人居住在寺院中，多依受戒时间的长短确定长幼次序。住持为寺院之主，经过升座仪式后，就成为“方丈”，全面负责本寺的各种佛事活动。除住持外，寺院还设有负责指导禅堂或念佛堂事务的班首和各种执事，负责掌管库房、接待僧俗、管理僧众威仪、主持仪式、主管大众饭食斋粥等事宜。班首、执事均由住持聘请或任命。

宗教仪轨方面，汉地佛教要求僧人每日早、晚两次齐集大殿，共同修行。每日早斋和午斋，僧人还要以所食之物供养诸佛菩萨，回向给施主，为众生发愿。农历每月十五、三十两日，僧人都要共聚一处举行“布萨”，即一起念诵戒律并自我检查是否违犯了戒律；如有违犯，要进行忏悔。此外，每年的农历四月十五日到七月十五日，僧人们应在一座寺院中定居下来，专心修持，不得随意他往，叫作“安居”，或称“结夏”。汉地佛教寺院每年还要不定期地举行一系列的佛事活动，其中以“水陆法会”的规模最盛大、最隆重，以“焰口施食”为最经常、最普遍。

什么是菩萨？

“菩萨”全称“菩提萨埵”，是梵语Bodhisattva的音译简称。“菩提”是“觉”，“萨埵”是“有情”；“菩萨”意译便是“觉有情”，意谓觉悟的有情。菩萨也能觉悟一切众生的痛苦，同情一切众生的痛苦，进而解救一切众生的痛苦。任何志愿自度度他、自觉觉他的人都可称为菩萨。菩萨的意思还有开士、大士等等。开士是指用佛法开导众生之士；大士是指实践大乘佛法之士。因为与佛相较，菩萨在自觉、觉他两个方面都没有像佛那样圆满，没有达到佛的“觉满”的层次，所以是菩萨。

菩萨为了利益众生，必须广学多闻。菩萨是众生成佛的必经身份，众生要成佛，必须发大愿心，最主要的有四条，称为四弘誓愿：众生无边誓愿度，烦恼无尽誓愿断，法门无量誓愿学，佛道无上誓愿成。

汉族寺庙中主要供奉文殊师利、普贤、观世音、地藏四大菩萨像。在佛教《叩钟偈》中，我们可以听到这样的内容：

南无清凉山金色界大智文殊师利菩萨

南无峨眉山银色界大行普贤愿王菩萨

南无普陀山琉璃界大悲观世音菩萨

南无九华山幽冥界大愿地藏王菩萨

这里所咏唱的也是四大菩萨和他们的道场，即四大名山。

清凉山就是五台山，是文殊菩萨的道场。文殊菩萨骑着狮子，手持宝剑和梵箧，两者都表示智慧。狮子是百兽之王，表示一个人有了佛法智慧后就会勇猛无比，狐狸野兔等百兽见到狮子闻风丧胆，比喻邪魔外道在拥有了佛法智慧的人面前也是胆战心惊，落荒而逃。文殊菩萨手中的宝剑比喻佛法如同利剑一样能够斩断烦恼；梵箧是佛经的载体，喻佛法智慧。有时文殊菩萨手里没有持梵箧，而是空的，表示智慧无形。

峨眉山是普贤菩萨的道场。普贤菩萨的坐骑是白象，表示行动力、实践力很强，一步一个脚印，坚实有力。普贤菩萨有十项伟大的誓愿，所以也称为普贤愿王。这十项大愿是：

一者礼敬诸佛，二者称赞如来，
三者广修供养，四者忏悔业障，
五者随喜功德，六者请转法轮，
七者请佛住世，八者常随佛学，
九者恒顺众生，十者普皆回向。

普陀山是观世音菩萨的道场。观世音菩萨的造像通常是一手持净瓶，一手执杨枝。净瓶里的水表示慈悲的甘露。

地藏王菩萨的坐骑是谛听，能察知人心。地藏菩萨在地狱里普度众生，有一段非常著名的格言："地狱不空，誓不成佛。众生度尽，方证菩提。"佛的弟子问佛："谁当下地狱？"佛陀说："我当下地狱。不唯下地狱，且常住地狱；不唯常住，且常乐地狱；不唯常乐，且庄严地狱！"

四大名山本来没有高低之分，但在民间有金清凉、银峨眉、铜普陀、铁九华的说法。说金银还好听，说铜铁听起来就不雅了。因此，佛教界就把它们改成了"琉璃界""幽冥界"。

在汉传佛教寺庙前殿一般供着一位笑面和尚像，他就是弥勒菩萨[①]。佛教预言，将来释迦牟尼佛的教法灭尽后，经过很久的时间，弥勒菩萨将在这个世界上成佛说法。所以，弥勒菩萨也受到普遍的信奉。至于笑面和尚像，并不是弥勒像，而是五代契此和尚的像。这个和尚经常背着一个布袋，人称为"布袋和尚"，相传他是弥勒化身，所以后人塑他的像作为弥勒来供奉。

①弥勒菩萨：即弥勒佛。此处因解释需要而称为"菩萨"，后均为"弥勒佛"。

在中国民间，流传着“男戴观音女戴佛”的说法，这是什么意思呢？男性性格刚强粗犷，所以佩戴观音像，是提醒自己要像观音菩萨那样，慈悲和善；女性比较敏感，心胸不开阔，所以要佩戴弥勒佛像，是提醒自己要像弥勒佛那样，大肚能容，开口常笑，多些包容。

在佛教中，有“四圣”的说法。四圣，就是佛、菩萨、声闻、缘觉。

四圣中最高的层次就是佛，其次是菩萨，其三是声闻，其四是缘觉。声闻是听闻佛音声、修四谛法门而悟道者。阿罗汉为声闻乘中的最高果位。缘觉是于佛之世听闻佛说十二因缘而悟道者。前面我们说的都是佛存在于世时悟道者的情况，如果悟道者出生在无佛之世，观诸法生灭因缘而自行悟道，这样的悟道者便名为独觉。

什么是罗汉？

小乘佛教修解脱道，通过修行达到自我解脱。小乘所证得的果位分为“声闻”和“缘觉”两种。声闻是通过听闻佛说苦、集、灭、道四谛法而得解脱道。声闻中的最高果位就是“罗汉”。罗汉含有杀尽烦恼之贼、解脱生死不受轮回、应受人天供养的意思。声闻与缘觉自求了生死、自求入涅槃，他们不愿度化众生。如果要成佛，必须要行菩萨道。

大乘佛教修菩萨道。菩萨道是要解脱生死而仍不离生死，获得自我解脱后随类化度有缘众生。若从解脱的程度上来说，小乘罗汉[①]仅能达到大乘菩萨的大概六分之一的水平，距离成佛就更远了。如果罗汉要想成佛，必须回小乘向大乘，修完解脱道继续修菩萨道，度化众生。解脱是慧业，度生是福业，福慧双修是修菩提道，福慧圆满便能成佛。当然，罗汉回小向大，只是福业没有达到大乘的程度，他们的慧业持有解脱功用，即使不修菩萨道也不会退入凡位的。

中国佛教常有十六罗汉、十八罗汉、五百罗汉的说法，寺院中常有罗汉造像。佛陀临涅槃时，嘱咐十六罗汉，自延寿命，永住世间，游化说法。十八罗汉是世人在十六罗汉外另加两位，一是迦叶尊者，即降龙罗汉；另一位是弥勒尊者，即伏虎罗汉。十八罗汉慢慢取代了十六罗汉，在中国民间乃至官方的影响越来越大。而五百罗汉通常指佛陀在世时常随教化的大比丘众五百罗汉。也有说法是在佛陀涅槃后，迦叶尊者选取五百名罗汉参加佛教史上第一次经书结集。

另有一点需要注意，在中国民间往往把懒惰肮脏、不修边幅、不守律仪

①罗汉：阿罗汉简称。

〔南宋〕刘松年《画罗汉图》　该图画一罗汉，长眉深目，头角峥嵘，伏倚枯枝。旁有一小僧，展衣接受树上的猿猴献果。

阿难石像

迦叶石像

迦叶、阿难是释迦牟尼十大弟子中最有名的两位，号称“头陀第一”和“多闻第一”，经常被配放在佛像的两侧。

的出家人称为“罗汉型”，视为罗汉化现。在绘画及雕塑中，把罗汉的圣像表现得姿态乖张，衣履不整，或是龅牙咧嘴，甚至面目可憎。这是由于中国佛教史上曾有济公、寒山、拾得、丰干、布袋和尚等行为乖张、个性奇特的人物存在。此外，中国佛教中影响最大的宗派禅宗主张直指人心，见性成佛，所以有超佛越祖的作风，于是禅林中流传着南泉斩猫、归宗断蛇等超越佛教仪轨的公案；更有和尚混迹市尘，或有张弓舞叉，或有取酒肉大嚼的事迹流传。这些对罗汉形象的转变和传播都产生了影响。

事实上，最原始的小乘经律中所见到的罗汉是最重律仪的。只有六群比丘（僧团中的捣蛋鬼们），才会结党从事有违佛教威仪之事。

什么是"三宝"？

"三宝"是指佛宝、法宝、僧宝。称之为宝，是因为佛、法、僧能够令大众止恶行善、离苦得乐，因此极其尊贵。佛教的高明博大，"三宝"两字即可概括无遗。

"佛宝"是指一切诸佛。最初的佛宝指释迦牟尼佛，即从自觉、觉他、觉满三个层面实现了觉悟的人。佛教信徒看佛陀，并非把佛陀当作神道来崇拜，而是如同学生看老师。佛教徒称佛陀为"本师""大导师"，意谓释迦牟尼佛是人生根本意义上的导师。老师能教导学生充实知能、改变气质、修养身心，但老师却不能代学生学习，更不能代替升学。如果没有佛的出现，众生仍然身陷"无明"黑暗，不能自拔；仍然沉溺于生死苦海，不能解脱。佛为众生指明了解脱的方法，所以佛被看作无上的宝物，被称为"佛宝"。

随着佛教的发展，尤其是大乘佛教的出现，佛由原来的释迦牟尼一位，变成了十方世界无数无量的诸佛。诸佛在各自的佛国世界中宣说佛法，教化众生，慈悲济世，也成为佛教徒敬信的"佛宝"对象。

"法宝"，指一切诸佛的教法，也就是佛教经、律、论、疏等各种典籍中的思想内容。佛教的教法很多，内容博大，形式多样，比如佛陀最初所说的教法，就有"四谛""五蕴""八正道""十二因缘""善恶业报"等，这些都是佛教理论中的重要内容。最初的佛法是以口头传授的方式流传下来的，佛陀本人也是口头进行传道的。佛陀涅槃以后，其著名弟子迦叶、阿难等人组织结集，将佛陀生前的教法结集成佛经。随着佛教的历史发展，佛教的"法"也在不断发展。

"僧宝"，指佛教僧团。佛法的流布必须仰赖佛的干部，那就是僧团。

佛法的发明者是佛陀，佛教的住世却是靠僧众。弘扬佛法，不能仅仅局限于出家人，在家的佛子同样可以；而住持佛法，则非要靠出家的佛子不可。所谓住持佛法，是指代表佛法、象征佛法，并守持佛法而住于世间的意思。一般人见到出家僧人，就会自然联想到佛教；而见到在家的居士，就不会产生这种联想。佛陀在世，佛教以佛陀为皈依的中心，佛陀涅槃后，佛教则以僧团为皈依的中心。皈依三宝，就要学习法宝，要学习法宝，必须由僧宝做思想和行为上的指导。对于圣僧大菩萨及罗汉，固然要礼敬供养，对于能持戒且能说法的僧人，也要恭敬供养，乃至对不持净戒但有正见能说正法的出家人，也要恭敬供养。

佛教徒们往往自称三宝弟子。若要成为三宝弟子，必须皈依三宝。皈依的意思是身心归向它、依靠它。皈依三宝有“三皈依”仪式。仪式上请一位出家的僧尼做证，并且教授三皈依的内容，那就是：

> 我某某，尽形寿皈依佛，尽形寿皈依法，尽形寿皈依僧。（念三遍）
> 我某某，皈依佛竟，宁舍身命，终不皈依天魔外道。
> 我某某，皈依法竟，宁舍身命，终不皈依外道邪说。
> 我某某，皈依僧竟，宁舍身命，终不皈依外道邪众。

三皈依仪式简单而隆重，主要是使自己一心一意地皈依三宝、信仰三宝，获取圣洁而坚贞的信心。信仰佛教，即是信仰三宝。皈依三宝，当下可以平定身心，增长福慧；未来通过修行可洞彻解脱生死之法，乃至获得成佛之道。

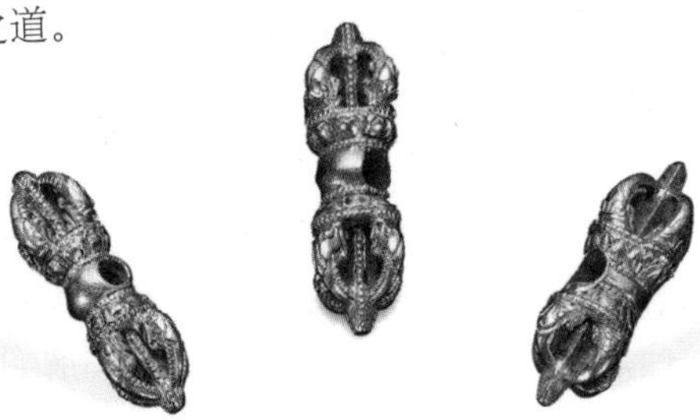

金刚杵

在佛教密宗中，金刚杵象征着所向无敌、无坚不摧的智慧和真如佛性，它可以断除各种烦恼、摧毁阻碍修道的形形色色的恶魔，为密教诸尊之持物或瑜伽士修道之法器。

金时轮金刚曼荼罗咒牌

金刚曼荼罗是藏传佛教时轮金刚乘的标志，此牌意在消灾辟邪。

什么是和尚、尼姑、居士？

从教徒成分上看，佛教基本由出家的僧人和在家的居士两部分组成。出家僧人中的男性称作“比丘”，俗称“和尚”；女性称作“比丘尼”，俗称“尼姑”；比丘和比丘尼合称出家二众，也称为“沙门”。在家修行的人称为居士，居士中的男性称作“优婆塞”，女性称作“优婆夷”，合称在家二众。出家二众与在家二众成为佛教的四众弟子。

和尚：一般人的解释是“和中最上”，或者是“以和为尚”，因为佛教的出家人，要过“六和敬”的僧团生活，那就是：戒和同修、见和同解、利和同均、身和同住、口和无诤、意和同悦。所以他们的解释，似乎也有理由。但是当追根寻源，找出“和尚”一词的词源时，就会发现并非上述通常理解的字面上的意思。

“和尚”是从梵文Upadhyaya这个字音译出来的。这个字传到西域时被读成“乌阇”，到了汉地被读成了“和尚”，这个词意译为“师”，是“吾师”的意思，只有有一定资格、堪为人师的人才能被尊称为和尚。这个称呼并不限于男子，出家女众有资格的也可以称和尚。但是在后来的传播中，这个字常被用来称呼一般的出家人，特别被当作男僧众专用的名词，这是不符合原始字义的。

在佛教的律制中，出家不久的僧人称作沙弥。沙弥有三类：一、七岁至十三岁，称作“乌沙弥”，意思是只能驱逐乌鸟。二、十四岁至十九岁，称作“应法沙弥”，意思是正合沙弥的地位。三、二十岁至七十岁，称作“名字沙弥”，意思是在这个年龄段内，本来应称作比丘，但因缘尚未成熟，所以依然以沙弥的名字进行称呼。

当沙弥年满二十岁，受比丘戒后，就被称为比丘，意思是乞士——上乞佛法，下乞饮食。中国人解释为“德比孔丘，故称比丘”，是牵强附会。受了比丘戒的五年之内，不得做其他出家人的导师；五年之后，若已通晓戒律，才可以所学特长为师，称为轨范师，教人习诵，梵语叫作“阿阇梨耶”；到了十年之后，可做亲教师；到了二十年之后，称为上座；到了五十年以上，称为耆宿长老。

尼姑：与“和尚”一词一样，“尼姑”这个词也是中国人的俗称，并不合乎佛制的要求，所谓尼姑，是指佛教的出家女性。本来在印度以尼(ní)代表女性，有尊贵的意思，不限佛教的出家女性所专用。佛教的出家女性，小的叫沙弥尼，大的叫比丘尼，意思是女沙弥及女比丘。

如根据梵文，尼即“女”意，加上姑字，即成女姑，以文训义，文义不通。到了中国，因习惯上用“姑”称呼未嫁的女子，所以将佛教的沙弥尼及比丘尼称作了尼姑，这其中并没有侮辱的意思，只是语言习惯使然。在《景德传灯录》中，佛门大德尝以师姑称尼姑；但到明朝陶宗仪的《辍耕录》中，以尼姑列为三姑六婆之一，那就有轻贱的意思了。因此，晚近以来，尼众们很不愿意人家当面称她们为尼姑。

居士：在中国的《礼记》中已有“居士锦带”一语，是指为道为艺的处士，含有隐士的意义。在印度，居士也不是由佛教所创，梵语称居士为“迦罗越”，不论是否信仰佛教，凡是居家之士，都可以称为居士。佛教中的居士指居家学佛、信佛、弘扬佛法之士。

佛教开始称居家学佛的人为居士，大概是源自《维摩诘经所说经》。维摩诘被尊为智慧第一的在家修行人。在《维摩诘经》中，他共有四个尊称：《方便品》称为长者，《文殊师利问疾品》称为上人及大士，《菩萨品》等则称为居士。据鸠摩罗什、智者、玄奘等大师的解释，维摩诘是东方阿閦佛国的一生补处菩萨，以在家居士的身份辅助释迦牟尼教化众生。因此后世用居士一词称在家的佛教徒，也含有尊为大菩萨的意味在内了。

可见，在佛教中，一位名副其实的居士并非是与世隔绝的处士或隐士，而是一位大乘的菩萨，在红尘中践行菩萨道。

什么是禅师、律师和法师？

在《有部昆奈耶杂事》卷一三中，比丘分为经师、律师、论师、法师、禅师，一共五类。长于诵经的为经师，长于持律的为律师，长于论义的为论师，长于说法的为法师，长于修禅的为禅师。但在中国的佛教中，经师与论师未能成为显著的类别，律师、法师及禅师倒是沿袭了下来。

禅师：本来是指专修禅定的比丘。但在中国有两种用法，一种是君王对于比丘的褒赏，比如陈宣帝太建元年（569），尊崇南岳慧思和尚为大禅师；又如唐中宗神龙二年（706），赐神秀和尚以大通禅师之谥号。另一种是后来的禅僧称呼前辈为禅师。到了后来，凡是禅门的比丘，只要略具名气，都被称为禅师了。

律师：是指专门研究佛教戒律的比丘。律师学戒、持戒，并且善于解释处理有关戒律的各种问题。律师在佛教中的地位，相当于法律学者、大法官。一般的比丘、比丘尼要求受戒、持戒，但未必通晓全部的律藏。所以，比丘如要做一个名副其实的律师，实在是不简单的事情。

法师：指通晓佛法，又能引导众生信受奉行佛法的人。在一般的观念中，以为法师等同于比丘，其实不然。法师（Dhammacariya）本是一种学位称号，要通达并且能讲说佛法的人才能称法师，不是任何人都可以用这个称呼的。此外，有较高的学位，精通经藏的称为经师，精通律藏的称为律师，精通论藏的称为论师。水平更高的是三藏法师，是遍通经、律、论三藏的学位。如唐玄奘、义净都被授予过“三藏”称号。

佛典中对于法师的运用非常宽泛，并不限于僧人，比如《法华经·序品》中说：“常修梵行，皆为法师。”《三德指归》卷一说：“精通经论以佛法师人者称为法师。”从这个意义上说，在家的居士也有被称为法师的资格。

基于这一理由，道教受了佛教的影响，也称善于符箓的道士为法师。法师一词，就不是佛教比丘的专用称谓了。

根据佛制的要求，严格来讲，出家人对世人应自称比丘（沙弥）或比丘尼（沙弥尼）；居士应称呼出家人为师父，自称弟子，或仅用姓名，或用学人自称；出家人称出家人，长老则用长老，上座则用上座，平辈则互以尊者相称，或亲切一些用某兄某师来称呼对方；比丘对于尼众可以称为姊妹，尼众称呼可参照比丘的用法，平辈则互以师兄相称。如果一个比丘确有禅师、律师、法师的资格，可以接受教内外的名副其实的称呼。如今的佛教界，并不严格遵守佛教规定的称谓，凡是出家的僧尼，不论资质高下，是否有法，能否说法，一律被称为法师。

北宋木雕罗汉像
这些罗汉造像形态自然，生动传神。

什么叫作舍利？

在佛教中，“舍利”和“舍利子”，概念是有所不同的。

舍利，是梵语 ar ī ra的音译，印度人用这个词指人的尸体。在佛教中，僧人圆寂后所遗留的头发、骨骼、骨灰等都称为舍利。印度多采用火葬的方式处理遗体，火葬后将遗留的骨灰（舍利）收藏在容器中，埋在地下。稍高出地面的即称为塔，塔是高显的意思，和中国的坟类似。藏舍利的容器，无论是金属的、石质的，有特殊形式，可以供奉在室内，也称为塔。这种藏舍利的塔就是中国宝塔的来源。因此在印度民族宗教中，舍利与塔，成为人们尊敬礼拜的对象，恰如中国人对于祖先坟墓的敬畏。

在佛教中，高僧大德生前剃下的发、剪下的指甲、牙齿、骨灰等，都是舍利。所以佛教中，有发舍利、爪舍利、牙舍利及相应的发塔、爪塔、牙塔等，都受到信徒们的尊敬。

舍利子，又名“坚固子”，是舍利中的坚固微粒。佛、菩萨、罗汉、高僧大德等火化后，常在遗体骨灰（舍利）中发现坚固的、结晶的微粒（舍利子），或如珠，或如花，白色为骨舍利，赤色为血肉舍利，黑色为发舍利，也有因综合而成呈现为杂色的。至于舍利子的形成原因，目前在实验研究方面没有定论。依据佛典，舍利子是由僧人生前修戒定慧之功德结晶而成。

佛涅槃后，不仅留下身骨舍利，还留下了法身舍利——佛法。佛法是法身理体的表现，以佛经为载体流传世间。法身是金刚不坏且不生不灭的，犹如金刚石一般坚固而不可摧毁。佛的色身会示现无常败坏，但法身金刚不坏。佛教有一首《法身舍利偈》：“见缘起即见法，见法即见佛。”意思是佛教的基本教义是缘起性空，世间一切事物都是因缘和合而生，都会无常变异，不能常住不变。

佛的身骨舍利和法身舍利，常做同等看待，佛的色身舍利被视为法身舍利的代表。舍利和舍利子在佛教中受到尊敬和供奉，但佛教并不是把舍利子作为灵异之物去信奉，佛教认为舍利子是由于物质元素的因缘聚合而产生。佛教徒尊敬佛舍利和高僧舍利，主要是尊敬崇尚佛陀及高僧大德的功德、智慧与慈悲。

需要注意的是，《心经》①中的舍利子是指佛十大弟子中“智慧第一”的舍利弗尊者。这里的“舍利”汉译为鹙鹭，“弗”为“子”，因其母之眼似鹭，所以称之为舍利弗，或舍利子。《心经》以观音菩萨和舍利子对话的形式展开，阐述如何“照见五蕴皆空”的佛法教义。

舍利塔　舍利塔是存放佛祖释迦牟尼或后世高僧舍利子的塔。

①全称为《般若波罗蜜多心经》。

什么是“涅槃”？

“涅槃”是印度梵文Nirvana的音译，意译为“圆寂”，圆是圆满一切智德，寂是寂灭一切惑业。又译作“灭度”，意为灭除生死因果，跳离生死苦海。当一个人的智慧和德行达到了究竟圆满的境界，就能超越生死烦恼，也就是达到了“涅槃”的境界。这是圣者所证得的不生不灭、超越时空的真如境界，也是众生最理想、最美丽的归宿。

涅槃，原意是指火的熄灭，后成为印度古代一些宗教的通用术语，用以指称宗教修行所达到的最高境界。佛教建立后，把它吸收进来并根据佛教教义加以阐述，成为佛教中至为重要的中心内容。佛教认为，众生既受烦恼、欲望等诸苦的折磨，也受生死业力的束缚，涅槃就是对烦恼、欲望、生死诸苦的最后的断灭。众生通过宗教修行实践，可以达到涅槃的境界。

佛教宗派众多，理论多样，对涅槃的解释也有多种。原始佛教时期，佛陀非常强调“灭”的作用，认为涅槃是一种超越时空、超越世俗世界、超越一切苦乐的不可议、不可言说的实在。犹如打铁时四处飞溅的火花，瞬时即逝，不可捉摸。小乘佛教认为“涅槃”是与生死轮回相对的一种不再轮回的身心俱灭的死亡状态。小乘佛教把涅槃分为有余涅槃和无余涅槃，有余涅槃是指众生断尽烦恼，灭除欲望，精神虽已进入涅槃的境界，但色身尚未死亡；无余涅槃则指精神与色身俱灭，彻底从生死轮回中解脱出来。

大乘佛教中不同派别对“涅槃”的解释不尽相同，总体而言，一种观点认为涅槃是一种绝对真实的存在，是永恒的佛法真理；另一种观点主张“诸法性空”“一切皆空”，认为“涅槃”本质上是性空的，所谓“涅槃”也是一种假名，并非真实的存在。在此基础上，不同派别发展各自的涅槃理论。

尽管佛教内部对涅槃的具体解释多种多样，涅槃作为一种宗教修行所要达到的理想境界，则是受到公认的。

涅槃图（壁画）
图绘诸佛，姿态各异。

什么是“解脱”？

“解脱”的梵文原词是Moksa，意思是解开烦恼的束缚，脱离三界苦海，是指众生不为尘世所累的一种精神自由的宗教境界。从广义上说，凡是在精神上不受束缚，脱离障碍自由自在，都可以说是获得了解脱。从狭义上讲，解脱指灭除烦恼的某些禅定，比如说“三解脱”，就是三种具体的禅定方法。

解脱与涅槃之间既有区别，又有相通之处。断绝生死、永不轮回的状态，一般称为涅槃，是一种最高意义上的宗教解脱。而解脱则比涅槃更宽泛一些，主要是指去除烦恼，灭去迷惑。所以人们可以常常说自己已经“超脱”（解脱）了，而不会说“涅槃”了。因为普遍意义上的“涅槃”包含了肉体不复存在的意思。从这个层面讲，涅槃实际已成为佛教说死亡的代名词。

解脱的原则是增长智慧，洞彻缘起性空的真谛；解脱的目的是无我，从世间种种束缚中解脱出来。佛教把践行解脱道的方法称为“修持”，也绝对重视修持。如果不做修持的功夫，便不能实证解脱的境界；若不实证解脱的境界，就无法从生死轮回中获得解脱。不能自主生死的人，纵然学佛，纵然出家，纵然自以为是行了菩萨道，那也仅是种些解脱的种子，而缺少种子开花结果的因缘就不是真正意义上的修持。

修持解脱道的方法不胜枚举。比如在《华严经》[1]中，许许多多的菩萨，各有各的解脱门。文殊及普贤两位大菩萨，更是各有无量无数的解脱门。无论是哪种修持方法，离不开“戒、定、慧”三大门径，从这三大门径，就可以进入不受生死束缚的解脱境界，也称为“三学”。简要言之，

①全称为《大方广佛华严经》。

戒，即持守戒律，防止造作一切身、口、意的恶业；定，即修持禅定，能够静虑澄心、心念清净；慧，修炼智慧，能使人们发现真理，从而断除愚痴、勘破烦恼。修此可以由戒得定，由定发慧，最终证得解脱道。

敦煌壁画 报恩经变相图
中央是释迦牟尼净土，两侧边缘是须闍提太子本生。

敦煌壁画 药师净土变相图
与西方净土阿弥陀相应的是药师如来的东方净土，药师信仰在敦煌地区曾极为流行。

第二章

基本教义

佛教思想，博大精深，包罗万象。本章为大家介绍佛教的基本教义，重点介绍缘起论、因果观、无常观、四圣谛、三学、六根清净、四大五蕴皆空、六道轮回、西方净土这几个方面。

缘起论

缘起论是佛教区别于其他任何哲学派别的思想特色。所有佛教的教法都以缘起论为基准。不管是原始佛教、部派佛教还是大乘佛教，任何时代或任何地域之佛教宗派必然以缘起论为其根本教理，否则，则不能称为佛教。

“缘起”的缘，兼含“因”“缘”二义。因，主要的原因；缘，次要的助缘。因是内因，缘是外因。对缘起论最为精辟的表述是《杂阿含经》中的四句话：

此有则彼有，此生则彼生。
此无则彼无，此灭则彼灭。

所谓缘起，就是一切事物，都是由于因缘而起。其中，因是主要的原因，缘是次要的助缘。比如，一粒种子，开花结果，这粒种子的本身，就是因；但仅有这粒种子，它还不能开花结果，还需要土壤、阳光、空气、水分，这些就是次要的原因，就是缘。万事万物由因缘而生，所有的事物都依靠一定的条件和相互作用产生，也由于因缘的离散而消失。诸法从缘而生，诸法从缘而灭。所以世间一切现象，从一粒灰尘到整个的世界，都没有一个永恒存在的本体，一切事物是暂时的、假有的存在，本性是空的，这就是佛教所说的“缘起性空”。佛教被称为空门，原因就在于此。因此，佛教缘起论的要点，是让人们把握缘起性空的诀窍。

从修行的角度来说，佛教的缘起论以十二因缘为基本思想。十二因缘深刻地说明了有情生死流转的过程。十二因缘是：无明（贪、嗔、痴等烦恼，为生死的根本）、行（造作诸业）、识（业识投胎）、名色（但有胎形，六根未具）、六入（胎儿长成眼等六根的人形）、触（出胎与外境接触）、受（与外境接触生起苦乐的感受）、爱（对外境生爱欲）、取（追求造作）、有（成业因，能招感未来果报）、生（再受未来五蕴身）、老死（未来之身又渐老而死）。

缘起论是佛教所有教义中最基础的教义，佛教的因果循环、因果相报、前世今生、六道轮回等观念都是基于万事因缘而起这个观点上的。凡事都有前因后果。你目前的生活状态来源于你以前的生活状态，而现在的生活状态又决定了你未来的生活状态。缘起论可以作为指导我们做人做事的准则。万物是性空的，没有固定不变的本质，这是在告诫众生不要围着虚妄的声闻利养团团转，这就叫作看破，叫作放下。看破的是事物的表象，放下的是对名利物欲的贪欲执着。

但是，佛教的“空”往往容易被误解为“无”。佛教的空，是在说“不实在”，而不是“不存在”。佛教所讲的性空是事物本质体是空，但性空并不脱离相上的假有。佛教是从缘起论出发来说明空无实体的道理；正像一颗种子开花结果，是一个完整的生长过程，但如以植物学家的眼光去看，这朵花的每个阶段都是各种元素及关系的结合而已。

“此木为柴山山出，因火成烟夕夕多。”柴草的本性就是木，每一座山上都有出产；烟是由火产生的，每一个傍晚，农家在生火做饭时都会冒起袅袅炊烟。佛教的缘起论，就是这样在生活的方方面面、时时处处显示了出来。

敦煌壁画　三兔藻井
图绘有神秘莫测的三兔连耳及成熟的飞天造型。

敦煌壁画　莲花藻井
藻井是敦煌图案中的精华，它高居石窟顶部，多绘有莲花图案。

因果观

在缘起论的基础上，佛教发展出“因果循环，因果相报”的因果观。因是种因，果是结果，种善因必得善果，种恶因必得恶报。佛教相信因果定律的正确性，正像大家相信吃饭可使胃囊满足那样的正确。因果、轮回理论，是佛教理论中的精深微妙之处。理解稍有偏差，就成了“野狐禅”，堕落成了野狐。

唐代百丈禅师说法的时候，总有一个老人去听。众人散去，老人也离去。有一天，众人都走了，老人还不走。百丈问：“你为什么还不走？”老人说：“我不是人啊。过去迦叶佛在世时，我曾住持此山，宣讲佛法。当时有一个学人问我：‘大修行人还落因果吗？’我说：‘不落因果。’就因为这句话，五百世堕为野狐身。现在请和尚大发慈悲，为我转迷开悟，好让我脱离野狐之身。”

百丈说：“好吧，现在你就问我好了。”老人便问：“大修行的人还落因果吗？”百丈朗声回答：“不昧因果！”老人言下大悟，作礼说：“我已经脱离野狐之身了。我住在后山，希望和尚能按僧人去世的惯例为我做法事。”百丈遂令人击鼓示众说：“饭后送亡僧。”众人都很疑惑：大家的身体都好好的，没听说谁病危了，送什么亡僧？后来他们才知道了其中的原委。那天饭后，百丈带领众僧，来到后山岩洞中，百丈用禅杖挑出一只野狐，依送亡僧的仪式把它火葬了。

因果律是佛教最基本的教义之一。老人以为大修行人可以不落因果，自误误人。百丈一字之易，使他体会到因果不可昧，便脱了野狐身。由此可见，因果律在佛教中是何等的重要。那么，如何来理解三世因果呢？

首先，可以把人生分成三年——青年、中年、晚年。二十岁之前，等于前生；二十岁至五十岁，等于今生；五十岁之后，等于来生。中年环境，是年轻时候已经伏下的因；晚年所得的果，也就是年轻及中年自己所作所为的结果。其次，可以把人生分成三天：昨天、今天、明天。昨天就是前生，今天就是今生，明天就是来生。

如果想知道自己前生的情况究竟怎么样，今生究竟是由什么变来的，我的来生又会怎样。这样的问题，佛教的四句话（《法苑珠林》卷五十六）告诉了我们答案：

欲知前世因，现在受者是；
欲知来世果，现在作者是！

过去种下了什么因，现在所领受的情况就足以反映；未来会结出什么果，由当下的行为所决定。种瓜得瓜，种豆得豆。前因后果，了了分明。世间的人要对法律负责，修行的人要对因果负责。

在佛教里，有"菩萨畏因，众生畏果"的说法。对于因果，众生与菩萨有两种截然不同的感受方式，叫作"菩萨畏因，众生畏果"。"菩萨"就是觉悟者，"众生"就是痴迷者。"菩萨畏因"，当一个念头生起时，菩萨觉得它不好的话，会立即掐断它，不让它付诸行动。"众生畏果"，当一个念头生起时，众生觉得它不好的话，仍然会心存侥幸，禁不住欲望的诱惑。比如，众生也知道"手莫伸，伸手必被捉"这个道理，但就是管不住自己，就是要不停地"伸手"，结果被纪检、被双规、被收监，这时才痛心疾首，"早知如此，何必当初！"众生畏果，不撞南墙不回头，不见棺材不落泪，非要等恶果出来时才开始害怕、后悔，但这时木已成舟，已经无济于事了。所以，在这个世界上，我们要做一个畏因的菩萨，而不要做一个畏果的众生。有了这个规则的指导，做人就有了底线。做人有了底线，整个社会也就有了底线。

因果因果，如是因，如是果。修破戒因，感地狱果；修禅定因，感智慧果。修行，就是修心。修心，就是要明白因果。明因果，就是要看管好当下的这一念。因为这当下的一念，决定了十世古今，这就是唐代李通玄长者所说："无边刹境,自他不隔于毫端；十世古今,始终不离于当念！"

无常观

世间一切事物，生灭迁流，刹那不住，这就是佛教所说的无常。无常有两种，一是念念无常，是说一切有为法都是念念生灭而不停住；一种是相续无常，是说相续之法在经过了一段时间之后，最终还是要归于坏灭，如人命的死亡及灯火的熄灭。《坛经·机缘品》说："无常迅速，生死事大。"而觉悟性是超越了无常的智慧的生命。

志彻禅师读《涅槃经》，不理解无常的含义，请教六祖慧能。慧能说："无常者，即佛性也！"(《坛经·顿渐品》)禅的任务就是让人从无常中解脱出来，以获得觉悟。慧能指出，真正的觉悟就是对无常的如实认识。只有把自己从超越无常的觉悟中也解脱出来，从觉悟的世界复归到无常的世界，并且生活在无常世界的痛苦中间，才能体验到真正的觉悟。这样的觉悟才不是与无常相对立、和无常联系在一起，并受制于无常的觉悟，而是超越了无常和常的觉悟。

佛教的无常观建立在缘起论的基础上。世间一切事物都是缘起的，都是由各种因缘和合而生成的，所以它们在本性上是空的。

比如人的身体，从缘起来看，本质上是"四大皆空"的。人的身体由四大组合而成。因为是组合而成，所以它的性质是空的。也因为是组合而成的，所以必须处在调和的状态。如果不和谐，就会有麻烦。比如，火大出了问题——你的体温不是37摄氏度，而是40摄氏度，那么你就要睡到病床上去，打点滴；体温如果成了零度，那么你就要睡到太平间去，好好的安息。再比如，风大出了问题的话——一口气上不来，你就会往生了。所以四大必须处在调和的状态。一个人生病时，就叫作"四大不调"；一个人离开世界的时候，就叫作"四大离散"。四大无时无刻不在变化之中，这体现着无常的道理。

不光是“四大皆空”，用禅的观点来看，人世间的一切，都处在无常变化之中：

生理现象的无常，有生、老、病、死；

精神现象的无常，有生、住、异、灭。

物理现象的无常，有成、住、坏、空。

禅宗的修行宝典《楞严经》里有一段对话，生动地揭示了生理现象的无常：

佛陀问波斯匿王：“你什么时候看到了恒河的水？”波斯匿王回答：“那是我在三岁的时候，我的母亲带我渡过恒河看医生时，我看到了恒河水。”佛陀问：“你今年有多大了？”波斯匿王回答：“六十三了。”佛陀问：“你现在的容貌和三岁时比起来怎么样？”波斯匿王回答说：“那怎么能比！我三岁时皮肤细嫩光滑可爱，白里透红，晶莹如玉，十年以后就变粗了，每过十年就更加老化。其实只要仔细地观察，并不是每过十年才老化一次，而是每年每年都在老化；并且，也不是每年在老化，而是每月都在衰老，进而是一天比一天更老。并且，不但每一天都在变老，而且后一分钟比前一分钟更老，甚至后一刹那比前一刹那更老！”

可见，人的生理现象的无常是每时每刻甚至是在每个刹那之间都不断在发生着的，只不过我们一般人平常都只注意到长时间内的显著变化而不太去留心刹那间的念念无常罢了。

“白发三千丈，缘愁似个长。不知明镜里，何处得秋霜？”李白的这首小诗，就是不经意间对着镜子发出的人生无常、华发丛生的感叹。人从出生到死亡的整个过程，就是无常变化的过程，这在禅学上叫作“一期无常”。

除了一期无常之外，还有“念念无常”，就是每个念头，分分秒秒都在无常变化。对这一点孔子也很有体会。“子在川上曰：逝者如斯夫。”（《论语》）他不但体会到“逝者如斯”的一期无常，也感慨于“交臂非故”（《庄子》引孔子语）的念念无常——两人在路上相遇时打了个照面，擦肩而过，在这一瞬间，两个人都变了，你已经不是刚才的你，我也不是刚才的我了，一切都在生灭变化中！我们不能把同一只脚踏进两条相同的河流里，是因为这世界上不但没有不变化的同一条河流，而且也没有不变化的同一只脚！

这是说的生理现象的无常。心理现象的无常又如何呢？

《心经》说“色即是空，空即是色”，又说“受想行识，亦复如是”。意思是说，“受想行识”这些精神的现象，本性也是空，也时时刻刻处于无常变化之中。

佛传图：离别，剃度，苦行
图中分别展现离别是苦、剃度皈依、通过苦行得到解脱等主题。

四圣谛

四圣谛就是佛学中四个最为神圣的真理，叫苦、集、灭、道，说明世间的苦(苦谛)和苦的原因（集谛），以及苦的消灭（灭谛）和灭苦的方法（道谛）。这是释迦牟尼佛成道后在鹿野苑第一次为五比丘说法时的内容。

苦谛是说明人生多苦的真理。佛教说，人生有四苦，八苦，乃至无量的苦。

四苦，就是生、老、病、死。人在娘胎中舒展不开，感到很局促；母亲吃了一口热的，胎儿感觉像是在下油锅；母亲喝了一口凉的，胎儿感觉掉进了冰窟窿里。人在出生的时候，哇哇大哭，苦不堪言，出生之后，有的人卑微贫贱，有的人身体残缺，这是生苦；随着年纪的增大，我们颜色衰退，气力衰退，感觉衰退，寿命衰退，这是老苦；病来如山倒，如日薄西山，这是病苦；临死的时候，我们依依不舍，要离别所爱的财宝，离别所爱的朋友，离别所爱的眷属，离别所爱的自身，在命终时备受煎熬，这是死苦。

八苦是生、老、病、死四苦之外，再加上的四苦。

一是求不得苦。财、色、名、食、睡五个方面为代表的强烈的欲求得不到满足，茶饭不思，精神萎靡，痛苦万分。二是爱别离苦。与所爱之人分离固然让人难受，对所爱恋的名闻利养割舍不下，就要撒手归西，更是让人死不瞑目，痛苦不堪。三是怨憎会苦。与爱别离苦正好相反，不是冤家不聚头。两个人是冤家对头，偏偏要天天见面，要进同一家单位，甚至要坐在同一张办公桌的对面，你说苦不苦？不喜欢的事情偏偏把你缠上了，也令人苦不堪言。四是五阴盛苦。五阴指色、受、想、行、识，其中色是物质，受、想、行、识是精神。五阴的作用很炽盛，把我们的本心本性给遮盖住了，这是非常痛苦的事情。

为了说明人生多苦，佛学还对人的脸形做了一个幽默的解释。佛学说人的脸上，两根眉毛是两堆草，合起来就是“艹”字头；眼横鼻直，合起来是一个“十”字；嘴巴是什么？是个“口”字。“艹”字头，下面是“十”字，再下面是“口”字，合起来是什么字？“苦”字！人的脸形就是一个苦字，你看人生有多苦！在苦字的脸上长出来的头发，就叫作“烦恼丝”。修炼佛教的智慧，就是“慧剑斩情丝”，用智慧的利剑，斩断人生千丝万缕的情丝。

那么，人生痛苦的原因是什么呢？这就是集谛的内容。集谛是说明人生痛苦是怎样来的佛家真理。佛学认为，人生痛苦的根源，是贪、嗔、痴。贪，贪得无厌；嗔，嗔恨报复；痴，愚痴无明；这三种心理是毒害我们智慧生命的根本毒素，所以叫三毒。在佛教的图画中，常用一头猪咬住一条蛇、一只鸽子的尾巴来表示三毒。猪表示无明，蛇给人的印象是吐着信子，攻击性强，表示嗔恨心；鸽子有滥交和乱伦的习性，表示没有节制的贪欲。

灭谛是说明涅槃境界才是多苦的人生最理想的归宿这个真理。灭就是寂灭，但这个寂灭不是什么都没有了，而是指烦恼的消灭。烦恼消灭了，就是涅槃。

道谛是说明人要修道才能证得涅槃的真理。佛学主张修习三学来破除三毒。三学就是戒、定、慧。戒是制止恶行，定是定心一处，慧是破妄证真。戒能调伏贪爱心；定能调伏嗔恚心；慧能调伏邪痴心。用戒、定、慧三学，可对治贪、嗔、痴三毒。

戒的功能是防止身、口、意三业的过失。佛教规定，比丘戒有二百五十条；比丘尼戒有三百四十八条。在佛教中，为出家弟子和受持了五戒的在家弟子规定，要共同持守五戒。五戒，就是不杀生、不偷盗、不邪淫、不妄语、不饮酒戒。不杀生，是指不能伤害其他众生的生命。“众生”就是众多的因缘所生起的事物。佛学把众生划分为有情众生和无情众生两类：有情众生，是有情感意识的生命体，人和动物都属于这一类；无情众生，是没有情感意识的生命体，植物矿石属于这一类。不杀生，是指不杀害有情众生的生命。

因为众生平等，所以不能杀生。但要做到真正的不杀生并不容易。出家人在云游时，要带上一个滤水囊。在饮水时，用滤水的纱布把河水过滤一遍，然后把滤水囊放到河里摆一摆，就是为了放生。但是，过滤了之后，钵中的水是不是就没有微生物了？不是。这钵水中还有无数的肉眼看不见、也

敦煌壁画　佛传图断片
又作四门出游，或简称四门。即释迦牟尼未出家时，从迦毗罗城四门出游，见生、老、病、死四苦，深感人生无常，而决意出家之事缘。

没办法过滤掉的微生物。这时怎么办？还得喝水来维持自己的生命。所以，出家人在饮水之前，就念诵一个偈语说：“佛观一钵水，八万四千虫。若不持此咒，如食众生肉！”（《律学发轫》卷三）念诵之后，就可以安心饮水了。由此可见，戒杀生的要点，是在于培养我们的慈悲心。

“邪淫”是相对于“正淫”而言。“正淫”是和自己法定的配偶发生的关系，而“邪淫”是和自己配偶之外的人发生的关系。“正淫”对于在家的没有受戒的弟子而言还是可以的。佛教对前一种持宽容的态度，对后一种予以戒绝。至于戒饮酒，也是有其用心。孔子说：“饮不及乱，可矣。”适量喝儿点酒，不要乱了性子，还是可以的。中国文化讲中庸之道，主张“花看半开，酒饮半醉”。花如果全开了，就离谢不远了。酒如果过头了，就会招惹麻烦。佛教重视智慧，酒多易乱性，饮酒之后还能自制而不昏乱者少，故须戒除。这是对我们的保护。

道谛的重要内容是八正道。八正道是达到佛教最高理想境地（涅槃）的八种方法和途径。

一、正见：正确的知见；二、正思维：正确的思考；三、正语：正当的语言；四、正业：正当的行为；五、正命：正当的职业或生活；六、正精进：正当的努力；七、正念：正确的观念；八、正定：正确的禅定。修此八正道，便可证得阿罗汉果。

戒、定、慧三学

“三学”是指佛教修持的戒学、定学和慧学。

戒学，即戒律之学，佛教为防止佛教徒造作一切身、口、意恶业所制定的戒律仪轨。

戒学分为“止持戒”和“作持戒”两大类。第一大类止持戒是指“止非防恶”的戒律，包括五戒、八戒、具足戒等。五戒是：不杀生、不偷盗、不邪淫、不妄语、不饮酒。八戒全称为“八关斋戒”，也称“八斋戒”，是为在家信徒制定的戒条，内容是在前五戒基础上，增加不坐高广华丽的大床、不装饰打扮观听歌舞、不食非时之食（过午不食）。又因过午不食戒是斋法，所以称为“八斋戒”。具足戒是为比丘和比丘尼制定的戒律。受具足戒后才能成为真正的出家人。《四分律》规定比丘受持二百五十条戒律，比丘尼受持三百四十八条戒律。

戒律的另一大类是“作持戒”，指教人“众善奉行”的戒律，主要内容是广行善事、广度众生。戒律在释迦牟尼在世时就已制定出来，后经几次结集，汇成律藏。大小乘各宗各派除了共同遵守的戒律外，还有各自特殊的戒律规定，对戒条的解释也略有差别。

定学，即禅定之学，指通过集中精神、观察特定对象，以达到静虑澄心、心念清净的一种修行方法。禅定，是收摄心神而使心力不受外境影响的修行功夫。禅定的功能，能使心念集中专注于一境，只有体证到了心定于一境的功夫，才能得到身心两个方面的轻安妙乐，这种妙乐绝非人世间的五欲之乐所能相比。中国佛教把禅定与般若结合起来，提倡止观并重，定慧双修，大大增加了佛教定学的内容。禅定是佛教各宗共同看重的功夫。

慧学，即智慧之学。“慧”是梵文Jnana的意译，音译“若那”“阇那”等，指通过修行所获得的断除愚痴、灭除烦恼、觉悟解脱的认识能力。

佛教的戒、定、慧三学，是一个有机的整体，不可或缺。戒学是修行佛法的基础，只有修持了戒学，才能进一步修习定与慧；而定学是生起智慧的原因，不修定学，智慧无由生起；智慧则是断除烦恼的关键，一切烦恼，皆由慧断。

敦煌壁画　观世音菩萨像

观世音来自于竺法护与其弟子译于长安敦煌寺的《正法华经》。竺法护初译“光世音”，其弟子聂道真改为“观世音”。玄奘新译为观自在，民间多略称为观音。

六根、六尘、六识

有人问禅师："我们的妄想杂念一直很多，怎么办？"禅师回答："要随时随地管好自己的六个徒弟！"其人恍有所悟地说："师父您说的莫非是眼、耳、鼻、舌、身、意这六个徒弟？"禅师笑着说："不错。人的心中，如果妄念太多，就好像一块白布受了污染，要想把它洗干净，很不容易啊！这块白布之所以脏了，是因为被外面的灰尘污染了。而它之所以被外面的灰尘污染了，是因为这六个徒弟不争气，总是贪恋红尘的缘故啊。"

禅师所说的六个徒弟，就是六根。

六根：是眼根、耳根、鼻根、舌根、身根、意根。眼是视根，耳是听根，鼻是嗅根，舌是味根，身是触根，意是念虑之根。"根"是能够生长的意思。如草木有根，能生枝干，识依根而生，有六根则能生六识。《大乘义章》卷四："六根者对色名眼，乃至第六对法名意，此之六能生六识，故名为根。"

六尘：六根接触到的六种外境，又叫六尘，指色尘、声尘、香尘、味尘、触尘、法尘。尘是污染的意思，是说这六种外境能污染人们清净的心灵。

六识：眼识、耳识、鼻识、舌识、身识、意识。是六根对色、声、香、味、触、法之六尘而生的见、闻、嗅、味、觉、思的了别作用。

十二处：六根加六尘，合称为十二处。"处"是出生之义，由六根、六尘，产生了六识。

十八界：六根、六尘、六识，合起来就是十八界。由于六根对六尘，中间产生认识来了别境界，如眼根为能发，眼识为所发，色尘为助发。眼根如是，余根也是一样。每一根的根、境、识，必须同时具备，才会发生作用。

“界”的意思是各成界限。六根为内界，六尘为外界，六识为中界。

作用	见	闻	嗅	尝	触	思
六识界	眼识界	耳识界	鼻识界	舌识界	身识界	意识界
六尘界	色尘界	声尘界	香尘界	味尘界	触尘界	法尘界
六根界	眼根界	耳根界	鼻根界	舌根界	身根界	意根界

在佛教中，又有“六贼”的说法。六贼有两种，一是外六贼，一是内六贼。

外六贼，就是六尘。色、声、香、味、触法六尘，以眼、耳、鼻、舌、身、意六根为媒介，自劫家宝，故喻之为“贼”。《涅槃经》卷二十三：“六大贼者，即外六尘。菩萨摩诃萨观此六尘如六大贼。何以故？能劫一切诸善法故。”关于外六贼的危害，《道德经》中早有明言：“五色令人目盲，五音令人耳聋，五味令人口爽。驰骋畋猎令人心发狂。难得之货，令人行妨。”

但是，外六贼要“得手”，必须与内六贼里应外合。因此，防外六贼不难，最难的是防内六贼。内六贼，就是眼、耳、鼻、舌、身、意六根。这六贼，就是家贼，而家贼较外贼更难提防。俗语说“酒不醉人人自醉，色不迷人人自迷”，讲的就是这个道理。所以，要保证我智慧生命中的美好的东西不被偷掠，就必须使“主人翁”这个本心保持清醒。《菜根谭》说：“耳目见闻为外贼，情欲意识为内贼。只是主人翁惺惺不昧，独坐中堂，贼便化为家人矣！”不管是内贼也好外贼也罢，只要身为主人翁的自己，保持清醒的头脑，那么，所有心里的敌人、外来的侵害，都会变成你修养品德的助手。参禅悟道，就是要把外六贼和内六贼（“六个徒弟”）都看管好，这就是宋代性空妙普禅师所说的：

学道犹如守禁城，昼防六贼夜惺惺。
中军主将能行令，不动干戈致太平。

意思是说，参禅的人，如同守卫一座戒备森严的城池，不分昼夜地站岗放哨，时时刻刻加以警惕，随时防范外敌的偷袭。眼见色不迷，耳听声不惑，鼻闻香不乱，就可以看管住“六贼”。心就是防卫这座城池的主将，“行令”就是颁布命令，告诫自己，远离一切妄念执着。白天要防备六贼的侵入，晚上也要清清楚楚，明明白白。人心就是中军主将，能够把持得住，就能一尘不染。就可以“不动干戈”，不再有苦乐是非这些相对的观念在内心里打打杀杀，“心国”也就太平无事了。这就是“一尘不染心源净，万有俱空眼界清”的境界。

佛教修行，要达到六根清净的理想境地。六根清净，就是消除眼等六根的罪垢，用无量的功德来庄严它，使它清净洁白。《圆觉经》[①]：“心清净，眼根清净，耳根清净，鼻舌身意复如是。”但是，六根清净，并不是等同于远遁山林，绝迹尘事。这方面的修炼分两步走，《菜根谭》说：

把握未定，宜当绝迹尘嚣，使此心不见可欲而不乱，以澄吾静体；操持既坚，又当混迹风尘，使此心见可欲而亦不乱，以养吾圆机。

是说在心志不坚定的时候，可以躲到深山老林或幽静的环境中，眼不见为净，耳不闻为净，久而久之培养成一种定力。当这种定力培养好了的时候，要走出山林，来到红尘，测试一下，看看这颗心见到可欲的东西会不会乱。如果乱了，就要继续修行；如果不乱，则恭喜你修为有成了。民间有“六贼戏弥陀”之说，谓弥陀定力深厚，外境六贼不能扰动其心。比喻某人定力深，不受外界干扰。因此，在这个意义上，正如南怀瑾先生所说：“六根清净不是听到不声音，而是不论听到好的、坏的、善的、恶的、是的、非的，都一样清净。”（南怀瑾《如何修证佛法》）明代憨山德清大师《费闲歌》说：

闭关容易守关难，不肯修行总是闲。
身在关中心在外，千年不出也徒然。

①全称为《大方广圆觉修多罗了义经》。

在佛门里，常听有一些人说要修行，要闭关，说得神气活现，其实，如果到不了六根清净的境界，是不可能闭关的。所谓“闭关”，就是找一所房子，把自己关到里面去，做一些专修的法门。譬如有的人要看《妙法莲华经》，就闭法华关；看《大方广佛华严经》，就闭华严关。闭关的人可以依照他的兴趣、志愿来专修，但闭关最怕的是“身在关中心在外”，关房里面的修行，不是人人都做得到的。如果在关房中，心不能安宁、不能自在，心有所执者，有种种的烦恼困扰，不能安住，那就“千年不出也徒然”了。所以闭关最主要的是要将身心都关闭起来，斩绝红尘俗念。

所以在佛教里，有“不破参，不闭关；不开悟，不住山”的教示：自己没有开悟时，不能一个人独住深山；还没破除烦恼时，不能随便闭关，因为烦恼未除，在关房中容易盲修瞎练而走火入魔。所以一般的初参学者不要心心念念想到深山里遁隐，要先打好修行的基础，等到开悟了以后再住山，破参了以后再闭关。

敦煌壁画　观世音菩萨像
观世音菩萨是佛教中慈悲和智慧的象征。以观世音菩萨为主导的大慈悲精神，被视为大乘佛教的根本。

四大皆空

佛教所讲的四大，是指“地、水、火、风”这四大。

地指坚硬的性质，水指潮湿的性质，火指温暖的性质，风指流动的性质。世间的一切有形物质，都有坚硬、潮湿、温暖、流动这四种性质，所以称为“大”。

以人而论：人的骨骼等是坚硬性的地大；唾液、脓血、泪水、大小便是潮湿性的水大；人的体温是温暖性的火大；人的一呼一吸是流动性的风大。

以星球而论：星球表面的山石大地，是坚硬性的地大；掘地得泉，是潮湿性的水大；其内部的岩浆，是温暖性的火大；星球与星球间互相吸引，是流动性的风大。四大就是这样遍及于一切物质现象之中。

人的身体是由四大组合而成的，所谓“四大合故，假名为身。四大无主，身亦无我”。(《维摩诘经·问疾品》)因为人身是由四大组装而成，所以可以得出两个看法：一、人的身体本来是空。二、四大顺畅和谐的时候，就会欣欣向荣；四大不调时，就会生起不适，最终导致毁灭。

关于四大皆空，有两则饶有禅机的公案：

有一天，佛印禅师登坛说法，苏东坡听说也赶来聆听，但此时已经没有空座了。佛印说：“人都坐满了，这里没有学士坐的地方。”苏东坡一向喜欢参禅，马上回答说：“既然这里没有坐的地方，我就暂借禅师的四大五蕴之身为座。”佛印说：“我有一个问题问你，如果你回答得出，那么我老和尚的身体就当你的座位。如果你回答不出来，那么你身上的玉带就要留在本寺作为纪念。”苏东坡一向自命不凡，以为自己必胜无疑，就答应了禅师的

敦煌壁画 321窟飞天图
敦煌飞天指的是画在敦煌石窟中的飞神，后来成为敦煌壁画艺术的一个专有名词。

敦煌壁画 215窟飞天图

条件。只听得佛印禅师说："佛经上说，四大皆空。既然四大皆空，请问学士要坐在哪里？"苏东坡一时语塞，甘拜下风，只好认输，解下腰间的玉带递给佛印禅师，大笑而去。

日本的山冈铁舟是明治维新时期叱咤风云的人物。他通过禅修，达到了大智大勇、视死如归的境界。在他还没有得道之前，他到处云游，参访名师。有一天，他见到了相国寺的独园禅师。山冈铁舟为了显示自己的悟境，颇为得意地对独园说："心，佛，以及众生，三者皆空。一切现象的本性是空。没有迷和悟，没有凡和圣。"当时独园禅师正在抽烟，没有回答他，却突然举起烟锅，在铁舟的头上重重地敲了一下，使得这位年轻的参禅者非常愤怒。独园禅师笑道："一切皆空，哪儿来这么大的脾气啊？"山冈铁舟听了，当下明白自己的火候还不够，便非常恳切地向独园禅师学禅。

如果当年苏东坡也有独园禅师的风格，听佛印禅师说"四大皆空"就直接骑到佛印禅师的头上，那么也会成为一段佳话。

五蕴皆空

蕴是积集的意思。“五蕴”就是色、受、想、行、识。五蕴分作两类，一类是精神，一类是物质。“色”是物质，“受、想、行、识”是心理，也就是精神。

色蕴是指由地、水、火、风四大构成的物质世界。色蕴分为内色与外色，内色是指眼、耳、鼻、舌、身五种感觉器官，也称为“五根”；外色是指与内色相对应的色、声、香、味、触五种感觉对象，也称为“五境”。内色与外色的总和就是物质世界。山河大地、草木丛林，一切有生命的、无生命的，都在一个“色”字当中。

受蕴是指身心器官与外界接触时领受的感觉。面对顺境或逆境时，所产生的情绪，有种种不同。对于顺境与逆境的领纳感受，分为身受和心受。受蕴有苦、乐、舍、忧、喜五种性质。其中是由五根、五境所引起的感受属于身受，有苦、乐、舍（不苦不乐）三种；忧、喜两种感受则属于心受，是由第六根意根与其相对应的法尘所引起。六根时时刻刻都跟六尘接触，眼、耳、鼻、舌、身、意，念念都在受的作用中。我们的六根无时无刻不在受苦、受乐当中，它的作用从来没有停止过。我们一觉醒来就在感受，甚至在睡梦中也是如此。

想蕴是想象，指依受蕴而生起的对事物的想象。想蕴跟受蕴一样，也是从六根而来。眼睛接触的境所生的这个想，即是颜色的相貌，称为色相；耳朵分别声音的相貌；鼻子分别气味的相貌；舌头分别味道的相貌；身体分别接触的相貌；那么我们的意则分别心中念想的相貌。这些种种的相貌都是我们内心把它勾画出来的。以“山”为例。眼睛看到一堆石头和土、树，就看到“山”的这个形色。这个颜色和形状多次出现在眼前之后，心中就确定有“山”的形象存在，认为实在有这样的东西，接着给这种相的物体安一个名字，称它为“山”。从此以后，我们一见到这样的形色，就生起了“山”的“想”，这就是想蕴。所以想蕴并不是一次得来，而是累积了多次的经验后得到的。

行蕴是意志和行为，指依想蕴对事物进行判断并诉诸行动。行蕴是驱使心造作诸业。所造作的行为有善、恶、无记三种。比如有人骂你，你起了嗔恨心，这就是“行”。行蕴所生的心是造业的主要力量与原因，因为这些心念驱使我们的身、口、意去造业，所以行蕴是五蕴中造业的主要心理作用。

识蕴是判断与分别，指能够知觉外面境界的心。眼、耳、鼻、舌、身五识只是一种感觉，只察觉某一事物的存在，而并不能辨认此事物。比如眼根与色尘接触，眼识只能看到颜色，分别何种颜色，则是意识的作用；耳根与声尘接触，耳识只能听到声音，辨别何种声音，则是意识的作用。也就是前五识是感知，第六意识是分别。感知与分别不同。我们的心第一念知觉所对的境，没有加任何的言辞去称呼它，称为感知；分别是在感知以后，我们的心对于外境进一步加于言辞的了解，对感知到的内容进行思考和判断。比如看到有人举手，首先感知到的是手的相，然后意识分别出这是手。

五蕴之间是什么关系呢？五蕴中的色蕴就是根与境（尘），根、境接触之后，就会连续生起受、想、行蕴。根尘相接触，能感知判别外境的是识。这就是五蕴之间的关系。我们的生命就是五蕴的连续不断的活动。佛教为什么说“五蕴皆空”呢？蕴是因缘生法。缘聚则生，缘散则灭。在五蕴的聚合中，任何一个东西都不是独立的，不能主宰它自己，它一直随着因缘生灭。条件组合的东西，都是空幻不实的。因缘所生的东西没有自性，无自性故空。所以五蕴只是色、受、想、行、识组合的一个“假名”，既是假名，就没有实体，所以五蕴也是性空的。

佛陀在《五蕴譬喻经》中教导众生怎样观察五蕴：

色如聚沫。“色”如河水冲击时形成的泡沫，虚有其形，实无一物，保留片刻，容易破灭。

受如水泡。“受”如水中一个一个浮上来的气泡，一下子就破灭了，我

敦煌壁画 维摩诘经变（局部）
《维摩诘经变》是莫高窟中较重要的经变图，现在保存下来的有30多壁，都是根据《维摩诘经》而画的。

们受的心念也是这样，一念一念的感受，一下子就过去了。

想如阳焰。“想”如春天或夏天时阳光照在地上，水分蒸发成为水蒸气，它有时会反射，形成各种影像，它是一种幻象，想蕴就有如春时阳焰那样，虚幻不真实。

行如芭蕉。诸“行”如芭蕉，一念一念的心好像芭蕉树，一片一片剥开来是空心的，里面什么都没有，心念亦如是。比如说：阿弥陀佛，就看“阿”里面有东西吗？没有。“弥”里面有东西吗？没有。但是你把它组合起来，就看到“阿弥陀佛”四个字所代表的东西。

识如幻事。“识”法如幻，“识”就是能够知觉的心，如幻如化，就好像魔术师，它变化出一些东西，我们被它迷失了，以为真的有这些东西。同样，我们也认为有一个心存在，但是心是如幻如化的。

六道轮回

六道是天道、人道、阿修罗道、畜生道、饿鬼道、地狱道。这六道中的众生无法脱离生死，这一世生在这一道，下一世又生在那一道，在六道像车轮一样地旋转，永远转不出去，所以叫作“六道轮回”。其中人道和天道为善道，这两道的众生造作善业多于恶业，乐多苦少。畜生道、饿鬼道、地狱道属于三恶道，这三道中的众生所造恶业多于善业，苦多乐少。

阿修罗道是一种比人高级的生命现象。阿修罗道的众生相貌丑陋，性格好斗，多由嗔、慢、疑三个原因而投生；他们虽然可以享有天人福报，但因其所造种种恶业，待享尽天人福报后，便会随恶业业力堕入人、畜生、饿鬼乃至地狱道中。饿鬼道的众生时常遭受饥饿，其中略有威德的能得家庙的祭品或人间的弃食，而缺少威德的则常不得食，甚至口中因渴出火。地狱道是六道中最苦的地方，堕入地狱道的众生或是身处“八热地狱”，始终被火焰灼烧，或是身处“八寒地狱”，身体被冻成紫色，因极寒而哀号。

众生的生死范围虽有六道，众生的善恶业因的造作，则以人道为主。所以，唯有人道是造业并兼受报的双重道，其余各道，都只是受报的单重道。天道只有享受福报，无暇另造新业；下三道只有感受苦报，没有分别善恶的能力；唯有人道，既能受苦受乐，也能作善作恶。众生来世会轮回到哪一道中，完全是依据各自今世所造的业行。而一切善恶业果，只能由作业者自己承受，别人是不能代替的。修习善业，可以转生为天、人，享受天、人快乐；造作恶业，则轮转到阿修罗、畜生、饿鬼、地狱道中，遭受苦果。

正因为造作业力的主因是在人间，所以轮回的去向具有极大的灵活性，完全由众生自己的行为决定，并不是一次上升永远上升，一次下堕永远下堕。所以，佛教教导众生要以“诸恶莫作，众善奉行”作为行为准则，多做善业。

西方净土

佛教特别是大乘佛教，认为人通过修行可以在死后转生到净土——佛所居住的地方有无数，因此净土也有无数。其中阿弥陀佛居住的地方称为“阿弥陀佛西方净土”，简称“弥陀净土”，也称“西方极乐世界”。

阿弥陀佛，意译为“无量寿佛”，是佛教净土信仰的主要对象，传说他是西方极乐世界的教主，能接引念佛人往生西方，所以也称为“接引佛”。按照《无量寿经》的说法，在过去久远世自在王佛世中，有一国王闻佛说法，心怀喜悦，最终舍弃王位，出家修行，名为“法藏”。他曾发下四十八种大愿，发誓救度一切众生到自己的净乐国土之中。法藏发完愿，世界震动，天雨妙花，有声音在空中赞叹说他必能觉悟成佛。自此以后，法藏精勤修行，过了无数劫的时间，终于获得了觉悟，修成正果，被称为“无量寿佛”。他的安乐世界处在西方，所以也称作“西方极乐世界”。这就是“西方极乐世界”的由来。

《阿弥陀经》《无量寿经》《观无量寿经》合称“净土三经”。《无量寿经》中说西方极乐世界无上庄严，其地面全部用金、银、琉璃、珊瑚、琥珀、砗磲（一种海生动物的壳，可做装饰品）、玛瑙七种宝物铺成，色彩缤纷，富丽堂皇。这里没有季节的交替，气候永远宜人；没有高山低谷，到处都是七宝装饰的树林，树间有鸟群发出悦耳的妙声。这里花繁叶茂，清风徐来，舒适怡然。诸佛所住的讲堂、精舍，也都由七宝筑成。楼阁四周，环绕着八功德水池，水中挺立着七宝莲花。池中之水，能随人意或深或浅，或冷或热。这里的众生相貌出众、智慧超凡，虽有身体之形，却虚无骨肉。感到饥饿时，就会有盛满美味佳肴的七宝钵自然显现，供之任意取食。众生的衣

西方极乐世界西方极乐世界简称极乐世界，音译为须摩提，又称西方净土、阿弥陀佛净土，是庄严、清净、平等之世界。

服装饰也都应念而至，随意而取。他们互敬互爱，如同兄弟。因为众生不能以女身得解脱，所以这里没有女性。人世间修佛的女性，只要转生至此极乐世界，就立即转为男身。由于摆脱了世俗烦恼，住在极乐世界的人没有任何痛苦、忧虑和贪、嗔、淫、痴。而且这里的众生寿命无限，都能最终达到觉悟解脱的境界。

转生至极乐世界的方法极为简单，只要一心专念阿弥陀佛的名号，死后即可往生该处。因为方法简单，所以对西方极乐世界的追求与信仰在中国得到了广泛的传播，形成了中国佛教传播最广、影响最大的宗派之一——净土宗。

传说在隋朝时，潭州有一位姓黄的铁匠，技艺精湛，来找他打造物件的人很多，所以铺子里终日是叮当之声。而这位黄铁匠又是一位虔诚的佛子，因为没有时间修行，他就一边打铁，一边念诵佛号，打铁声与佛号声交融于一起，终日不绝。往生之时，念诵一偈，含笑而去："叮叮当当，久炼成钢。太平将近，我往西方。"这说明由于净土宗的修行方法简单易行，入手方便，满足广大民众的修行需要，所以在民间得到了非常广泛的传播。

第三章

修行方法

在以上章节中，我们简要讲解了佛学基础知识和基本教义，每一方面的内容都很丰富。佛教是包罗万象的，不仅有形而上的、奥妙无穷的思想教义，更有形而下的修炼方法。

本章将为大家介绍六度、渐修与顿悟、念佛法门等佛教的基本修炼方法。

六波罗蜜

六度，是人生的六种修行方法。度，就是“渡”的意思。音译“波罗蜜多”，意译为“到彼岸”。指从生死烦恼的此岸，度到涅槃解脱的彼岸。六度是指菩萨用这六种方法，既能自度，又能度一切众生。六度是大乘佛教最主要的中心教义，它的具体作用是：

布施度悭贪，持戒度毁犯，忍辱度嗔恚，精进度懈怠，禅定度昏散，般若度愚痴。

布施波罗蜜。在佛教中，布施有三种：一、财施，以财物去救济疾病贫苦的人；二、法施，以正法去劝人断恶修善；三、无畏施，竭尽所能去解除别人的恐怖和畏惧。《无量寿经》：“布恩施惠。”《维摩诘经·佛国品》：“布施是菩萨净土。”都说明了布施的重要。佛教主张布施是为了度悭贪，即破除自私贪婪吝啬的天性。

持戒波罗蜜。佛陀临涅槃时嘱咐弟子要“以戒为师”，佛陀入灭后，戒律一直维系着教团的慧命。持戒是实践佛道的基础，一切善根功德皆由持戒而生。《华严经》卷六：“戒是无上菩提本。”持戒是菩提的根本，入道的要门是佛法的生命。一切众生皆有佛性，然而虽然具备这个佛性，必须通过持戒佛性才能显示出来。持戒是为了度毁犯。有了戒律，就不会毁犯，不会越出底线。社会上之所以有种种问题的出现，都是由于不能持戒的结果。持守了戒律，才能利己利人。

忍辱波罗蜜。人之所以有痛苦，是因为有贪、嗔、痴三毒。忍辱，就是为了克服嗔恚这个毛病的。忍辱，梵语ksanti，音译“羼提”，意即“忍辱”，指忍受各种侮辱而不起嗔恚恼恨。修忍辱的人，能够忍受外来的一切侮辱和恼害而不生嗔恚之心，能做到像《大集经》[1]中所说的“忍辱如大地”。对出家修行者来说，不论是大乘还是小乘，修“忍辱”都是极其重要的。因为大小乘修持者的目的是了生死，成佛果。要达到这个目的，就必须断烦恼。如果修行者对于外来逆境不能忍受，就会产生烦恼，失去成佛果的希望。所以忍辱关系到一生修持的成败。

精进波罗蜜。好逸恶劳是人的天性。精进，就是克服懈怠这个毛病的。在现实生活中，有些人生活失意而遁入空门，这不免让人觉得佛教是消极避世的。现在的许多“佛系”生活，就是贴上了佛教的标签，把不思上进、懒惰消沉包装成 佛教生活态度，自误误人，自欺欺人。事实上，与悲观消极相反，在佛教中有一个很重要的词叫“精进”。“精进”又叫“做勤”，对于善的事情要坚决修行，对于恶的事情要坚决断弃，以勇健强悍之心克制自己的懈怠心理，从而完善自己。在六度中，无论布施、持戒、忍辱、禅定、般若，如果没有精进，就无法完成波罗蜜多。

禅定波罗蜜。禅定就是禅与定。《圆悟录》卷六：“竹密不妨流水过，山高岂碍白云飞。”竹林再密，流水仍然能够自由自在地穿行其间；山再高，白飞仍然悠闲自得地从它上边飞过。竹密、山高，就是世俗生活的繁芜琐碎，而流水穿过、白云飞渡，就是不受世俗生活牵绊的自由的心灵。这种自由心灵，就是从静的修炼中得来。

般若波罗蜜。般若是为了度愚痴。般若的基本含义是“智慧”。在佛教看来，般若不同于世间的智慧：世间的智慧是夹杂着烦恼的，是有缺陷的；而般若智慧则是清净的，是圆满的，能洞察宇宙人生真相，彻底解脱人生的烦恼。《大智度论》卷一百中说：“般若波罗蜜，是诸佛母，诸佛以法为师，法者即是般若波罗蜜。”世尊一生说法二十五年，讲般若的时间最长，占了二十二年。在佛经中，般若经的分量也最重，可见佛教的重心，是以般若智慧为主。成佛就是要成就般若智慧。

---

①全称为《大方等大集经》。

渐修与顿悟

禅宗倡导的修行法分为顿悟与渐修。据《六祖坛经》记载，五祖弘忍为考察门下众徒的修行境界，让他们各作一偈，欲从中选出悟“大意者”为继承人。神秀写成《身是菩提树》偈，成为北宗禅的标志：

身是菩提树，心如明镜台。
时时勤拂拭，勿使惹尘埃。

尘埃比喻妄念，只有时时拂去妄念尘埃，才能保持本心的清净。禅宗认为，眼、耳、鼻、舌、身、意六根接触到六尘时，会被色、声、香、味、触、法所污染，想要成佛做祖，就要“勿使惹尘埃”。这首诗偈通过形象的比喻，揭示了长期的、不间断修行的重要性，认为通过循序渐进的努力，勤扫烦恼尘埃即可开悟成佛。

然而五祖弘忍认为，按此偈修行，可避免堕落，“有大利益”，但却“未见本性，只到门前，尚未得入”，最终将法衣传给了写另一首诗偈的慧能。慧能《菩提本无树》：

菩提本无树，明镜亦非台。
本来无一物，何处惹尘埃！

这首偈是慧能针对神秀偈而作。慧能认为神秀的主张还没有达到见性的境界，于是口诵此偈，请人代为书写在墙上。这首偈子的意思与神秀偈针锋

鎏金铜佛像
“鎏”原意为美丽的金属，铜、银器用鎏金技术装饰美化其表面的，即称鎏金器。

相对，先去除菩提树喻指的身相，再扫除明镜台喻指的心相，最后达到“本来无一物”的境界，直指人心，体现了慧能“一切法空”的“顿悟法门”，成为奠定南宗禅的标志。

通过两首诗偈的对比，我们可以更直观地了解到南北宗修行方法的区别。北宗禅的特点是“拂尘看净，方便通经”（宗密《圆觉经大疏钞》），南宗禅的特点是“直指人心，顿悟成佛”。

曾经有僧问赵州石佛晓通禅师：“如何是顿教？”师答：“月落寒潭。”又问：“如何是渐教？”师答：“云生碧汉。”（《五灯会元》卷十六）月落寒潭，皎洁的月光倾泻在宁静的湖面上，一片光洁澄莹，顿教亦是如此，月无留影之心，潭无留月之意，但就在相接的一刹那，自性的光辉瞬间绽放，明亮无比。而渐教则如同云生碧汉，天空中的云朵的形成需要一个过程，而非一时之间聚合而成。

从本质上而言，无论南北宗，都是以明心见性、成佛做祖为宗旨的，也就是说“法”是相同的。所谓的“顿”与“渐”，只是针对根基的利钝而提出的不同的修行方法。《六祖坛经·顿渐品》言：“何以渐顿？法即一种，见有迟疾。见迟即渐，见疾即顿。法无渐顿，人有利钝，故名顿渐。”都是在说明法本无殊别，修行有顿渐的要义。顿渐只是针对修行方法所做的区分，对于真正的开悟者，渐修也罢，顿悟也罢，都是无关紧要的假名而已。

不二法门

在佛教的修行中，放下执着最根本、最有效的方法是“不二法门”。修炼不二法门，可以超越一切对立，涵养成从容淡定的心态。

“不二法门”是《维摩诘经》等大乘经典所提倡的超越一切对立的方法。在《维摩诘经》里，三十二位大菩萨都跟维摩诘探讨什么是不二法门，很多大菩萨提出了各种各样的观点，有的说净和秽、长和短、大和小，把这些区别统统去掉，就是不二法门。后来文殊菩萨问维摩诘，维摩诘默然无言，文殊赞叹说：“乃至无有语言文字，是真入不二法门。”不二法门是禅宗超越一切分别、对立的利器。“二”是分别对立，“不二”就是超越分别对立。“法门”是进入佛禅的门径。

不二法门将自他、好恶、贫富、贵贱、尊卑、大小等一切相对观念全部超越。运用不二法门，可以使我们对自己与他者、赞美与诋毁、顺境与逆境、生命与死亡等问题，有着透彻而洒脱的感悟。从对自己与他者的超越、对诋毁与赞誉的超越，可以看到运用不二法门超越对立后，人生是何等的自在。在这里举几组典型的案例。

自他不二

我（自己）和你（他者）本来是两个不同的生命体，为什么说“不二”？《法华经》说“佛种从缘起”。佛教区别于其他任何一个哲学、一个教派的根本点就是它的缘起论。缘起论告诉我们，一切事物都处在相互联系之中，依靠着一定的条件和相互作用而产生、发展和消亡，没有固定不变、独立存在的性质。世界上的所有事物都是由于各种因缘的和合而生起，由于因缘的离散而消失和死亡。“此有则彼有，此生则彼生。此无则彼无，此灭则彼灭。”（《杂阿含经》卷四十七）一切事物都是缘起的，一切事物从缘而生，又从缘而灭。所以，自己和他者是互相依存、互相成就的，并没有本质上的区别。

万事万物皆由缘而起。所谓缘，就是事物之间的普遍联系。《楞严经》卷四说：“譬如琴瑟琵琶，虽有妙音，若无妙指，终不能发。”意思是说要想获得开悟的话，需要两个条件，第一是自心清净，第二是导师的指点。这两个条件合在一起，才有开悟的可能。苏轼《琴诗》化用了这段经文的意思，表达了对声音缘起的体会：

若言弦上有琴声，放在匣中何不鸣？
若言声在指头上，何不于君指上听？

诗的意思是说，仅有琴弦不能发声，仅有指头也不能发声，琴声产生于手指与琴弦的相互作用之中。韦应物《听嘉陵江水寄深上人》也说：“水性自云静，石中本无声。如何两相激，雷转空山惊？”表达了同样的禅悟体验：水和石头本来都是安静的，由于地势有高有下，江水冲激到石头上，这样才有了声音。如果水和石头之间没有因缘的合成，那么水声就不能产生。世上万事万物莫不如此。既然万事万物都是缘起的，自己与他者就是你中有我，我中有你，互相包含。当“我”在看山看水看万物时，“我”在山水万物的里面，山水万物也在“我”的里面。唐代诗人于良吏有一首《春山夜月》，其中说：

掬水月在手，弄花香满衣。

春山有很多殊胜的事情，致使诗人“赏玩”到深夜，还犹自“忘归”。水清，夜静，月淡，花香。“掬水”“弄花”，显示出诗人的逸兴悠长。“掬水月在手”，泉水清澄明澈，映现月影，掬一捧清泉，明月就盈盈在手；“弄花香满衣”，拈花之时，山花浓郁的香气，染上了衣襟。这是诗人与欣赏对象融合无间，完全化为一体的情景。

在茶室中，经常悬挂着“松风”两个字，非常符合步入茶室时有松风入耳的情境。“松风”二字源于寒山子的禅诗：“微风吹幽松，近听声愈好。”这个“近”不仅仅是指在形体上人与幽松的近，更是指在心理上与幽松的“近”。当你与幽松的距离越来越近时，你就走到了松树中，走到了风声里，你就是幽松，你就是微风，到最后，你就是一缕微风在吹拂，就是一株松树在被微风拂过。

一草一木，无情众生，都有着生命的美丽与尊严。做草木知己，做万物知音，我在万物之中，万物在我之中，整个宇宙就是这样一个息息相关、手足一体、互相成就的大生命。对一朵花、一棵树灌注了如此的深情和关心，这就是大慈大悲的情怀，就是众生平等的精神。

烦恼即菩提

在佛教里面流传着一句名言，叫作“烦恼即菩提”。“烦恼即菩提”就是超越烦恼与菩提的不二法门。断绝世间烦恼而成就禅的智慧就是菩提。菩提的证得，须经历无数的烦恼。烦恼愈重，转化的动力也愈大。波平静后即成水，烦恼解除后即是觉悟。

清净是菩提，污秽是烦恼。但获得清净，并不是一味地到远离世间的深山古寺里去打坐。有人认为修行就是要到深山古寺去，就是要逃避我们的现实生活，这事实上是一个误解，而不幸的是，这种误解在社会上是普遍存在的。禅者用深刻而活泼的智慧来消除这样的误解。晚唐诗人杜荀鹤《夏日题悟空上人院》说：

三伏闭门披一衲，兼无松竹荫房廊。
参禅未必须山水，灭却心头火自凉！

这首诗是描述在大热天里一位高僧打坐时的体验。“三伏闭门披一衲”，“三伏”是一年最热的时候，高僧打坐的地方，闭着门，不透风，是很热的。但虽然在屋子里，他仍然是三千威仪，八万细行，不会因此而放松对自己的要求，而是整整齐齐地穿着袈裟，在那里闭目打坐。“兼无松竹蔽房廊”，这间屋子三伏天在烈日下暴晒，没有松竹遮挡阳光，像个高压锅一样，里面非常热。但是在里面打坐修行的高僧仍然神态安详，气定神闲，给人以强烈的震撼。看到这个景象，诗人由衷地发出了赞叹：“参禅未必须山水，灭却心头火自凉。”参禅悟道并不一定要到深山幽林那种凉快的地方去打坐，只要灭却“心头”，虽然在“火”中，也仍然会感到清凉自在。日本战国时代织田信长的军队火烧惠林寺时，快川国师在寺楼上吟诵了“安禅未必须山水，灭却心头火自凉”，随后投身火海，使它流传得更广，成了至理名言。

“灭却心头火自凉”。“心头”是什么呢？“心头”就是相对的观念。“灭却心头”，就是用不二法门，把相对的观念去掉。这样一来，坐在火里面，你也会感到清凉爽快。这个“火”不是别的东西，就是世俗的烦恼欲望，《维摩诘经·佛道品》说：

> 火中生莲花，是可谓稀有。
> 在欲而行禅，稀有亦如是。

世间的贪欲、嗔恨和愚痴等种种情绪，像“火”一样噼里啪啦地燃烧，而纯洁的觉悟的心就好比是“莲花”。莲花生在卑湿低下的地方，出淤泥而不染，因此经常作为清净心的象征。从世间的烦恼中获得觉悟，就是“火中生莲花”，生动地体现了《维摩诘经》“烦恼即佛种”这一思想。圆悟禅师说：“在家菩萨修出家行，如火中出莲。盖名位权势意气卒难调伏，而况火宅烦扰煎熬，百端千绪。”（《圆悟录》卷十四）可见在家菩萨修行更是不易。

由此可见，你跑到深山古寺，远离世俗的烦恼，眼不见心为净，这样的本事还不能算是真本事；你整天在万丈红尘之中，常在河边走，就是不湿鞋，百花丛中过，片叶不沾身，这样的修行才是绝顶的高人。因为逃避烦恼并不能解决问题，只有深入到烦恼之中，充分体会烦恼的空性，才能转化为对烦恼的觉悟。所谓苦与乐，实际上只不过是心理的现象。将苦乐的对立化解了，心理就会祥和。

毁誉不二

人生在世，有八种东西能引起我们强烈的情感反应，它们分别是：利、衰、毁、誉、称、讥、苦、乐。符合自己意愿的叫“利”，不符合自己意愿的叫“衰”；暗中的毁谤叫“毁”，暗中的赞誉叫“誉”。当面的称赞叫“称”，当面的讥嘲叫“讥”。身心的烦劳叫“苦”，身心的快乐叫“乐”。由于这八种东西能煽动人心，所以在佛教里面，把它们叫作“八风”。

有一则禅语说，“八风吹不动天边月”，意思是一个定力深厚的人，他的心就像天边的月亮，任凭八风吹拂，犹自岿然不动。“八风吹不动”是一种很高的修行境界。但在生活中要想真正做到，却并不容易。

宋代的苏东坡悟性很高，见解超脱，他的诗词文章中常常流露出很高深的禅机。他有一个当和尚的朋友，就是在金山寺担任住持的佛印禅师。佛印了元俗姓林，江西饶州人，出生在书香门第，三岁时便通读《论语》及诸家之诗，五岁时已能诵诗三千首，而且出口成章，众人都称之为神童。林公子虽然熟读儒家经典，但却喜爱佛教。一天，他闲游竹林寺，无意中看到一本《大佛顶楞严经》，一见如故，爱不释手，便决心出家，由林家公子变身为了元和尚。因宋神宗赐给他佛印的宝号，所以又称“佛印和尚”。苏东坡与了元禅师过往尤密，递相唱酬。两人谈论诗文，题诗斗对，相互唱和，留下了许多佳话。

这一天，东坡自觉参禅有了心得，就写了一首禅诗，自鸣得意，派书童送过江去，请佛印禅师指正，并一再叮嘱书童要讨禅师的回信。那首诗写的是：

稽首天中天，毫光照大千。
八风吹不动，端坐紫金莲！

苏东坡这首诗表面是称赞佛陀，实际上是在称赞自己的定力很厉害。“稽首”是顶礼、致敬的意思。“天中天”是佛释迦牟尼尊号，因为“天”是世人所尊敬的，而释迦牟尼更是天人所尊敬的，所以叫作“天中天”。“毫光照大千”，毫光是眉毛中放出来的光。佛教经典上说，释迦牟尼的眉毛中放出光明，能普照三千大千世界。后面两句说，任凭八风拼命地吹拂，

佛传故事：兄弟二人俱出家缘
是以世人，于一切事，应当明察，莫轻诽谤用招咎罚。

佛传故事：象护品缘
象护与金象出家因缘故事，即『有得须陀洹斯陀含阿那含阿罗汉者，有发无上正真道意者。有证不退位者，莫不欢喜敬戴奉行』，出自《贤愚经》。

佛传故事：尼乾子投火聚为佛所度缘
诸比丘言，稀有世尊，乃能拔此尼乾子等自烧之苦，使得罗汉、佛言。

释迦牟尼也稳如泰山，丝毫不为所动，端端正正地坐在紫金莲花宝座上。这四句表面上是赞美释迦牟尼，实际上是自我吹嘘说：佛的境界是八风吹不动，我苏东坡也是这样的人，禅的功夫很了不起！ 佛印禅师读了这首诗，就看透了苏东坡的心思，随手在上面批了“放屁”两个字。不久，送偈子的书童回来了，禀报说偈子送给了佛印禅师，禅师看了后，在上面批了“放屁”两个字之后，就随手把偈子扔到地上了。东坡听了，气就不打一处来，急急忙忙吩咐备船，来到江北，要亲自找佛印理论。船到江心，还没登岸时，远远地就见佛印早已在江边等候。苏东坡一见到佛印，就气呼呼地质问他：“我的诗你不夸几句也就罢了，为什么还要骂出这么难听的话呢？”佛印笑着问：“学士真的是‘八风吹不动’么？”东坡说：“当然，当然，那还用说！”佛印朗声说道：“好个苏学士，八风吹不动，一屁过江来！”东坡听了，心里暗暗叫苦：“哎呀！今天我又栽跟头了！”遂与佛印相视拊掌大笑。

在现实生活中，形形色色的“风”实在是太多，我们每天都在各种各样的“风”里打转。当名的风、利的风、钱的风、色的风在一个劲儿地吹拂时，我们真的能“端坐紫金莲”吗？

相比之下，日本白隐禅师则是一位真正做到了“八风吹不动”的高僧。

有一对夫妇，在白隐禅师的寺院附近开了一家食品店。这对夫妇有一个漂亮的女儿。有一天，夫妇俩发现女儿的肚子突然大了起来。这件事让夫妇俩十分恼怒，他们向女儿追问来由。女儿起初死活不肯说出那人是谁，经不住父母的一再逼迫，她终于说出了白隐禅师的名字。她的父母怒不可遏，立刻去找白隐禅师理论，不停地辱骂白隐禅师：“呸，亏你还是个高僧大德，名声在外！竟然人面兽心，做出这样玷污禅门的事情来！”禅师静静地听着，没有做任何解释，自始至终只说了一句话：“哦，就是这样子吗？”女儿把孩子生下来后，夫妇俩把孩子送给了白隐。这时的白隐禅师名誉扫地，每个人都对他嗤之以鼻。但他并不介意，非常细心地照顾孩子。为了抚养孩子，他到处乞讨，为婴儿讨取所需的奶水和生活用品。就这样，白隐禅师在众人的唾骂声中默默地抚养着孩子。

一年之后，这位没有结婚的妈妈再也忍受不了内心的折磨，终于向父母吐露了真情。原来，这孩子的亲生父亲是邻村的一名青年。说白隐禅师是孩子的父亲，是给他栽上的一项莫须有的罪名。女孩的父母立即将她带到白隐那里向禅师赔罪，请求禅师的原谅，并将孩子带了回去。白隐禅师含笑无语，只是在交回孩子的时候，说了那句话："哦，就是这样子的吗？"

"从他谤，任他非，把火烧天徒自疲。我闻恰似饮甘露，消融顿入不思议！"这是六祖慧能的弟子永嘉大师《证道歌》中的名句。别人的诽谤也好，非议也罢，就像架起柴火来烧天，天不会因此被烧焦烧坏，可怜那放火的人是枉费了心机。一个超越了是非毁誉的人，面对诋毁诬陷，就像是在饮甘露，有无量的受用自在，这样的功夫，确实是不可思议！

天是空虚的，空旷的，你架火烧它，它不会生起嗔恨，平静地领受；心是博大的，不二的，毁誉称讥，利衰苦乐，它毫无分别，慈悲地包容。

生死不二

自古以来，很多人进入深山老林修佛悟道，就是为了寻求超越生死的办法。在这方面，佛门高僧给我们留下了很多经典的范例。

有一位孤寡的母亲，膝下只有一子。这位母亲对独子疼爱有加，有一年，村里流行瘟疫，寡母钟爱的儿子不幸在瘟疫中死去了。伤心的母亲不能接受这个残酷的事实，悲恸欲绝，哭断了肝肠。街坊邻居爱莫能助，不知如何来帮助她。

一天，有个禅师路过此地，村人把妇人引到禅师的面前。禅师慈祥地看着妇人，说："你只要找到一样东西，我就可以让你的孩子起死回生。"

绝望的母亲怀着无限期盼的眼神对禅师说："只要能救我的孩子，任何东西我都愿意去找。"

"你如果能找到吉祥草，把它覆盖在你孩子的身上，就能起死回生。"

"什么叫吉祥草？要到哪里才能找到？"

"吉祥草生长在从来没有死过亲人的人家之中。你赶快去找吧。"

怀着一线希望的母亲，挨家挨户地去寻找。每到一户人家，都恭恭敬敬地问道："请问你家有过亲人去世的事情吗？你家里有吉祥草吗？"

问了很多人家，没有一户人家是不曾死过亲人的。

佛传故事：四天王奉
四大天王，又称护世四天王，即东方持国天王、南方增长天王、西方广目天王、北方多闻天王，是佛教的护法天神，俗称“四大金刚”。

妇人拖着疲惫的脚步回到禅师面前，禅师说：“这个世界上的一切事物，都遵循着生灭、无常的道理在运行。春天百花开，秋天树叶落，这就是无常现象。人也是一样的，有生必有死，谁也不能避免生老病死，并不是只有你心爱的儿子经历了这变化无常的过程啊。”

妇人听了如梦初醒，悲恸慢慢地平复了过来。

马祖晚年身体欠安，学人问：“师父身体如何？”马祖说：“日面佛，月面佛。”（《古尊宿语录》卷一）

根据《佛名经》的记载，日面佛寿长一千八百岁，月面佛寿仅一昼夜。马祖说“日面佛，月面佛”，意思是：像日面佛那样活得长长久久固然好，但像月面佛那样活了一昼夜，也没有什么遗憾的。因为各人有各人的寿命，只要活在当下，把握当下的每一天，每一个时辰都活得开心、自在、踏实，活得长活得短并没有两样。不管是“日面佛”还是“月面佛”，不管是生还是死，不管是病还是没病，一切顺其自然，远离分别和执着，就是参破生死的大智慧。

憨山大师是明代末年四大高僧之一。有一次他在云游的时候错过了旅店，后来在漆黑的夜里看到一盏灯火，原来是一户人家。憨山大师很高兴，立刻上前敲门，请求借住一宿。房主听到他提出的要求后拒绝说：“对不起，请另外找地方。我家不是旅店！”憨山说：“你说错了，你家就是旅店！你只要如实回答我三个问题，我就可以证明你家就是旅店。”房主说：“好，只要你能说服我，我就让你进门。”憨山就问：“在你以前，谁住在这里？”房主说：“家父！”“那么在令尊之前，谁又是这间屋子的主人？”“我祖父！”“如果施主过世，谁又会做这间屋子的主人？”“我儿子！”憨山大师大笑着说：“哈哈，这不就对了！你不过是暂时住在这里面，也像我一样，大家都是旅客啊。”房主一听，觉得有道理，就把他请了进来。于是，憨山大师在屋里休息了一个晚上。那天夜里，房主继续向大师请教，后来成了大师的弟子。

唐代诗僧寒山子诗说：

欲识生死譬，且将冰水比。
水结即成冰，冰消返成水。
已死必应生，出生还复死。
冰水不相伤，生死还双美。

水在寒冷时凝结成了冰，如同生命的诞生；冰在温暖时融化成了水，如同生命的结束。生命结束后，必然会有开始；生命开始后，必然会有结束。生命与死亡并不是对立的两个方面，生命是美丽的，死亡也同样不足畏惧，它们本来就是同体共生的。这首诗形象地表达了禅的生死观：生与死手足一体，正如水冻成冰，冰融成水。正如《楞严经》卷三所说：“反观父母所生之身，犹彼十方虚空之中，吹一微尘，若存若亡；如湛巨海，流一浮沤。”

获得了参破生死的智慧，我们对自己的生命就会有一个冷静的审视。从个体生命的角度看，人有生生死死，犹如水上浮泡，旋生旋灭；从族类繁衍的角度看，人类绵绵不绝，犹如长江大河，奔流不息。生生死死，来来去去，这就是“沤生沤灭还归水，师去师来是本常”。（《景德传灯录》卷二十二）

勘破了生死，超越了生死，就能生得更自在，死得更从容，就能生如夏花之绚烂，死如秋叶之静美。

人由身和心组合起来，身体如房子，心住在身体里面，身体坏了，心就得另觅新居，搬到什么地方去呢？如果生前修了善业功德，人天福报都是去处；如果生前罪业太多，堕落恶道则在所难免。

念佛法门

佛教徒经常念诵“南无阿弥陀佛”，这是什么意思呢？“南无”读音“那摩”，是“致敬”“归依”的意思。“阿弥陀佛” 是梵语Amitābha的音译，“阿”字应念ā， ā字不生不灭；不能念成e音，因为e字是流注（生灭）的意思。阿弥陀佛是西方世界的接引佛，意思是无量的光明，无量的寿命。在佛教中，念诵一句“阿弥陀佛”有无量的功德。

念佛有三种形式，一是“称名念佛”，即口称佛名，念诵不已；二是“观想念佛”，即静坐入定，专心思念佛的形象，以及诸佛所居的庄严佛土；三是“实相念佛”，即观想诸佛法身“非有非空，中道实相”的佛教至理。

念佛是大乘佛教的一种修行法门。小乘虽然也有念佛的形式，但只是一种通常意义上的对释迦牟尼佛的思念，与大乘佛教念佛迥然不同。大乘佛教认为，三世十方，有诸佛所居的无量净土。如果众生一心念佛，可以除去无数世积累的生死罪业，生时可以见到诸佛的相好功德，死后可以转生到极乐世界庄严佛土。

《阿弥陀经》认为只要一心专念阿弥陀佛的名号，死后即可往生“极乐世界”。根据《无量寿经》，可以通过三种方式转生到极乐世界。

第一种是出家做沙门，一心专念无量寿佛，即口诵“阿弥陀佛”名号，修各种功夫，表示“愿生彼国”，就可以转生净土。

第二种不用出家为僧，但专念无量寿佛，兴修功德，如建塔造像、施舍济生等，也可以往生净土。

第三种既不入沙门，也不修功德，只要专心一意诵无量寿佛名号，也可以在死后转生极乐世界。

此外，按照净土的说法，念佛之人临死，当有西方极乐世界的人来接引，功德小的由童子前来，功德大的由菩萨甚至阿弥陀佛本人前来。不过，犯有杀父母、杀阿罗汉、出佛身血、破坏僧团“和合”或烧经毁寺、诽谤佛法的五逆罪人，则不能往生西方极乐世界。

念佛法门在中国佛教中极为盛行，历史上出现过各种念佛方法。东晋时代的慧远曾在庐山组织著名的白莲社，吸收道俗百余人参加，所奉行的主要是观想念佛的修行方法。到了隋唐之后，由于净土宗宗派思想的形成与发展，提倡更为简单易行的修行方法，所以，这时提倡的念佛方法，主要就是称名念佛一种了，而其所念之佛，也集中于专念阿弥陀佛。

敦煌壁画 树下说法图
宝树华盖之下，释迦牟尼佛身着朱红色的和软袈裟，跏趺坐于宝莲台，正在向四围的众菩萨、比丘说法。

超度亡灵

佛教相信超度的作用。不过，超度的功用也有一定的限度，超度只是一种次要的力量，而不是主要的力量。所以修善的主要时间是在各人的生前，若在死后由活人超度死人，虽以修善的功德回向给死人，《地藏经》中说，死人也仅得到七分之一的利益，其余的六分，乃属活人所得。

佛教对于超度的方式跟民间的习俗也颇有出入。所谓超度，乃是超生到乐土而度脱苦趣的意思。不是僧尼诵经的本身有着超度的功能，而是借着超度者的善业及诵经者的修持而起的感应。因此，超度工作的主体不是僧尼，而是亡者的家属。亡者的家属若能在亡者临终之际将亡者心爱之物进行布施，多做善事，并且使亡者明白代他做了如此的功德，对亡者会有很大的帮助。因为一念的善业感应，以及临终之际的心境安慰，可感召他的业识往生善处。这是物以类聚的原理。

若亡者死后，儿女家属以恳切虔敬的心，做大善业，以一颗至诚的孝心，也可感应亡者的超生。唯其孝心至诚，如地藏救母那样的发大悲愿，愿为救母而生生世世救度苦海的众生，凭着这伟大的愿力，可以感通亡者，减少乃至灭除亡者的罪业，这是由于大孝心及大愿心的感通，使得超度者的心力愿力，化入感通了被超度者的业力，乃至彼此连通一气，所以能够超度。

佛教中以诵经来超度亡者，是希望各人亲自诵经，万一自己不会诵经，或觉得自己诵得太少，才请出家人代诵。超度的期限最好是在死者往生后的七七四十九日之内。因为佛教相信，福业特别大的人死后立即上生六欲天，罪业特别重的人，死后立即堕地狱，至于一般的人，死后尚有四十九日的缓冲期间，等待业缘的成熟，再决定轮回的去向。在这期间，亡者便会由于善业功德的感应而得到超生的帮助。过了四十九日之后，亡者已经随着自己的业力去了六道轮回，那时再做超度的功德，只能增加他的福力，虽能减少他的苦难，但已不能改变他投生的处所了。

南无地藏菩萨像

地藏菩萨因『安忍不动，犹如大地，静虑深密，犹如秘藏』得名，同时以『大孝』『大愿』的德业，被佛教广为弘传。

第四章

佛教历史

佛教，在佛陀入灭之后约三四百年之间，由于佛教内部的意见不同，分成两大派系，年长而保守的一派称为上座部，年轻而新进的一派称为大众部。上座部向南传至今斯里兰卡地区，他们多以印度南方的方言巴利语记录经典，所以后来称为巴利语系佛教；大众部向北传，在大众部盛行的区域产生了大乘佛教。

东汉时期，佛教传入中国。中国的大小乘佛教典籍多是由梵文原本转译成的。魏晋南北朝至隋唐是中国佛教的黄金时代，小乘、大乘共发展出十三个宗派，其中，天台宗、华严宗、三论宗、唯识宗、净土宗、律宗、禅宗、密宗为八个大乘宗派。各宗派高僧辈出，中印交流频繁不绝。唐宋之际，中国佛教八大宗派发展成熟。宋明以后，佛教的僧徒与寺院虽多，但已缺失了灵魂，不重教育，只顾依样画葫芦地上殿过堂。

西藏的佛教是由北印度的莲华生上师传去的，虽然同样是大乘，但是仅属于密宗一支。西藏人民信仰多神，神秘的密宗深受藏人的欢迎。莲华生在西藏的教团徒众都穿红色衣，所以称为红教。到了元末明初时代，红教生活腐败，教纲不振，因此宗喀巴大师提倡律制、清净生活，注重显教的义理研究，大振宗风，因教徒穿黄色衣，所以称为黄教。

佛教传入中国

印度佛教何时传入中国，历史上存在着多种说法。学术界一般认为，汉哀帝元寿元年（前2），大月氏王使臣伊存口授《浮屠经》标志着佛教传入中国。此说的根据是裴松之注《三国志》所引鱼豢的《魏书·西戎传》。公元前130年左右，生活在中国西北部的大月氏迁入大夏地区（今阿富汗东北部），其时大夏已信奉佛教。至公元前1世纪末，大月氏受大夏佛教文化影响，接受佛教信仰，并将其传进中国汉地。佛教界则普遍把汉明帝夜梦金人遣使求法作为佛教传入中国的开始。此说最早见于《四十二章经·经序》和《牟子理惑论》。

据史料的记载，佛教是在公元前后两汉之交时期传入汉地的。这是汉地与西域长期交通往来和文化交流的结果。从两汉之交到东汉末年的约二百年是佛教在中国的初传时期。《后汉书》中关于楚王刘英奉佛的记载有助于了解佛教初传入中国的具体情况。

楚王刘英是汉明帝刘庄的异母兄弟，因受朝廷排挤而在黄老、浮屠学说中寻找精神寄托。楚王宫廷奉佛，却被奸佞指控楚王“诵黄老之微言，尚浮屠为仁祠”，甚至又“交通方士，作金龟玉鹤，刻文字以为符瑞”，说他以奉佛之名行反叛之举，联合谋反臣子制作图谶，并以诸侯、王公、将军及二千担的俸禄设置郡守官吏等行为违背人臣之道，应当诛杀。汉明帝最终削去其楚王王位，将他贬到丹阳（今安徽宣城泾县）。楚王英被贬时，有大批信奉佛教的士族以及民间佛教徒随他同行，“佛教在江南”也由此而传播开来。

从这段历史中，我们可以看到佛教在当时的情况：

(1) 佛教与黄老之教常被混为一谈，佛教被视为神仙方术图谶之类；

(2) 佛教最初在社会上层的皇室贵胄和地方豪强中流传；

(3) 佛教在汉地最先传播于河南，后传播到江南。

值得指出的是交趾（今越南北部）与广州是中国早期佛教最发达的地区之一。汉末士燮(137—226)任交趾太守（兼领广州），在郡四十余年，民生安宁，中原士人往往前往避难，一时之间人才荟萃，促使交、广二州思想文化十分活跃。与士燮同为苍梧人的牟子，带着母亲避乱至交趾，从他所写的《牟子理惑论》来看，当时的佛教义学已相当成熟。交趾的佛教最初是来自北方，但也有可能受南海传来的佛教影响，并由此北上中原。

三国吴僧人康僧会，原籍康居，世居天竺，其父因经商举家移居交趾。康僧会在文化交汇的地方成长，受到儒学和佛学的熏陶，后来北上至南京，也将佛教传到了北方。三国吴时在交州译经的还有西域僧疆梁，曾译出《法华三昧经》。晋惠帝末年（306），天竺佛门高僧耆域经扶南（今柬埔寨地区）至洛阳，便取道交、广。晋隆安（397—401）中，罽宾高僧昙摩耶舍到达广州，交州刺史女张普明咨受佛法，耶舍为其讲说佛陀本生缘起，并译出《差摩经》。所以从汉末直到以后的几百年间，交、广地区一直是佛学重地。

随着佛教传入中国，对佛教经典的需求与日俱增。据现存最早的经录《出三藏记集》记载，从汉桓帝到汉献帝的数十年间，译介为汉文的佛教经典五十四部，七十四卷，知名的译者六人；《唐开元释教录》勘定为一百九十二部，三百九十五卷，译者十二人。译者中最有代表性的是安世高和支娄迦谶。汉译经典数量的增长，说明中国佛教进入发展时期。

这一时期除了译经之外，中国人自己也开始写佛教著述。比如《安般守意经》就保存有多家注解。《四十二章经》也可能是汉末人所辑。《牟子理惑论》比较完整地反映了汉魏之际汉地的佛教思想。牟子本人熟悉中国的儒、道思想，他的立论就是用“儒典”和《老子》，证成佛家学说，为佛教义理的发展开辟道路。《牟子理惑论》反映出汉魏之际印度佛教同中国传统文化相互冲突、碰撞、融合的历史背景。

魏晋南北朝佛教

三国时期

汉末时期，天下大乱，儒家正统观念崩溃。曹操起用“不仁不孝”而有真才实学的人做官，至魏末嵇康倡导“非汤武而薄周孔”，标志着对传统儒学的批判，思想上达到一种新的自觉。何晏、王弼开创“正始之音”，突出《周易》《论语》的地位，虽曰玄学或清谈，但它清除了两汉儒学的谶纬之言，而以简练的文字探讨本体论和认识论问题，确立了一种新的人生观和价值观。由于发言玄远，所以受到了部分贵族士大夫的追捧，促使玄学逐渐发展成魏晋时期居统治地位的思想形态。

佛教在魏晋南北朝的发展便借助了“非儒”和“玄学”的风气。汉末崇尚《老子》，着重“以无为本”的主张，一般称作“贵无”派玄学。支谶译《道行般若经》（或另有灵帝时竺佛朔译本）几乎与《老子》在汉末同时盛行。至于三国时期，研究《般若道行经》开始成为一门独立的学问，称为“般若”学。般若学是佛教以纯理论形式进入上层社会的开端，直到两晋，始终是佛教中的显学。魏、吴两国对“般若”的讲习都有相当的开展。释朱士行曾在洛阳开讲《道行经》，觉文义不足，于魏甘露五年（260）西渡流沙到于阗求胡本《放光般若经》（《大品般若经》）。

昙柯迦罗，中印度人，于三国魏嘉平年间（249—254）来洛阳从事译经工作。据《高僧传》记载，佛教在中国开始有正当和正规的戒律应归功于昙柯迦罗。魏国的佛教特别重视对“律”的译介，反映出出家僧侣数量可观，产生了整顿和规范内部纪律的需要。

相形之下，南方吴国的般若学更加发达。主要的弘扬者是支谦。支谦，一名支越，字恭明，原籍月氏，其祖在汉灵帝时归汉。支谦的汉文水平很高，通六国语言。曾从支谶的弟子支亮就学。东汉末年，避乱至吴，为孙权所闻，拜为博士。《出三藏集》著录其译经三十六部、四十八卷。其中重要的是《大明度无极经》《维摩诘经》。

《大明度无极经》较旧本通畅可读，胡语音译已改成汉语意译。《维摩诘经》与“般若”的空观思想相通，同样批判小乘佛教轻蔑世俗，倡导出世苦行的做法，但表现得更为落拓放任，与当时社会崇尚旷达的风气相一致。《维摩诘经》的主旨在于强调修习佛教不一定非要落发出家，只要证得佛教义理，居士也能出俗超凡。从某种意义上，在世间比出世间更有达到涅槃解脱的机遇。此经在魏晋南北朝的士族阶层中大受欢迎，比《般若经》的影响还要深远，直到隋唐，其风犹酣。这部经典在西晋时另有竺法护、竺叔兰所译的两个版本。至姚秦鸠摩罗什、唐玄奘都有重译本。

另一在吴国传播佛教的是康僧会。他原籍康居，世居天竺，其父因经商移居交趾（今越南北部），是有史记载的第一个自南而北传播佛教的僧侣。曾学习安世高的禅数学，参与《安般守意经》的注释并作序。吴赤乌十年(247)，康僧会至建业，相传他利用佛舍利显现神异。孙权为其建江南第一佛寺“建初寺”。康僧会又曾制“泥洹呗声”，为中国佛教音乐的创始人之一。《六度集经》是他的主要译经作品。

西晋时期

西晋历时不长，只有半个世纪。其玄学思想形态表现为“崇有”与“贵无”两派。佛教的小乘“禅数”学，以法体实有论证明士族品类等级不灭；大乘“般若”学用空无否定世俗世界，论“有”道“空”，与时代思潮相呼应。佛教因此得到相当可观的发展。当时洛阳长安的佛寺便有一百二十余所。著名佛经译家十二人，共译经典《出三藏记集》录为一百六十七部，《开元录》勘定为三百三十三部。

佛教在发展过程中，得到皇室贵族的支持。这一时期佛教的义理成为清谈的异流。流行最广的仍是“般若”思想。竺法护则是西晋最为重要的译经人。

东晋佛教

西晋亡后，司马睿为首的皇室和士族东渡，在江南建立了偏安的东晋王朝。东晋在阶级结构和政治制度上是西晋的继续，社会学术思想也大致相同。但是以《老》《庄》等道家经典为玄学谈论对象，并以清心养性、服药长生为主要内容的道教，在上层社会中得到更广泛的信仰。繁荣于魏吴西晋的佛教般若学，成了佛教居主导地位的思潮，并渗透到了上流士大夫阶层，涌现出的名僧和议论佛理的名士越来越多，推动了佛教在江南社会的迅速扩展。

东晋佛教有这样一些特点：帝王贵族一般崇奉佛教。晋元帝曾诏令沙门竺道潜入内殿讲经，竺道潜可以着屐登殿。晋明帝善书画，尤善画佛像；又在皇兴寺召集义学沙门百余人讲论佛道。哀帝也“好重佛法”，曾请竺道潜入宫讲《大品般若》。简文帝“尤善玄言”，亲临瓦官寺听竺法汰讲《放光般若》。孝武帝在殿内设立精舍，让沙门居住，允许僧尼出入皇宫，干预政事；他和琅琊王司马道子尤敬尼姑妙音，妙音“权倾一朝，威行内外”，公卿百官竞相奉承结交，门口常有车马百余辆。晋恭帝更是“深信浮屠道”，造丈六金像，亲往瓦官寺迎接。

东晋王朝的政权实际上掌握在王、谢、庾、桓等世家大族手中。他们也多是佛教的支持者，其中王导、谢安、周顗、周嵩、王恭等都与名僧有密切交往。王导之子王治、王殉、王珉，其孙王谧以及其他著名文士如许洵、王羲之、顾恺之、谢灵运、孙绰，都曾向当时的高僧问学或执弟子礼。中书令何充与其弟何准信佛尤专。何充“性好释典，崇修佛寺，供给沙门以百数，靡费巨亿而不吝”，但亲友贫困却不肯接济，遭到时人讥讽。中军将军殷浩被废后苦读佛经，遇到不懂的名词概念则标记下来向僧人请教。豪门强族和文人骚客，构成了当时提倡玄谈的名士。玄学的重心也已经转到了佛教义学方面。

东晋玄学有两股潮流。一股潮流以桓彝、谢琨等为代表，继续以往放浪形骸、不拘礼法的传统，与大乘空宗接近；另一股潮流以孙绰和郗超为代

青州市博物馆藏 北朝佛教造像
佛教造像，使得佛教传说中的形象更加生动、更加形象、更加庄严，具有推广佛教信仰的作用，使佛法普及社会，深入人心。

表，要调和佛教同儒家的关系，注重发挥因果报应和佛性法身的说法。孙绰曾著《道贤论》，把两晋竺法护、帛远、支遁等名僧比作魏晋之际的“竹林七贤”，为他们吟咏赞叹。他很明确地使用玄学名士的标准来品评当时的名僧。由他所写的现存的《喻道论》则把佛视作“体道者”，说佛陀“无为，故虚寂自然；无不为，故神化万物”，以老庄玄学的概念、义理解释大乘法身与化身的思想。他特别宣称“周孔即佛，佛即周孔”，提倡儒佛完全一致，唯内外有别而已。郗超《奉法要》论述佛法要点，是东晋士大夫对佛教的典型认识，属中国佛教义学史上的重要文献。

僧侣阶层在东晋显示出与世俗社会相矛盾的地方。晋成康之世时（326—344年），中书监庾冰辅政代晋成帝诏，斥责沙门不向王者致敬是“矫形骸，违常务，易礼典，弃名教”，为了统一国家的礼制、法度，统一王权，沙门必须尽敬王者。尚书令何充与左右仆射等联名反复上奏异议，反对让沙门尽敬王者。这是有史以来有关中国佛教同国家政权关系问题的第一次高层次的讨论，也反映了印度佛教仪轨与中国传统礼法的矛盾之处。东晋末年，太尉桓玄重申庾冰之议，又受到中书令王谧、高僧慧远的反对。从最高执政到朝臣舆论看，佛教对于当时国家的政治和经济，对于社会的道德和安宁都已形成了威胁。

东晋般若学进一步盛行，王室贵族和一切奉佛的士族官僚无不研习《般若经》①。《般若经》成了名士的重要谈资。所有成名学僧，除了通《老》《庄》，大都通读《般若经》，能出“新义”。据姚秦僧叡总结，在鸠摩罗什之前，般若学的发展有两个阶段，即“格义”和“六家”。“格义”是用《老》《庄》等经典的固有名词去比附佛教名相概念。从竺法雅到道安，魏晋以来大多数僧侣都经历过这个阶段。僧叡所说的“六家”未指明是谁。与僧叡同学的僧肇点出了三家的要义。唐元康的《肇论疏》，列出所谓本无宗、本无异宗、即色宗、识含宗、幻化宗、心无宗、缘会宗七者。其所用的名目概括了当时流行的思想，大体反映了东晋般若学的面貌。

---

①全称为《大般若波罗蜜多经》。

南北朝时期

南北朝是中国佛教发展的兴盛期。发展的直接原因是统治阶级的大力扶植。一方面，统治者自觉地把佛教当成助王化的工具；另一方面，许多僧人主动给世俗政权提供神学论证。

南朝宋文帝曾与臣下谈论佛教的社会作用，认为“若使率土之滨，皆纯此化，则吾坐致太平，夫复何事？”佛教在后赵、前秦、后秦、北凉等一些有影响的大国中受到最高统治者的信仰支持，发展迅速。后赵的石勒、石虎父子在提倡儒家经典，以汉文化教化各族民众的同时，在神异僧人佛图澄的辅助下发展了具有浓厚密教色彩的宫廷佛教，这是佛教第一次在中国真正成为实际上的国教。

357年，前秦苻坚即帝位，他在黄河流域和长江上游的广大区域征集各地高僧。379年，攻破襄阳，俘名僧道安回长安，集“僧众数千，大弘法化”。385年，羌人姚苌杀苻坚占据长安，是谓后秦。394年，姚兴立，先后灭前秦，降西秦，亡后凉，成为西部的强国。姚兴统治时期发扬儒学，重视佛学，成为十六国中文化最为繁荣的朝代。

401年，姚兴打败后凉吕隆，迎鸠摩罗什到长安，集沙门五千余人，一时名僧大德辈出，领南北中国佛学之先。声震西域天竺，吸引了更多的外来僧人进入中国内地传教。姚兴本人受江左风气的影响，把佛学视作玄教，所以虽然认同神识不灭、三世因果，但并不崇尚灵异神通、巫术妖言。这在先前的北方少数民族中是罕见的。

匈奴族酋长沮渠蒙逊于412年占据姑臧（今甘肃武威），称河西王；420年灭西凉，史称北凉。沮渠氏的统治通畅了与西域诸国的往来，促进了佛教的传播及普及。后凉延请昙无谶译经，所译经典以《涅槃》佛性为中心，影响远及长安、建业，使姑臧成为西陲的佛教重镇。北方十六国的各个割据政权都在自己的境内弘兴佛教，争取民心，安定社会。客观上佛教对于增进中国南北各族人民的相互了解和联系，对于形成各族人民的共同心理，起到了比儒学还重要的作用。

在崇拜佛教的形式上，南北二地的统治者略有不同：南朝继东晋重视佛教义学的传统，在佛教理论上多有发展。特别是刘宋一代，在建康组成了以佛陀跋陀罗和求那跋陀罗为核心的译场，涌现出慧观、慧严等一大批学僧。齐竟陵王萧子良广招宾客学僧，也是着力于弘扬佛教教理。与南朝相比，北朝佛教偏重兴办福业建造和禅行神异，其义学则在宣扬律己禁欲。

从晋到南北朝，佛教自陆路进入中原，传法最多的是来自罽宾的僧人，其中著名的译家有僧伽提婆、昙摩耶舍、佛若多罗、卑罗叉、佛陀什、昙无谶、昙摩密多等。由天竺来的也不少，如菩提流支、勒那摩提、佛陀扇多、瞿昙般若流支。其他如来自迦维罗卫的有佛陀跋陀罗。也有僧尼经海路进入中国内地的，如罽宾的求那跋摩，就是经狮子国（今斯里兰卡）、阇婆国（古国名,故地在今印度尼西亚），再经交趾抵广州的。此外，直接来自扶南的还有僧伽婆罗、曼陀罗仙，和本籍西天竺的拘那罗陀（真谛）等。

佛教在中国的发展也促进了汉地僧人往西方的求法活动。自朱士行开取经于阗的先例以后，陆续有僧人西去取经求法和观瞻圣迹。至晋宋之际掀起了一次高潮。其中最有代表性的是法显。

法显于公元399年自长安出发，413年回到建康，前后十五年，所历二十九国，行程由中亚入印度、斯里兰卡，经南海而归中国。他在印度遍访佛迹，参拜圣地，携回律藏佛典，如《弥沙塞律》《萨婆多律》《大众部律》等。他回国后住建康道场寺，与宝云译经律六部六十三卷。他的译经《大般泥洹经》和游记《佛国记》对中国佛教影响甚为深远。

约一个世纪后，北魏神龟元年(518)十一月冬，比丘惠生与宋云等奉胡太后命向西域求经。从洛阳出发，出赤岭（青海西宁日月山），穿流沙，经西域诸国后经今阿富汗、巴基斯坦进入北印度犍陀罗诸国，住乌苌国两年，正光三年（522）回国。历时四年，取回佛经一百七十部。他们是北魏派出的国家代表，其出使有重要意义。

南北朝是中国佛教史上产生译家与译典最多的时期。据《开元录》记载，从南朝宋永初元年（420）到陈后主祯明三年(589)，经南北八个朝代一百六十九年，共有译者六十七人，译籍七百五十部，一千七百五十卷。这个译经高潮实发端于姚秦鸠摩罗什译经集团，传译的中心，北方有敦煌、姑臧、长安、洛阳、邺城等；南方则有建康、广州、豫章及沿江地区江陵、襄

青州市博物馆藏 北朝佛教造像
北朝佛教造像多面相方圆，略瘦，额头较宽，衣着多为身着通肩式或袒右肩式大衣。

阳、庐山等。

佛籍译介的范围比任何时期都要广泛。首先是《大般涅槃经》[①]《华严经》《胜鬘经》《楞伽经》[②]《深密解脱经》，净土类经典及佛教因明著作等。与《大般若经》经类异趣的大乘经典竞相译出，开辟了新的佛学领域，使南北朝以至隋唐的佛学义理进入了前所未有的灿烂时期；南北二途分别传进了无著、世亲创始的瑜伽行学派的论著，如《十地经论》《摄大乘论》等，也影响了几代佛学思潮。小乘经论的传译也日趋完备。四部"阿含"，自苻秦开译《增一阿含》以来，至南朝宋译出《杂阿含》则已完备。小乘不同部派的论著也大规模涌进来，如《杂阿毗昙心论》《阿毗昙婆沙》《俱舍论》《三弥底部论》等。小乘不同部派的戒律和大乘戒律如《菩萨戒本》《优婆塞戒经》等也都陆续译成。值得指出的还有密宗经典。密部早期经典自东晋就有译本，至此时则显著增多，像《孔雀王陀罗尼经》这样的咒术经

①亦称《大本涅槃经》或《大涅槃经》，简称《涅槃经》。
②全称为《楞伽阿跋多罗宝经》。

青州市博物馆藏 北朝佛教造像（残）

典在南北朝有相当影响。

南北朝的义学发达，有多种佛教学派产生。它们包括以《中论》《十二门论》《百论》为依据的三论学，以《涅槃经》为中心的涅槃学，以《阿毗昙心论》为对象的毗昙学，影响甚深远的成实学，关于《十地经论》的地论学，围绕《摄大乘论》的摄论学，其他尚有专研大小乘律藏的律学。

专门讲习禅定的禅学是南北朝的新风气，以往魏晋只重般若，及至学贤传罽宾达摩多罗和佛大先的五门禅法，禅学逐步独立，成了与义学并立的修行途径。与南朝相比，北朝更注重禅法。北朝除官方支持的禅法之外，还有流行在民间的禅法，其中之一便是菩提达摩的“四念处”禅法，达摩同时又强调“二入四行”，也是谈教理的。达摩和弟子慧可等在北朝活动，曾受地论师和官方支持的禅师的排斥。在慧可门下，形成了大批“楞伽师”，在周、隋、唐之际，向南流动，成了唐代禅宗的先驱者。

隋代佛教

隋代寺院经济更加发达，宗学传统前后相继，各宗派拥有相对稳定且不断增多的信仰者。陈、隋之际是政治上由南北分裂走向全国统一的转变时期，天台宗首先在此时建立了起来。智𫖮在学派纷争的基础上创建了天台宗，这是对南北朝佛教运动的总结，体现了大一统的政治需要。

天台宗的先驱是慧文和慧思。慧文是北齐禅师，其禅法以《大智度论》的空观思想为依据。慧思则既重视苦行，也重视经教，体现了两种学风的结合。

天台宗的实际创始人是智𫖮(538—597)，南朝陈光大元年(567)前往金陵，受到陈宣帝的礼遇并住持瓦官寺。陈亡后离开金陵前往庐山。隋初奉隋文帝诏而出山。其一生广建寺院，度人无数，其活动中心在荆州和天台二地，他撰写了《法华玄义》《摩诃止观》和《法华文句》，被称为“天台三大部”。天台宗止观并重，其理论基础则是由慧思“一心三观”发展而来的“三谛圆融”。其晚年学说可概括为“性具实相”“一念三千”。

智𫖮门下最有名的是灌顶(561—632)和湛然(711—782)。灌顶号章安大师，“天台三大部”就是经他整理记录下来的。湛然是智𫖮五传弟子，他使天台宗得以“中兴”。他以《起信论》的“真如随缘”解说“一念三千”，与华严宗、禅宗、法相宗都有驳难。他的“无情有性说”将佛性问题的讨论推向了一个新的高度。

由南北朝三论学人吉藏发展的新宗派是三论宗，该宗以罗什和僧肇为先祖，上承印度中观学说。吉藏(549—623)祖籍安息。七岁皈依法朗出家，十九岁替法朗复讲经论。后住会稽嘉祥寺，宣讲三论，听者常有千余人，后世尊

青州市博物馆藏　北朝佛教造像
青州地区处在佛教发展的南北两大板块之间，其佛像雕塑风格的演变为研究佛教艺术在南北的传播方式，提供了珍贵的实物资料。

他为“嘉祥大师”。后来受隋炀帝敕命，住扬州慧日寺及长安日严寺。在长安时期，他著书立说，完成了创教工作。唐灭隋后，被征为统辖全国僧侣的十大德之一。

三论宗的思想驳杂多端，与法相宗并称为中国佛教史上的难治之学。其理论要点有“二谛论”“中道实相”等。所谓“真俗二谛”，俗谛即假名，真谛即真实理性。所谓“中道实相”，是说诸法非空非有，亦空亦有，不落二边，圆融无碍。

隋代曾兴起一个被视作异端的佛教宗派，即信行（540—594）所创的三阶教。三阶教提倡“解行并重”。它的基本理论是“三阶普法说”，认为佛教在当时处于末法时代，此时世界是五浊诸恶世间，信徒唯有认恶忏罪，修普施广度的“无尽藏行”才能获救。

青州市博物馆藏 北朝佛教造像
青州地区处在佛教发展的南北两大板块之间，其佛像雕塑风格的演变为研究佛教艺术在南北的传播方式，提供了珍贵的实物资料。

唐代佛教

公元618年，唐王朝建立。唐朝是当时世界上最强盛的国家之一，经济繁荣，文化昌盛。佛教在唐代的发展进入了鼎盛阶段。唐朝相继创建了唯识宗、华严宗、禅宗、律宗、净土宗、密宗等新的宗派。这些宗派有高度发展的寺院经济做支柱，创造了各自庞大的理论体系，代表了当时哲学思维的最高水平，影响着大批士人，成为时代思潮的重要元素。

唐代诸帝从政治功用上利用佛教。从总体看，形成了以儒为主、释道辅之、三教并用的成熟的宗教文化政策，这就为唐代的佛教繁荣和下一时期宋代理学的形成做了准备。

太宗以后，高宗、中宗、睿宗都推崇佛教，但把佛教推向高度发展的是女皇武则天。武则天自高宗显庆年间以后，掌握了唐朝实际的政权。武则天利用佛教《大云经》称自己为弥勒佛转世，为她的周政权制造舆论。从宗教思想体系考量，武则天着重扶植的是华严宗。华严宗能够成为历史上的一个大宗派，直接受益于她的支持。她出于政治上的需要，利用华严宗法藏法师运作各种活动和法事为其登基做足舆论基础。此外，武则天还征召和奖励禅宗僧人，如令神秀禅师入京，向慧安禅师问道，待以师礼，支持东山法门，促进了禅宗的发展。

唐代佛教深入民众的日常生活。除了各宗派宣传教义获得群众崇奉外，还有直接和群众生活息息相关的种种佛事活动。比如节日时分在寺院里举行俗讲，用通俗的言辞，结合生动的故事等宣传佛教，这些资料大都写成讲经文或变文。又有法师游行村落之间，向民众说教。寺院也会定期组织斋会诵经，为大众说法。至于有些寺院平素培植花木，遇到节日对民众开放或组织庙会以供游览，都间接地增大了佛教在民间的影响力。

唐代佛教的发展对文学艺术产生了独特而深远的影响。在文学方面，由于俗讲流行，产生了喜闻乐见的变文等作品。在艺术方面，佛教对书法、绘画、雕塑、音乐等领域都注入了新的元素。随着变文的高度发展，经变画图应运而生，常常在全幅画图中综合表现整部经文的重要内容。敦煌石窟中保存有弥陀净土变、药师净土变、弥勒净土变，《维摩诘经》《法华经》《报恩经》[①]《华严经》《大乘密严经》等经变图画。在雕塑方面，洛阳的龙门石窟在北魏时代已有相当规模的佛教造像，唐代从高宗到武后时约五十年间又大加营造。雕造奉先寺大佛，且续开东山各窟。其大佛造像相貌端严，表情温雅，衣褶简洁，菩萨像装饰华丽细致，堪称巧夺造化的杰作。在建筑方面，殿堂遗构在五台山有南禅寺、佛光寺大殿。塔的形式则始创八角形结构，如玄宗时（745）在嵩山会善寺所建的净藏禅师墓塔等。

唐代佛教的发展也在国外发生了巨大影响。当时有很多新罗和日本的学僧前来中国，得到各宗大师的传承，归国开宗，中国高僧也有去日本传教的，如此往来不绝，极为频繁。新罗在唐初有义湘学法于智俨，太贤、道伦学法于玄奘，惠日学胎藏密法于惠果，法朗学法于道信，其弟子信行学法于志空（普寂门人），道义学南宗禅于智藏（道一门人）等。他们分别在国内传贤首、慈恩、密宗、禅宗之学。

日本学僧入唐求学之风尤盛。唐初，道昭、智达、智通来从玄奘受学，其后又有智凤、玄昉来从智周受学，归国后分为南寺、北寺两传法相之学，而成立专宗。又有道璿赴日讲《华严经》等经，继而新罗审详从贤首学法，传法给日僧良辨，而成华严宗。又先有日僧道光入唐学南山律，后有鉴真律师赴日传戒，成立了律宗。日本国都由奈良迁到平安，在平安时代，最澄入唐从天台宗道邃、行满受学，归国创天台宗。空海入唐从惠果受金刚界、胎藏界两部秘法，归国创真言宗，于是日本的佛教便规模完备了。

唐代佛教势力急剧发展，最终激化了僧侣阶层与世俗地主阶级在经济利益上的矛盾，造成社会上反佛意识的高涨。先有傅奕上奏斥佛，后有韩愈上表《谏迎佛骨》反对迎佛骨入京，维护儒家思想正统地位。最终由于寺院经济过度膨胀，在会昌初年发生了唐武宗灭佛事件，命令拆毁寺宇，勒令僧尼还俗。寺院经济的发展最终将佛教推到了由盛而衰的境况。唐代是中国佛教的鼎盛期，最后盛极而衰，从总趋势上看，唐以后的佛教是在走下坡路了。

---

①全称为《大方便佛报恩经》。

宋代佛教

宋代自赵匡胤陈桥兵变到赵昺亡于元，前后历经三百二十年，是秦汉后维持时间最长的一个朝代。宋代封建专制主义高度发展，又是新儒学完成、文治昌盛的时期。佛教在宋代进一步成熟，并在稳定中走向式微。

宋太祖从立国之始，便把崇仰佛教作为稳定北方局势和争取南方吴越诸国的重要手段。乾德三年（965），沧州僧道圆游五天竺往返十八年，偕于阗使者回到京师，太祖在便殿召见，垂问西土风俗；次年，遣僧人行勤等一百五十七人游历西域。到景祐二年（1035），仅由五天竺来汴京贡奉梵经的僧侣即有八十人，而从中国西去取经回来的有一百三十八人。在宋初的六七十年中，朝廷把佛教当作加强对外联系的重要纽带。

开宝四年（971），宋太祖敕令高品张从信前往益州雕大藏经板，这是中国有史以来的第一部汉文木版印刷《大藏经》，以《开元录》入藏经为主，陆续收入本土撰著和《贞元录》诸经，总计六百五十三帙，六千六百二十余卷。这一行动影响了民间，影响了辽金和西夏，刻经之风由此盛行，其文化意义远胜于单纯的信仰。至兴国七年(982)，宋太宗效法唐太宗，由国家建立译经院，诏印度僧人法天、天息灾、施护和懂梵学的汉僧及朝廷官员等，共同组成译经集团，进行由官方直接控制的译经活动。前后共有译家十五人，所译佛籍二百八十四部，七百五十八卷，密教占绝大部分。

宋代僧尼数量在太宗时有突破性的发展。太平兴国元年(976)，一次普度童行十七万人。宋真宗著《崇释论》，设想奉佛“十力”，辅俗“五常”，以达到劝善禁恶的目的。他在全国设戒坛七十二所，广度僧尼，到天禧五年（1021），已有僧三十九万七千六百一十五人，尼六万一千二百四十人，寺院近四万所，成为全宋史上佛教最发达的年代。此后，佛教发展受到日渐严格的限制，仁宗景祐元年（1034）僧尼数额开始下降，到神宗熙宁元年统计，全国僧人只有二十二万零六百六十，尼三千四百三十人，减少了将近一半。

南宋时，高宗对佛教采取适度限制的态度，停止发放度牒，征收僧道“免丁钱”，后又改为“清闲钱”，赋金数倍于一般丁口。真宗晚年诏僧修法华忏，为国祈福，重演唐末诸帝求仁王护国的故技。高宗时隆佑太后奉“摩利支天母”，以为大宋实借天母的冥护。山西五台山的文殊菩萨、四川峨眉山的普贤菩萨、浙江普陀山的观音菩萨，也都在宋朝成为民众专门崇奉的对象。

中国佛教日趋世俗化，到了宋代，则增添了许多新的特点，其中之一便是由倡导出世修行获得个人解脱转为日益鲜明地入世，主张忠君爱国，从泛泛地倡导三教调和转化为对儒家观念的依附和服从。以往的避世消极思潮减退，突出地表现出对于现世的关注。北宋促成佛教这种思想转变的僧人主要有延寿、契嵩、智圆等僧人。延寿宣称“本末一际，凡圣同源；不坏俗而标真，不离真而立俗”（《万善同归集》）；克勤说“佛法即是世法，世法即是佛法”。忠孝节义成宋代佛教的一大主题。两宋之际的禅僧大慧宗杲就认为菩提心实则是忠孝心。

宋代的禅宗继续发展，禅风逐渐变化为以阐扬禅机为核心、不离文字的“文字禅”。与此相应，编纂“灯录”和“语录”成了宋代禅宗的主要事业。“灯录”是禅宗创造的一种史论并重的文体，它以本宗的前后师承关系为经，以各代祖师倡言的思想为纬。以“灯”命名，尤其能够显示出禅宗标榜的“以心传心，代代不绝”的特性。灯录发端于唐代的《楞伽师资记》《历代法宝记》等书。最早的灯录是北宋景德年间（1004—1007）道原的《景德传灯录》，至南宋淳祐末年（1252），普济以《景德录》和《广灯录》《联灯录》《普灯录》《续灯录》五者删削合并成《五灯会元》。

“语录”是弟子辈对祖师言论的记录，像慧能的《坛经》，神会的《直了性坛语》，裴休所编希运的《传法心要》《宛陵录》，慧然所辑义玄的《临济录》等，都是语录。到宋代，禅宗语录大行，其中赜藏主编的《古尊宿语录》辑唐宋南岳一系三十六家禅师语录最有代表性。两宋语录的特色表

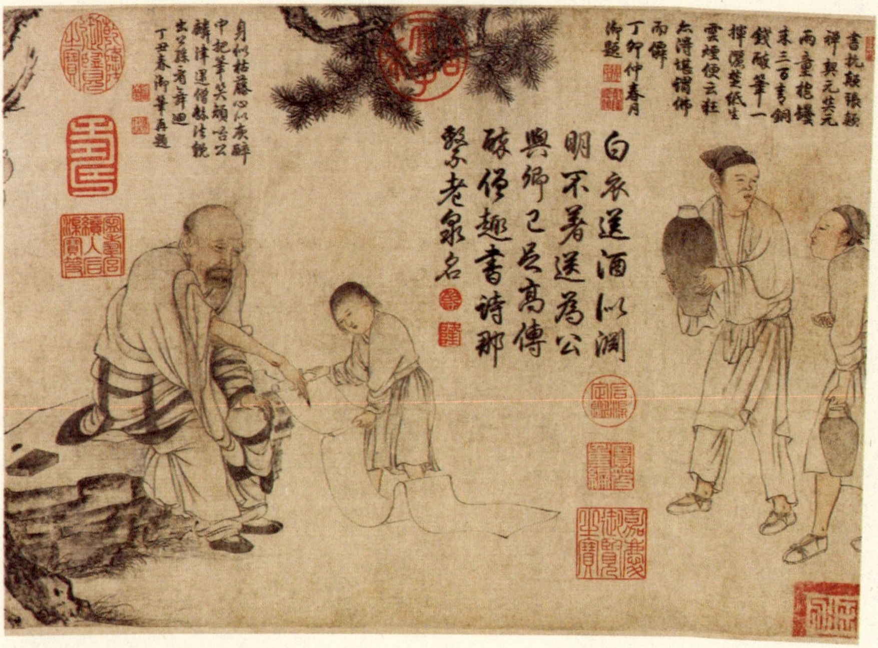

〔北宋〕李公麟 《醉僧图》（局部）
史家评价李公麟《醉僧图》，称赞其人物“神情生动，超然绝俗，更兼树石苍劲，衣褶妙若游丝，真龙眠之佳作”。

现在对祖师语录中提到的“公案”做新的注解和发挥上。

所谓“公案”，指历史上禅宗“大德”的某些言行范例。禅师们往往用解释“公案”的方式来发挥自己的思想。临济宗的善昭(947—1024)用偈颂形式对一百条“公案”加以阐述，称之为“颂古”。此后，云门宗的重显（980—1052）以云门思想为背景创作《颂古百则》。临济宗的克勤(1069—1135)应张商英之请，以重显《颂古百则》为基础，编成《碧岩录》十卷。《碧岩录》的影响很大，它把“文字禅”推向了高峰。

出于克勤门下的宗杲(1089—1163)对这种禅风大加批判，他曾焚毁了《碧岩录》刻板，他自己提倡“话头禅”。与宗杲同时的正觉(1091—1157)则反对话头禅，倡导“默照禅”。

藏传佛教

藏传佛教，或称藏语系佛教（俗称喇嘛教）。10世纪后半期形成。13世纪中开始流传于内蒙古地区，至今，内蒙古、土、裕固等民族仍多信奉藏传佛教。

佛教传入西藏地区始于7世纪松赞干布时期。吐蕃首领松赞干布从尼泊尔迎娶尺尊公主，从中国迎娶文成公主，分别给西藏带来了印度佛教和中国汉地佛教的信息。为了安置她们带来的佛像，尺尊公主主持建造了大昭寺，文成公主主持建造了小昭寺。松赞干布也在拉萨四周建立了四如寺等寺庙。传说当时已经开始翻译佛经，译师有汉人大天寿和尚、印度人俱萨罗、尼泊尔人向达尔和藏族人吞米桑布札等。但当时还没有藏族人出家为僧。

松赞干布之后二代，佛教在藏地没有获得什么发展。到赤德祖赞时，迎娶唐朝金城公主后，汉地佛教在西藏的影响有所扩大。吐蕃王室还收留了从和阗、中亚与现在新疆等地区逃难出来的僧侣。王室发展佛教的举措引起了西藏原始宗教本教和贵族的不满与排斥。赤祖德赞死后，新首领赤松德赞还年幼，崇奉本教的大臣掌权，开始禁佛，拆毁寺庙，驱赶汉地和尼泊尔僧人。赤松德赞亲政后又重兴佛教，派人到印度请来了瑜伽中观学者寂护和密教大师莲华生入藏。

莲华生制服本教后，寂护在西藏建立了桑耶寺，并剃度第一批藏族青年为僧。之后又从印度请来了一些译师，同时向印度派遣留学的藏僧。汉地僧侣也不断有来此传法的，而且形成了一定的势力。在印度佛教和汉地佛教在西藏产生对抗之际，莲华生借助他的辩才使印度佛教取得了胜利，这对以后西藏佛教的发展产生了深远影响。赤松德赞之后第三代热巴巾在位时，经过他的支持，佛教在西藏空前兴盛。后来，一些反佛大臣谋杀了热巴巾，立其兄朗达玛为首领，实行彻底的禁佛运动，焚毁佛经，停建、封闭佛寺，破坏寺院设施，镇压佛教僧众。此为前弘期佛教。其后，佛教在西藏的发展中断了一百多年，本教势力才又有所恢复。

978年，佛教经由阿里和多康两个方向传回西藏地区，佛教在西藏重新得到了发展，这是西藏后弘期佛教的开始。此后，显、密兼通的印度高僧到西藏传法译经，印度密教无上瑜伽部的经典被大量译为藏文。同时，也有大量的藏族僧人到印度、尼泊尔学习，返藏后从事经典翻译工作。由于传承的不同，后弘期的藏传佛教形成了许多的派别，其中最早形成的是宁玛派，其次是噶当派、萨迦派、噶举派、希解派、觉宇派、觉囊派，形成较晚、影响也最为深远的是格鲁派。

西藏佛教在与本教进行长期斗争的过程中，也受到了本教的一些影响，在佛教教义的基础上吸收了本教的一些神祇和仪式。在教义方面，大小乘兼容而以大乘为主，大乘中显、密俱备，尤重密教，并以无上瑜伽为最高修行次第，形成了“藏密”。

在戒律方面，以小乘说一切有部的戒律为基础，同时也遵行大乘菩萨和密宗根本戒。各派均有活佛转世制度，寺院组织则因派别及寺院大小各不相同。寺僧上殿诵经，法师讲经布法，举办大型法会等显宗法事与汉地佛教基本相同。但密宗传法灌顶以及修持仪式种类极多，较为复杂，各派之间各尊所传，各行其是。

在藏语中，男性僧众被统称为“扎巴”。“扎巴”内部又分为三类：

(1) “格雀”，指学习藏传佛教时间尚短、仅接受一些基本戒律的僧人，相当于汉地佛教所说的“沙弥”；

(2) “格隆”，指已具备较为全面的佛教知识、受过具足戒的僧人，相当于汉地佛教中所说的“比丘”；

(3) “喇嘛”，意谓“上师”，本指活佛，是教派或寺院的僧众领袖，有地位、有学问，有较深修养，能为人师表及指导众人进行修行。

与称作“格隆”的一般僧人不同，喇嘛（或称活佛）出现于13世纪之后，主要是依据灵魂转世与业报轮回的佛教思想，为解决藏传佛教寺院首领的继承人问题而产生的僧侣类型。寺院原领导人圆寂之后，其他负有一定责任的寺院上层通过特定的程式和仪轨，寻找在原首领圆寂时出生的若干婴童，从中再选定一个“灵童”作为原活佛的转世，迎入寺中继承宗教地位。简言之，凡被选为灵童入主寺院接任原首领之职的僧人，就是“活佛”，称作“喇嘛”，这是“喇嘛”的本义。在汉族地区常常不加分别地把蒙藏僧人统称为“喇嘛”，这是不确切的。与活佛转世制度相统一的“喇嘛”是藏传佛教中特有的僧人，为印度、日本和东南亚各国佛教中所没有的，或许就是因为如此，藏传佛教获得了“喇嘛教”的称谓。出于宗教和民族感情等方面的原因，藏传佛教界和蒙藏居民不愿意称“藏传佛教”为“喇嘛教”。“喇嘛教”这一名称是不科学、不妥当的。

法螺
法螺是佛教举行仪式时吹奏的一种振气鸣乐器，用同名软体动物“法螺”的贝壳制成的物品。

金刚钺刀
金刚钺刀是藏传佛教常见的法器，代表神圣佛法不容侵犯，及佛教徒众的卫护佛法之心。

松赞干布迎娶文成公主

贞观年间，刚统一青藏高原的吐蕃王松赞干布派禄东赞向太宗求娶文成公主，经过与其他国家婚使的较量，禄东赞获胜。文成公主前往西藏，一路传播中土文化。

第五章

中国佛教宗派

中国佛教曾出现过许多派别，后来流行的主要有八宗。佛法本来是唯一的，由于接受者的根性高下不一以及生存时代与生活环境的差异，对于佛法的看法也就因人而有不同的解释了。《维摩诘经·佛国品》说："佛以一音演说法，众生随类各得解"，就是指的这一层意思。佛教有"八万四千法门"，由于众生心量不同，故佛说法不同，由此形成了不同的宗派。

在佛陀涅槃后的四五百年间，印度境内的小乘佛教就分有二十部派之多。由于小乘佛教分得七零八落，大乘佛教就在印度境内应运而生。传入中国的佛教主流就是大乘佛教。佛教传入中国以后最初也是没有宗派门户之见的，后来由于翻译事业的逐渐兴盛，佛典的大量译成以及佛教思想家们对于佛法的分类判摄，才有了宗派的出现。

在中国的大乘八宗之中，禅宗是佛法的重心。太虚大师说："中国佛教的特质在禅"。任何一宗，均可归为禅的精神。自晚唐以下的中国佛教，禅宗特盛，继而禅净合一。近代，禅宗出了虚云，净宗出了印光，律宗出了弘一，天台出了谛闲，华严出了丹霞，唯识出了欧阳竞无。在民间仍以禅净二脉的影响力较大，在学术界唯识的影响力则较大。密宗虽也盛行，但是相当混乱。

中国佛教八宗，习称性、相、台、贤、禅、净、律、密，即：性，法性宗，又称"三论宗"；相，法相宗，又称"唯识宗"；台，天台宗；贤，贤首宗，又称"华严宗"；禅，禅宗；净，净土宗；律，律宗。密，密宗。这里给大家介绍中国佛教八宗的思想精华。

三论宗

三论宗依龙树的《中论》《十二门论》和提婆的《百论》等三部著书立说。此宗的学统在印度的初祖是龙树，在中国则是鸠摩罗什—僧肇—僧朗—僧诠—法朗—吉藏。三论宗祖庭在西安鄠邑区草堂寺。

此宗印度初祖龙树是释迦牟尼灭后第一个重要的大乘佛教学者。其《中论》《十二门论》等，发挥缘起性空的学说，为大乘佛学建立了牢固的理论基础。龙树将其学说传给弟子提婆，提婆深得其要领，辩才无碍，著有《百论》等，大大发扬了龙树学说。

鸠摩罗什大师（344—413）本印度人，长于龟兹（今新疆境内），出家后，通大乘经论。罗什在龟兹时，前秦主苻坚使吕光伐龟兹，获什而还。吕光至凉州，闻苻坚败，因自立为后凉王。其后，后秦姚兴伐凉降之。罗什于后秦弘始三年（401）始入长安，在逍遥园翻译经典。姚兴待以国师之礼，四方义学沙门闻风而至。罗什大师前后翻译经律论七十四部，三百八十四卷，其中最为著名的有《法华经》《维摩诘经》《阿弥陀经》《金刚经》①等。寂后火化，舌头不烂。草堂寺内现有罗什大师的舌舍利塔。

鸠摩罗什大师门人号称有三千众，著名学者有数十人，其中僧肇最为突出，得罗什之真传。罗什、僧肇之后，长安大乱，僧徒四散，三论传承，记载不明。陈、隋之世，三论学者最著名者为吉藏。他著作宏富，陈义精微，对当时流行的相关经典加以注疏，在此基础上，正式建立了三论宗。

三论宗在初唐曾盛极一时。后来法相、华严、禅宗相继成立和流行，此宗逐渐不振。会昌禁佛之时，此宗章疏被毁殆尽，几成绝学。清代末年，海

①全称为《金刚般若波罗蜜经》。

运畅通，杨文会居士始从日本将此宗失传的章疏著作取回，世人方能探讨而窥其全貌。

三论宗的中心理论是缘起性空的中道实相论。这种理论，认为世间、出世间万有诸法，都是从众多因缘和合而生，叫缘起；离开众多因素的条件就没有事物，叫性空。三论宗认为，缘起事物的存在就是性空，不是除去缘起的事物而后说空。把缘起和性空统一起来，就是中道。为了阐明这种理论，三论宗更立有真俗二谛和八不中道等义：

一、真俗二谛义。也叫第一义谛和世俗谛。二谛只是为教化众生而假设的言教，即为著空者依俗谛说有，为著有者依真谛明空。真俗二谛是为了说法教化上的方便。

二、八不中道义。三论宗依《中论》卷首“不生亦不灭，不常亦不断，不一亦不异，不来亦不出”八不偈之义，以显发中道实相。认为凡夫二乘有种种偏执偏见，这些偏见，是人们正确认识宇宙万有的障碍，是虚妄分别，所以对它们用“不”字来否定，令众生悟入空有不二的中道。

三、迷悟成佛义。根据中道实相的理论，说诸法寂灭无生，本来清净，无众生可度，亦无佛道可成。但就世谛假名门，说有迷有悟，有佛有众生。并说一切众生皆能成佛。成佛与否，关键在乎迷悟。

法相宗

法相宗因剖析一切事物（法）的相对真实（相）和绝对真实（性）而得名。又因强调不许有心外独立之境，主张万法唯识，亦称唯识宗。由于创始者玄奘及其弟子窥基常住大慈恩寺，故又称“慈恩宗”。祖庭在西安大慈恩寺。

法相宗创始人玄奘曾游学印度十七年，回国后先后译出瑜伽学系经典，并糅译了《成唯识论》，奠定了法相宗的理论基础。其弟子对该宗典籍竞作注疏，在理论上各有发挥。特别是窥基，融会贯通，加以发扬，有“百部疏主”之称。关于他的出家经历，有一段广为流行的传说。

唐贞观十九年（645），玄奘游印度归来，在长安（今西安）创办译经道场，一边翻译经典，一边讲经、说法、传道。在从事传译事业的同时，他也很注意物色、培养说法的人才。一次，玄奘遇到了气宇轩昂的窥基，就想度他为弟子。窥基是尉迟敬宗将军的公子，是鄂国公尉迟敬德的侄子。玄奘大师想尽种种办法，终于让他成为自己的高足。

但窥基当初出家的时候，却并不是心甘情愿，相传他与玄奘讨价还价说：

“您要我出家可以，但要满足我的条件。第一，我不能整天到晚读佛经，还要看佛经以外的图书；第二，我不能断绝过去的生活，要有美酒相伴；第三，我不能拒绝过去的相好，要有美女相陪。”

玄奘早已看出窥基是可造之才，就答应了他。于是，每当这位昔日的豪门公子出行时，总有三车相随：一车俗书，一车美酒，一车美女。就这样，“三车和尚”的大名传遍了长安城的大街小巷。

但就是这样一个风流倜傥的公子，有一天在裘马轻狂之后，回到寺院，听到庄严肃穆的钟鼓声，顿然振落了身心的层层尘垢，了悟了生命的意义。

从此，他对俗书、美酒、美女提不起一点兴致，青灯古寺，沉潜著述，为后世留下了一百余部注疏，成为佛教所景仰的“百部疏主”。

唯识宗所依经典以《瑜伽师地论》为本，以《百法明门论》《五蕴论》《显扬圣教论》《摄大乘论》《唯识二十论》《高建法中章论》等十论为支，称为“一本十支”。其主要理论为“三性说”。三性即遍计所执性、依他起性、圆成实性。世亲的学生陈那用生动的比喻阐明了“三性”及其关系。

遍计所执性：凡夫妄情，普遍计度（周遍观察思量）一切法（事物），所以叫“遍计”；由此虚妄分别执有实我、实法，为“所执性”。如夜间行路，看到绳子而误以为蛇，事实上绳子并不是蛇，但妄情迷执，误以为蛇。

依他起性：万法皆无自性，不能单独生起，须靠众缘具备，然后乃生，名依他起性。“他”指因缘。如以绳为蛇之人，定下心来，走近一看，才知道原来是绳子非蛇。并且这绳子是由麻搓成的，是依麻等因缘而生，故名“依他起性”。

圆成实性：指真如是圆满、成就、真实的。圆成实性仅能由觉悟真理之智慧而得知，是在依他起性的基础上，远离遍计所执性的谬误，并进一步去掉对一切现象的虚妄分别而获得的一种对事物本质的真实认识。犹如认识到绳子是麻编的，“绳子”是假象，绳子的本性就是麻，这个麻就是圆成实性。绳子是假有，拆开来就不是绳子了，这个麻却是真的有：编成绳子的是麻，把绳子拆掉之后它还是麻，麻是真的有，也就是说，圆成实性是真的有。当然，如果再进一步分析，麻的本身也是因缘合和的，它也会终归于无。

在三性中，遍计所执为妄有，依他起为假有，圆成实为实有。

此宗所传唯识因明之学对后世影响很大。律宗道专事《四分律》的宣扬，在理论上也吸收了玄奘新译唯识学的观点。晚明思想家王夫之著有《相宗络索》一书，对法相宗的基本概念，分析颇精。清代思想家龚自珍曾在其著作中运用因明学说。谭嗣同在所著《仁学》一书中也引用了唯识思想。资产阶级革命家章炳麟曾运用因明与西方逻辑、中国墨经做比较研究，并有《齐物论唯识释》之作。近代欧阳竟无、韩清净和太虚等也曾对法相唯识之学竞相研习，并撰有不少专门著作。

法相宗在日本亦有流传，自唐代即传入日本，是日本奈良、平安时代最有影响的宗派之一，至今流传不绝。

天台宗

天台宗因创始人智𫖮常住浙江天台山而得名。其教义主要依据《妙法莲华经》，所以也称为法华宗。智𫖮的“天台三大部”是该宗的根本典籍。

天台宗思想号称出自龙树，实际上启蒙于北齐慧文。慧文从《大智度论》领悟到三智“一心中得”的道理，又结合《中论·观四谛品》的三是偈：“因缘所生法，我说即是空，亦为是假名，亦是中道义”，确立了一心中观空、观假、观中的“一心三观”理论。慧思继承此说，并结合《妙法莲华经》要义，又阐发“诸法实相”之说，慧思兼重定慧，实为以后天台宗止观双修的起缘。后慧思传智𫖮，智𫖮再加以发挥，终于形成以“一念三千”和“三谛圆融”为中心思想的独立学派。

智𫖮著有《法华玄义》《法华文句》《摩诃止观》，世称“天台三大部”，弟子灌顶得其真传，很有发挥。灌顶以后，四传到湛然，以中兴天台宗为已任，对天台三大部都有翔实注解，并提出了“无情有性”的观点，对天台宗以后的发展有很大影响。

湛然的弟子有道邃、行满等。经过会昌禁佛和五代之乱，典籍湮没殆尽，遂一蹶不振。道邃下五传弟子义寂通过吴越王钱俶遣使到高丽、日本访求天台宗典籍，才使该宗学说得以延续和发展。天台宗在元、明两代式微。明末有智旭自称“私淑台宗”，对天台教观颇有发挥。晚近有谛闲法师弘扬天台。

智𫖮判佛一代说法为五时八教。五时即华严时、阿含时、方等时、般若时、法华涅槃时。这是根据《大般涅槃经》中“从牛出乳、从乳出酪，次第而出生酥、熟酥、醍醐五味”的譬喻而立的。

乳喻第一华严时，说《华严经》；酪喻第二阿含时，说《阿含经》；生酥喻第三方等时，说《大方等大集经》《宝积经》《维摩诘经》《楞伽经》《胜鬘经》等；熟酥喻第四般若时，说《般若经》；醍醐喻第五法华涅槃时，说《妙法莲华经》《大般涅槃经》。这是佛陀在不同时机、对不同听众分五个阶段说的五类不同教法。

天台宗的主要思想是实相和止观，以实相阐明理论，用止观指导实修。

实相渊源于南岳慧思。主要思想内容是“一念三千”的理论。“一念”指心念活动之最短时刻；“三千”表示世间与出世间之总现象。集一千小世界为一个“小千世界”；一千“小千世界”为“中千世界”；一千“中千世界”为“大千世界”。因为有三个千的倍数，所以叫三千大千世界。凡夫一念心，必属十法界中之某一法界，如与杀生等嗔恚相应，是地狱界；若与贪欲相应，是饿鬼界；若与人伦道德相应，是人间界；乃至若与真如法界相应，是佛界。

智𫖮认为一切事物都由因缘所生，没有固定不变的实体，即空；但从另一方面来看，又是相貌宛然，即假；空、假原是诸法一体的两个对立侧面，从全体看不应偏于任何一面，空即假，假即空，空假不二即是中。空、假、中同时具于一念，叫作“一念三千空假中”。空、假、中都是真实，称为三谛。三即一，一即三，三一融通无障无碍，是为三谛圆融。

修此一念三千空、假、中的三谛圆融，见空为一切智，见假为道种智，见中为一切种智。所以三谛圆融也就是三智圆融。通过圆修三谛，达到顿断三惑，圆证三智，这就是天台宗的中心理论。

该宗是中国佛教最早创立的一个宗派。当时得到朝野的支持和信奉，对隋唐以后成立的各宗派多有影响。元明以后，该宗学者往往兼倡净土，形成“教在天台，行归净土”之风。该宗在汉族地区虽几经兴衰，但仍延续至今不绝。

9世纪初，日本僧人最澄将此宗传到日本，在平安时代（784—1192）与真言宗并列发展，史称“平安二宗”。13世纪由此宗分出日莲宗。当今，在日本天台本宗、日莲宗都很兴旺。

华严宗

华严宗以《华严经》为根本典籍，又因实际创始人法藏号贤首，也称贤首宗；该宗以发挥“法界缘起”的思想为宗旨。祖庭为西安华严寺。

相传学统传承为杜顺—智俨—法藏—澄观—宗密。该宗推戴杜顺为初祖，而实际创始人为法藏。

杜顺原名法顺。雍州万年（今陕西临潼西北）人，后住终南山宣扬《华严经》。相传他著有《华严法界观门》《华严五教止观》各一卷。

智俨，天水（今属甘肃）人。师事杜顺。著有《华严经搜玄记》十卷，《华严一乘十玄门》一卷，《华严五十要问答》二卷，《华严经内章门等杂孔目章》四卷等。

法藏依智俨学《华严经》，深通玄旨。二十八岁以后开始广事讲说，参加实叉难陀、义净、菩提流支翻译《华严经》《大乘入楞伽经》《金光明最胜王经》《大宝积经》等，并有著述100余卷，详尽发挥智俨的教规新说，正式创立华严宗。

华严宗认为宇宙万法，相即相入，圆融无碍，如因陀罗网，重重无尽。并用四法界、六相、十玄等法门，来阐明无尽缘起的意义。

四法界：一、事法界。指宇宙万法，彼此各有差别。二、理法界。指诸法平等的理性，即真如。三、理事无碍法界。说有差别的事法与平等的理性，互相融通无碍。四、事事无碍法界。指一切各有差别的事法，由于理性同一，故能相互融通，重重无尽。

“十玄门”的宗旨是表示法界中事事无碍法界之相，通达此义，即可进入《华严经》的玄海，故称“玄门”。十玄说是从多种角度阐发事物之间相入相即的圆融关系。十玄的含义是：

(1)同时具足相应门。十方三世一切诸法，从时间上看，同时产生，相依相资，三世相摄，而不坏三世相。从空间上看，一切即一，一即一切，相即相入，毫不相乱。进入同时具足相应门时，整个世界的全貌是无时空差异的、相互依存的统一世界，这只有在华严“海印三昧”中才能显现出来。当佛进入“海印三昧”时，过去、现在、未来一切法都同时在一心中映现，犹如深渊大海，湛然映现一切景象。这是华严宗十玄无碍的总法门，是华严宗人观察世界的总体构架。

(2)广狭自在无碍门。每一现象一方面能够普遍适应一切现象(广)，一方面仍然保持自身的本性(狭)。每一现象同时具有广狭两个不同方面，自在自足，无障无碍，是为“广狭自在无碍门”。

(3)一多相容不同门。“一”为整体，“多”为部分。整体与部分既有差别，又有联系，既有相容性，又有相异性。一物与多物相容相摄，多能容一，一能容多。如一室千灯，光光涉入。各自光线，无所障碍，不失自用。

(4) 诸法相即自在门。本门着重讲现象与现象之间的相即而又相入的关系。宇宙万物本体同一，任何一物都可以遍摄他物，因此任何一物也就是其他一切事物，所有事物都是相即同一的。“相即”意为彼即是此，此即是彼，物物不二，事事一如。各种现象既能相互融合，又能在融合中保持自己本身具有的特点。

(5) 秘密隐显俱成门。事物同时具备隐、显两种形象，隐是里面，显是表面，隐不离显，显不离隐，隐显俱成，如秋空片月，晦明相并。显密性质虽是不同，而能相即无碍。

(6) 微细相容安立门。毛端集刹国，须弥纳芥子，即使是极其微细的事物也都能包容庞大的事物。大小不同，相容无碍。万法虽相即相入，相容无碍，但是万法自相不坏，丝毫都不受影响。所含之大，不坏大相；所容之多，不改多相。

(7) 因陀罗网境界门。一个事物包含了无数的事物，小与大、少与多互相渗透、包容，交互涉入，重重显映，无穷无尽，如同因陀罗网。

(8) 托事显法生解门。“显法”指显现一切事法。“生解”指产生事事无碍的领悟。随意托举一事，便显现一切事物互为缘起的道理，产生事事无碍的胜解，洞见重重无尽的法界。一花一世界，一叶一如来。平凡的现象的本身，即是最深奥的真理。

(9)十世隔法异成门。“十世”指过现未三世各有过现未三世，而为九世。九世既是相隔有别(隔法)，又互相包摄，成为一个总体(异成)，总别相合而为十。十世既相即相入，融通无碍，又不失前后、长短的自性。本门着重说明时间上的圆融互摄。十世同存于一念之中，在一刹那中，包容着过现未的一切事物。

(10)主伴圆明具德门。一种现象生起(主)，其他现象也必然伴随着生起(伴)，形成互为主伴的关系。不论在时间上还是空间上，诸法都构成“一大缘起，随举一法”，此法即为“主”，此外之诸法即为“伴”。反之，其他任一法为“主”，此法则为他法之“伴”。主伴没有绝对的分别，而是相依无碍、交融互摄，任何一法都圆满具有一切功德。

十玄无碍从十个方面讲法界缘起的内容，从各个角度强调圆融，以证成一切缘起之法，不管空间上的广狭还是时间上的长短，都圆融无碍。

十玄说从各种角度说明诸法相即相入的圆融性，而六相说则从总别、同异、成坏三对相状范畴来论述现象的构成及现象与现象的关系，从而阐明全体与部分、同一与差异、生成与坏灭的无尽缘起关系。所谓六相，指总、别、同、异、成、坏。事物的全体是总相，事物的各部分是别相；事物及其各部分都由原因和条件和合而起是同相，各部分各自独立是异相；各部分和合成此事物则此事物成是成相，各部分若不和合而只是各部分，则此事物为坏相。华严宗认为万物都具足六种相。

法藏在《华严金狮子章》中以金狮子为比喻，来阐说六相之义：“狮子是总相，五根差别是别相；共从一缘起是同相，眼、耳等不相滥是异相；诸根会合是成相，诸根各住自位是坏相。”

“总相”是整体(狮子)。金狮子是总相，比喻一种缘起中具足了各种成分，如金狮子具有眼、耳、鼻、舌、身五根；“别相”指组成整体的部分，金狮子的眼、耳、鼻、舌、身(五根)是别相，各不相同。“总相”和“别相”是整体与部分的关系：没有部分，就没有整体(总)，这是“以别成总”；但这部分(别)只有在整体(总)存在的前提下才是部分(别)，没有整体也无所谓部分，这是“以总成别”。“别成总”“总成别”明确指出了整体与部分之间相互联系、相互制约和相互依存的关系。

“同相”指组成整体(狮子)的各部分(五根)的同一(共从一缘起)。眼、耳等各部分相依相待，合成一个总体狮子，而互不相违背；“异相”指各部分(五根)的差别(不相滥)。眼、耳等各部分各不相同，是异相。“同相”与“异相”讲同一与差异的关系：“同”指构成整体的各部分有同一性(互不相违)，“异”指构成整体的各个部分彼此有差异(诸缘各别)。

“成相”指各部分(五根)是组成整体(狮子)的必备条件。眼、耳等诸根缘起而成为狮子，是成相；“坏相”指各部分(五根)在整体中保持自身独立，眼、耳等各部分仍住自位，保持分离状态，是坏相。“成相”和“坏相”是讲对立面的相互转化。

“六相圆融”说要求人们从总别、同异、成坏三方面看待一切事物，认识到每一事物都处于总别相即、同异相即、成坏相即的圆融状态。

禅宗

禅宗是中国佛教八大宗派之一。20世纪，中国著名佛教领袖太虚大师说："中国佛教的特质在禅。"这句话得到了佛教界、学术界广泛的认同。可见禅宗在中国佛教中的影响之大。

禅宗因主张修习禅定而得名，旨在明心见性，顿悟成佛。又因禅宗用参究的方法，以彻见心性的本源作为主旨，所以也称为佛心宗。该宗所依经典，先是《楞伽经》，后为《金刚经》。《六祖坛经》是其代表作。提倡心性本净，佛性本有，见性成佛。

禅宗创始人为菩提达摩，下传慧可、僧璨、道信，至五祖弘忍下分为南宗惠能，北宗神秀，时称"南能北秀"。慧能著名的弟子有南岳怀让、青原行思、菏泽神会、南阳慧忠、永嘉玄觉，形成禅宗的主流，其中以南岳、青原两家弘传最盛。南岳下数传形成沩仰、临济两宗；青原下数传分为曹洞、云门、法眼三宗；世称"五家"。其中临济、曹洞两宗流传时间最长。临济宗在宋代开成黄龙、扬岐两派。合称"五家七宗"。 禅宗五派的思想相差无几，仅是门庭施设不同，接引学人方法有所区别，以致形成不同宗风。禅宗在中国佛教各宗派中流传时间最长，至今仍延绵不绝。它在中国哲学思想上也有着重要的影响。

净土宗

净土宗因专修念佛往生西方阿弥陀佛净土而得名。因其始祖慧远曾在庐山创立莲社，提倡往生净土，故又称“莲宗”。实际创立者为唐代善导。祖庭为西安香积寺。

香积寺位于陕西西安市南郊神禾塬西端。据《隆禅法师碑》载，唐高宗永隆二年（681）净土宗的实际创始人善导入寂，弟子怀恽于神禾塬上为其建崇灵塔，又在塔侧广筑伽蓝，称香积寺。唐代诗人王维在其著名的诗篇《过香积寺》中描绘说：“不知香积寺，数里入云峰。古木无人径，深山何处钟。泉声咽危石，日色冷青松，薄暮空潭曲，安禅制毒龙。”12世纪，日僧源空（法然上人）提出“偏依善导大师”口号，创立日本净土宗，尊善导为祖师，奉香积寺为祖庭。

净土宗历代祖师并无前后传承法统，均为后人据其弘扬净土的贡献推戴而来。净土思想渊源于印度。在东汉时净土经典开始传入中国，支娄迦谶译出《无量清净平等觉经》等，后来竺法护译出《佛说弥勒下生经》，支谦译出《大阿弥陀经》，良耶舍译出《观无量寿经》，于是在中国出现净土崇拜。

弥陀净土信仰一般认为始于东晋慧远。他于东晋太元十五年（390）在庐山东林寺建莲社（亦称白莲社），参加的僧人、居士达一百二十三人。他们于阿弥陀佛像前建斋立誓，专修念佛三昧，共期往生西方，并令刘遗民著文勒石，以明所誓。此后，有昙鸾于北方专修净业，为建立净土宗奠定了基础。昙鸾以后有道绰，曾讲《观无量寿经》，以小豆计数近二百遍，每日只诵阿弥陀佛。善导先往玄中寺听道绰讲净土要旨，后到长安，弘扬净土教义，继承道绰的传统，著有《观经疏》，正式创立净土宗。

善导以后，净土宗历代名师辈出。该宗由于修行方法简便，人人都能做到，因此自中唐以后广泛流行。五代至宋，信仰深入民间。五代末有杭州永明寺（净慈寺）延寿，倡导禅净兼修，著有《万善同归集》等，发挥净土思想。宋、元两代结社之风盛行，出现了白莲社、净业会、净土会等，在民间十分盛行，有“家家弥陀佛”的说法，一直流传至今。近代有印光法师，专修净土，创弘化社，办灵岩净土道场，为近代弘扬净土的典范。

《无量寿经》《观无量寿经》《阿弥陀经》和世亲的《往生论》为该宗所依经典，称“三经一论”。善导所著的《观无量寿经疏》《往生礼赞偈》《观念法门》《法事赞》《般舟赞》等，为该宗主要代表作。该宗教义简单，主要宗旨是以修行者的念佛行业为内因，以弥陀的愿力为外缘，内外相应，往生极乐净土。该宗念佛的方法有四种：一、专念佛的名号，称为持名念佛；二、观佛的塑像与画像，称为观像念佛；三、观想佛的妙相，称为观想念佛；四、观佛的法身，即谛观实相，称为实相念佛。后世唯持名念佛最为流行，这与善导的大力提倡有直接关系。信众认为持名念佛方法，下手易而成功高，用力少而得效速，只要一心专念弥陀一佛名号，就能往生净土。

公元8世纪，善导的《观经疏》传入日本。12世纪，日僧源空依《观经疏》弘传净土念佛法门，创立日本净土宗。其弟子亲鸾又开创了净土真宗。

律宗

佛陀入灭时，弟子问他，我们要跟随何人继续学习，佛陀说："以戒为师。"佛教的律宗，就是由于着重研习及传持戒律而得名。实际创始人为唐代道宣，祖庭为西安终南山净业寺。因依据五部律中的《四分律》建宗，也称"四分律宗"。又因道宣住终南山，又有"南山律宗"或"南山宗"之称。

相传释迦在世时，为约束僧众制定了各种戒律。据僧史记载，中国汉地翻译戒律和实行受戒，始于三国魏嘉平（249－254）中。东晋时又把《摩诃僧祇律》《十诵律》等广律译出，用作行事的依据。北魏孝文帝时，法聪在平城讲《四分律》，并口授弟子道覆作《四分律疏》六卷。后来慧光造《四分律疏》，并删定羯磨（受戒规则），始奠定该宗基础。慧光弟子道云，三传至道宣，专研律学。继入终南山潜心述作，著有《四分律比丘含注戒本》《四分律删补随机羯磨》《四分律删繁补阙行事钞》《四分律拾毗尼义钞》《四分比丘尼钞》，被称为"五大部"。他在终南山创设戒坛，制定佛教受戒仪式，从而正式形成律宗。

道宣以后，至宋代而再盛。元明之际，衰微几至无闻。明末清初有如馨在金陵（今江苏南京）灵谷寺传戒说律，南山宗又得重兴。民国时著名律师有弘一等。

律宗以《十诵律》《四分律》《摩诃僧祇律》《五分律》等为基本经典。其教理分成戒法、戒体、戒行、戒相四科。戒法是佛所判定的戒律；戒行是戒律的实践；戒相是戒的表现或规定，即五戒、十戒、二百五十戒等。该宗的主要学说是戒体论。戒体是受戒弟子从师受戒时所发生而领受在自心的法体，即由接受的做法在心理上构成一种防非止恶的功能。这是律宗教理的核心理论。

该宗又将佛所制诸戒归纳为“止持”“作持”两类。“止持”即“诸恶莫作”之意，指比丘、比丘尼二众制止身口不作诸恶的“别解脱戒”；“作持”即“众善奉行”之意，包括安居、说戒、悔过以及衣食坐卧等种种行持规则。南山宗五大部内容不出此两类。

该宗由道宣三传弟子鉴真传至日本。唐天宝十三载（754），鉴真在日本当时的都城奈良东大寺佛殿前筑坛传戒，弘扬戒律，是为日本有律宗之始。

李叔同书法
往生前，弘一法师手书“悲欣交集”四字赠送给侍者妙莲，是为绝笔。

密宗

也称密教、秘密教、瑜伽密教、金刚乘、真言乘等。因该宗依理事观行，修习三密（身密、语密、意密）瑜伽（相应）而获得悉地（成就），故名。祖庭为西安大兴善寺。

该宗认为世界万物、佛和众生皆由地、水、火、风、空、识“六大”所造。前“五大”为“色法”，属胎藏界（有“理”“因”“本觉”的意义）；“识”为“心法”，属金刚界（有“智”“果”“始觉”的意义）。主张色心不二，金胎为一。两者赅宇宙万有，而都具备在众生的心中。众生依法修习“三密加持”，就能使身、口、意“三业”清净，与佛的身、口、意三密相应，即身成佛。此宗仪轨复杂，所有设坛、供养、诵咒、灌顶等，均有严格规定，需经阿阇梨（导师）秘密传授。

密宗宣传口诵真言咒语(“语密”)、手结契印（手式或身体姿势，“身密”）和心作观想（“意密”），三密相应，即身成佛。另外，在其修法之际，建筑坛场（曼荼罗），配置诸佛菩萨。

密教成为独立的思想体系和派别，一般认为在7世纪中叶《大日经》和《金刚顶经》成立以后。《大日经》主要讲述密教基本教义、各种仪轨和行法、供养的方式方法。《金刚顶经》以大日如来为受用身，宣传“五佛显五智说”，所谓“五佛显五智”是中央大日如来佛的法界体性智，东方的阿閦如来的大圆镜智，南方的宝生如来的平等性智，西方的无量寿如来的妙观察智，北方的不空成就如来的成所作智。其中最重要的是法界体性智，除了法界体性智外，其余四智都是唯识所转。

印度密教的思想和实践传入中国，始于三国时代。自2世纪中至8世纪中的六百年间，汉译佛经中约有一百多部陀罗尼经和咒经。在此期间，印度、西域来华的译师和高僧也多精于咒术和密仪。据记载，西晋时来洛阳的佛图澄“善诵神咒，能役使鬼物”；北凉时来到姑臧的昙无谶“明解咒术，所向皆验，西域号为大神咒师”。中国高僧玄奘、义净等也都传译过密法。以上后世称为“杂密”。在中国弘传纯粹密教（“纯密”）并正式形成宗派的，实始于善无畏、金刚智、不空等。

唐开元年间，印度密教高僧善无畏携带梵本经西域来到长安，深受玄宗礼遇，被尊为“国师”。开元五年（717）起，先后于长安、洛阳两处译出密教经典多部。其中最重要的是于洛阳大福先寺译出的《大日经》七卷，后来成为密宗的“宗经”。一行又撰《大日经疏》二十卷，传授以胎藏界（理）为主的密法，是为中国密教正式传授之始。

唐开元八年（720，一说七年），南印度密教高僧金刚智来到洛阳，大弘密法。其弟子不空曾奉师命赴狮子国（今斯里兰卡）学习密法，回中国后译出《金刚顶经》①等。《金刚顶经》后来也成为密宗所依的主要经典。他们的传授以金刚界密法（智）为主。不空最著名的弟子是惠果。惠果曾任代宗、德宗、顺宗三朝“国师”，其弟子有日僧空海等。

唐贞元二十年（804），日僧空海来唐学法，在长安青龙寺从惠果受金刚界、胎藏界两部密法，并受传法大阿阇梨位。三年后回国，以平安（今京都）东寺为中心弘传密教，并建高野山金刚峰寺为传教“根本道场”，创立真言宗，以传金刚界密法为主，亦称“东密”。其教义与中国密宗略同。

此外，日僧最澄、圆仁、圆珍等先后来唐学天台宗和密宗教义，回国后在比睿山等地进行弘传，被称为“台密”，以传胎藏界②密法为主。

在中国西藏地区的密宗通称“藏密”。早在7世纪松赞干布时期的藏传佛教中，就传入密部经典。8世纪间印度密教僧人寂护和莲花生到藏弘法，建有密教的根本道场桑耶寺。11世纪中期，中印度超戒寺僧人阿底峡应请入藏，使密教得到相应发展。其弟子首开西藏密教“噶当”一派。此外，弘传密教的还有宁玛、噶举、萨迦等派。15世纪初，宗喀巴及其弟子创立格鲁派，下

①全称为《金刚顶一切如来真实摄大乘现证大教王经》。
②胎藏界，密教对本具理性的喻称。

传达赖、班禅两大系，为现今藏地盛行的一大密宗教派。藏密的重要法门有大圆满、大手印、道果、五次第、六加行、拙火定等。

中国佛教八宗中，有六宗是在长安创立的：

禅　宗——达摩——少林寺(登封)

净土宗——善导——香积寺(西安)

律　宗——道宣——净业寺(西安)

密　宗——惠果——大兴善寺(西安)

天台宗——智者——国清寺(天台)

华严宗——杜顺——华严寺(西安)

三论宗——罗什——草堂寺(西安)

法相宗——玄奘——大慈恩寺(西安)

在这个意义上，长安是佛教的第二故乡。佛教从印度传入中土后，首先在政治文化中心长安立足，然后才向全国各地传播、蔓延开来。

第六章

中国佛教八宗祖庭

佛教从公元前2年传入中国，经过与中国文化漫长的融合，到隋唐时期，形成了汉传佛教的八个宗派，标志着佛教中国化的最后完成。而佛教中国化的重要标志之一就是祖庭文化的形成。祖庭是指中国佛教宗派中的开宗立教或有过重大建树的人物——祖师们长期生活、创立宗派、弘传学说，或骸骨归藏的圣地。

中国汉传佛教“祖庭”，是指与被奉为八个宗派祖师有关的重要寺院。法相宗祖庭大慈恩寺、天台宗祖庭国清寺、三论宗祖庭草堂寺、华严宗祖庭华严寺、禅宗祖庭少林寺、律宗祖庭净业寺、净土宗祖庭香积寺、密宗祖庭大兴善寺，时至今日，向世人传递着佛教各宗派的历史文化，闪烁着震古烁今的魅力。

三论宗祖庭草堂寺

鸠摩罗什翻译了许多的佛教经典，其中他最为用心翻译和弘扬的主要是印度僧人龙树大师的大乘中观思想。他将龙树大师的《中论》《十二门论》和龙树的弟子提婆的《百论》精确地翻译过来并予以弘扬，这三部论典合称为“三论”。鸠摩罗什的再传弟子吉藏以这三部论典为基础，创宗立派，故命名为“三论宗”。三论宗是中国佛教史上出现的第一个宗派。

三论宗认为一切事物都是因为众多因缘和合而生，是众多因素和条件结合而成的产物，这叫“缘起”，离开这些因素和条件就没有事物，因此事物都没有自身永恒不变的实体，这叫无自性，也就是“性空”。“缘起性空”是大乘佛教思想的最重要的一个理论。这些具有深邃思想的佛教经典是鸠摩罗什在陕西西安草堂寺译出的。

草堂寺今距西安约三十公里，位于圭峰山北麓鄠邑区东南二十公里处的草堂镇。草堂寺东临沣水，南对终南山圭峰、观音、紫阁、大顶诸峰，景色秀丽，该寺不仅是著名的佛教古刹，也是名闻关中的古迹胜境，是国务院确立的汉族地区佛教全国重点寺院。

现存草堂寺是东晋十六国时期后秦国逍遥园内的一部分。后秦国王姚兴迎请龟兹高僧鸠摩罗什来到长安后，便把自己风景秀丽的逍遥园让出来给鸠摩罗什居住，让他在园中的西明阁翻译佛教经典。因为罗什讲经的地方以草席盖顶，人们称之为“草堂”。后在逍遥园内建了寺庙，人们就称之为“草堂寺”。鸠摩罗什在草堂寺长期活动，在此圆寂并有舍利塔建于寺中。其门下的僧肇、僧睿、昙影、僧导、道融、道生等均在草堂寺解释、弘传过三论宗的思想，草堂寺于是被奉为三论宗的祖庭。

隋代，佛经翻译成就最大的译师印度高僧阇那崛多曾在草堂寺住了十五年，翻译了三百多卷佛教经典。隋大业年间，李渊因为儿子李世民的疾病，曾在草堂寺为子祈福，做过许多佛事，可见草堂寺在隋代时的影响很大。

唐代，唐太宗曾经驾临过草堂寺，现今寺内有一块金代重刻的《唐太宗赞罗什法师碑》，留有一首诗：

秦朝朗现圣人星，远表吾师德至灵。
十万流沙来振锡，三千弟子共翻经。
文如金玉知无朽，舌似兰荪尚有馨。
堪叹逍遥园里事，空余明月草青青。

充满诗意、朗朗上口的诗句将鸠摩罗什法师一生的经历和才华概括无余，这首诗虽未见收于《全唐诗》中唐太宗李世民的名下，但从这首诗所体现出来的气魄、胸怀来看，似有大唐天子的风范。民间传说，唐太宗是由秦琼、尉迟恭两位大将军护驾来参拜草堂寺的，在今天草堂寺西南二里许还有“万军寨”“唐旗寨”等地名，草堂寺所在地也有草堂营、官亭营等称谓，从这些现存的文化遗迹中也可以想见当年的壮观场面。

元和年间，唐宪宗敕令重修草堂寺，宗密禅师常在此弘扬佛法，被称为草堂寺的中兴之时。诗人白居易常来寺向宗密法师讨教佛法，写有《赠草堂宗密上人》诗一首：

吾师道与佛相应，念念无为法法能。
口藏宣传十二部，心台照耀百千灯。
尽离文字非中道，长住虚空是小乘。
少有人知菩萨行，世间只是重高僧。

宗密法师在草堂寺一边讲经说法，一边著书立说，远近闻名，声震朝野。这首诗中可以看出白居易对宗密法师的极力推崇，认为他能不离文字而又超越文字，早已超越小乘的境界。一般人只知道宗密是一代高僧，可是少有人知他是怎样实践大乘佛教的菩萨行的。

由于草堂寺的名声和景色，有唐一代的文人学士如岑参、贾岛、白居易、刘禹锡、裴休等许多人都到草堂寺寻幽觅古，留下了许多动人的诗赋词文。晚唐诗人温庭筠有诗作《早秋山居》：

山近觉寒早，草堂霜气晴。
树凋窗有日，池满水无声。
果落见猿过，叶干闻鹿行。
素琴机虑静，空伴夜泉清。

诗句描摹出了草堂寺早秋的清灵、空旷。住在山边的草堂寺，比城中更早地感受到秋天的寒气。看着草堂寺窗外秋叶凋零和无声的一泓池水，感到天地一片静谧。在寺门外随意走走，就能看到地上到处落着秋天熟透的果实，偶然还能看见猿猴抱着果实跳来跳去。有时候，会听见干树叶被踩的哗哗声，就知道肯定是鹿儿在附近觅食了。在这样的清幽环境中再铺上素琴，弹上几首古曲，浑然忘我处，心境中清清净净，仿佛澄净了一夜的清澈泉水。

历代文人多爱去草堂寺探幽访古，留下了不少诗作。宋代的诗人薛嗣昌曾描绘草堂寺有“门外乱山连翠色，竹间流水漱清音”的句子，让人一下就进入了草堂寺那怡人的美景之中。明代的方新也夜宿草堂，感慨“百亩闲云一草堂，千年坛殿郁苍苍”，一种怀古之情油然而生。

清代，草堂寺曾改过一次寺名。清世宗雍正皇帝自号圆明居士，历来被公认为是中国帝王之中唯一的大禅师，他非常看重僧肇和三论宗的成就。清雍正十二年(1734)，鸠摩罗什的弟子僧肇被雍正敕封为“大智圆正圣僧”，雍正敕令地方官择吉日举行加封和拜祭仪式，并让陕西督抚为敕封名号制匾悬额，依圣旨将草堂寺易名为“圣恩寺”，将大殿改为大智宝殿。古书记载，他饬令地方官召集当地僧人“演鹫山之妙音，放龙宫之清风，宣银鼓于宝坊，转金轮于香地”，由此可见此次草堂寺易名盛典之隆重。不过不久之后，草堂寺仍旧用回原来的名字。

〔明〕董其昌《栖霞寺诗意图》（局部）
图绘南京郊外栖霞山上的古寺。

新中国成立以后，草堂寺进入了一个新的时代。1954年，印度总理尼赫鲁访华时，因为鸠摩罗什祖籍是印度，又是中印两国文化交流的先驱，为了纪念鸠摩罗什对中印文化交流的贡献，由政府拨款对草堂寺的道路、寺容等进行了修复。1982年至1986年，因为日本佛教界，特别是日莲宗为了纪念鸠摩罗什法师并向鸠摩罗什法师报恩，组成访华团来草堂寺参拜，所以对草堂寺进行了较大规模的重修。

13世纪时，日本僧人日莲(1222—1282)专依鸠摩罗什译的《妙法莲华经》修行，主张专念“妙法莲华经”五个字就可以成佛，因为“浊水虽无心，明月来自影；寒林虽无意，春雨花自开”。一般人虽然不理解佛法的大意，然而若能口唱这五字的经题，则自然会得到佛的加持，盛开成佛之花。就这样他创立了日本最大佛教宗派之一的日莲宗。日莲宗信徒把草堂寺作为其在中国的祖庭，并尊鸠摩罗什为初祖。

如今的草堂寺古寺新颜，道路畅通，来往方便。周围布满各种名胜古迹，如高冠瀑布、紫阁晴岚、圭峰夜月等景观及大圆寺、常兴寺和宝林寺等古迹。草堂寺坐北向南，高大的山门上方挂着赵朴初先生所书“草堂寺”金字横匾。步入院内，松柏、翠竹扶疏，浓荫遮地，花草吐香。沿青砖铺就的林荫道北行，道旁立一座古色古香钟亭，里边悬一口明万历十九年所铸巨钟。钟亭对面放置着著名的唐宣宗大中九年(855)所刻《唐故圭峰定慧禅师碑》。定慧禅师即唐高僧宗密。

草堂寺现存最大的殿堂是“逍遥三藏”殿。殿内正中供奉着明代施金泥塑的如来佛像，佛像前安放着日本日莲宗奉送的鸠摩罗什坐像。这尊鸠摩罗什坐像高1.2米，用一整块楠木刻成，慈眉慧眼，笑容满面，栩栩如生。

大殿西侧门外有一座用红砖花墙围成的六角形护塔亭，亭内矗立着草堂寺最珍贵的文物——“姚秦三藏法师鸠摩罗什舍利塔”。塔高2.44米，塔身八面十二层，用纯玉石镶拼而成，每层玉石色彩不同，分别为玉白、砖青、墨黑、乳黄、淡红、浅蓝、赭紫及灰色等色，故俗称“八宝玉石塔”。

舍利塔北边竹林深处，掩隐着远近闻名的“烟雾井”。 烟雾井上方修起了一座木质古亭，亭内悬挂赵朴初先生书写的“烟雾井”匾额。由于地热作用，早晚有一缕烟雾从井口冒出，缭绕于寺院上空，远看在草堂一带如轻纱又如烟雾般摇曳飘散，像到了如梦如幻的仙境，这就是被称为古长安八景之一的“草堂烟雾”。面对这一烟雾胜景，有许多文人墨客留下了诗篇。现在刻在烟雾井六角形井沿上的一首诗，是清雍正时户县县令吴廷芝所作的《草堂烟雨》诗：

烟雨空蒙障草堂，毗卢古刹放毫光。
一乘慧业超三界，万斛明月照十方。
炉篆氤浮岚雾合，林岩香散野风凉。
回廊细读圭峰纪，遥忆当年翰墨章。

其中“炉篆氤浮岚雾合，林岩香散野风凉”一联正是对烟雾井的描述。

舍利塔亭西侧竖立着元代所刻的《逍遥园大草堂栖禅寺宗派图碑》，记载了与鸠摩罗什有传承关系的僧众434人，是回顾鸠摩罗什事迹的宝贵资料。碑旁有一口“八角井”，在古书中颇有名气，因为它的甘泉在历史上曾经供应过逍遥园的三千僧人饮用。井左右各有一株柏树，俗称“二柏一眼井”。寺内还有草堂松竹和两株年深日久的柏树、龙雀藤等奇观奇景，吸引着大量中外游客前来参访游览。

法相宗祖庭大慈恩寺

大慈恩寺是法相宗的祖庭。之所以叫法相宗，是因为这个宗派认为宇宙间的一切事物虚幻不实，只具有相对的真实性。又因为这个宗派强调万法唯识，也叫作“唯识宗”。由于它的创始者玄奘大师及其弟子窥基有相当长的一段时间在大慈恩寺译经，所以又称为“慈恩宗”。

大慈恩寺是唐代长安的四大译经场之一，玄奘大师在这里翻译了诸多佛经。

“慈恩”意思是“慈母的恩情”，给人温情之感。唐太宗贞观二十二年（648），高宗李治做太子时，为了纪念去世的母亲文德皇后（即长孙氏），下令在大明宫正南的无漏寺旧址重建寺院，以“慈恩”为名。寺院建成后，请玄奘法师担任上座，五十名高僧为助理。高宗永徽五年（654），又降旨度窥基为僧。窥基拜玄奘为师，在大慈恩寺弘扬唯识学说。

唐代的大慈恩寺，亭堂佛阁有千余间之多，殿宇壮丽、园林典雅、法事兴盛，中外高僧云集，成为当时中国佛教的高等学府，可与印度的那烂陀寺相媲美。寺内风景也美不胜收，是当时的避暑胜地，唐诗中留下了很多优美的游览诗句。如刘得仁《慈恩寺塔下避暑》诗云：

古松凌巨塔，修竹映空廊。
竟日闻虚籁，深山只此凉。
僧真生我静，水淡发茶香。
坐久东楼望，钟声振夕阳。

将慈恩寺的清幽绝尘、气候凉爽、僧格高古、茶禅雅趣写得栩栩如生。

李端《慈恩寺暕上人房招耿拾遗》诗有“汲井树阴下，闭门亭午时。地闲花落厚，石浅水流迟”，李远《慈恩寺避暑》诗有“香荷如散麝，风铎似调琴。不觉清凉晚，归人满柳阴”，将慈恩寺的风景情韵写得如诗如画，令人心生向往之情。

大慈恩寺在唐时是皇家寺院，所需费用由官府划拨，信众的施舍只是其中的一部分。作为官寺，大慈恩寺承担了许多社会功能。根据皇室的需要，寺里经常奉命“为国祈福”，朝廷重臣来寺行香，僧众举行法事活动，为国祈福，为民祈福，其法务活动成了国家政治活动的一个组成部分。寺内置有专门翻译佛经的国立翻经院，集中了许多精通外语的人才，在这个意义上，大慈恩寺又具有了国家文化事业单位的性质。

除了翻译佛经之外，寺僧还奉命翻译其他文书，例如天文、医药等。国外的传法僧、求学僧来到长安，也常住在这里，大慈恩寺又因此成了中外文化交流的处所。宗教活动、文化活动、娱乐活动和外事活动，大慈恩寺兼而有之。各阶层的人士，都可以在这里寄托精神，开阔视野，消闲观赏。

明成化二年（1466）对寺院进行了一次大的整修。明万历甲辰（1604）对寺塔又重加修葺，安装了阶梯，可以登临各层探幽揽胜。目前的寺院布局和建筑物，除了新建的三藏院之外，基本上保持了明代重修后的规模。1931年，慈善家朱子桥募款二万四千元整修大殿和塔的盘梯，添建殿堂一座。竣工后，邀请太虚大师开光，讲授《弥勒上生经》[①]。太虚大师在这里主持、创办了慈恩宗学院，得到了朱子桥、杨虎城两位将军的合力资助。

新中国成立以后，陕西省人民政府为了保护文物古迹，对寺院进行了多次修葺。“文化大革命”结束以后，大慈恩寺宗教活动场所的地位开始恢复，并被国务院确定为全国汉传佛教重点寺院。如今的大慈恩寺各建筑物高低就势，错落有致，以大雁塔和大雄宝殿为中心形成中轴线，并将塔和主殿建于寺内最高处，居高临下，总领全寺。

大雁塔北面的玄奘三藏院，殿上供奉有玄奘法师的顶骨舍利和铜质坐像，殿内壁布满唐代高僧玄奘法师生平事迹巨幅壁画，为铜刻、木雕和石雕，是当前规模最大的玄奘纪念馆。

---

①全称为《观弥勒菩萨上生兜率天经》。

“玄奘三藏院”坐北面南，由平行的左、中、右三个院落组成。院门前是大型照壁，上面镌刻“民族脊梁”四个大字。中院是大遍觉堂。大遍觉堂分地上和地下两层。上层堂内正中供奉着铜雕玄奘大师说法像，顶上以“弥勒本生变”图为藻井，背后墙壁是汉白玉浮雕的弥勒菩萨兜率天宫说法曼荼罗。两边墙壁各有精美传神的浮雕祖师像。东院为译经堂，也是地上一层，地下一层。堂内北面的墙壁是巨幅木质浮雕，内容是玄奘从印度求法回国受到官民士庶热烈欢迎的场景。东西两面墙壁则是以敲铜工艺制作的浮雕，内容是玄奘先后在弘福寺、大慈恩寺、西明寺和玉华寺译场的场面，以及玄奘去世的场景。

大慈恩寺内珍藏有不少珍贵的佛像、文物。如六朝石刻菩萨像一尊；隋开皇二年（582）刻的石佛四面像一尊；唐代青响石四天王像佛座一块；唐青石莲花纹佛座一块，座侧刻有“大唐龙朔二年（662）三藏法师玄奘敬造释迦佛像供养”的题记；唐汉白玉纹佛座一块；唐八角形陀罗尼经幢一块等。这些造像刻石时代特征明显，风格独特，雕刻精湛，是非常珍贵的佛教艺术精品。

〔北宋〕范宽《雪山萧寺图》（局部）
画绘北方山岳雪景。山色苍茫，中有水路，似与古寺相通，有游人、旅人、商者荷担瑟瑟而行。

天台宗祖庭国清寺

天台宗祖庭国清寺位处浙江天台山麓。国清寺深藏在五峰环抱的幽谷之中，风景秀美，置身其中，仿佛与自然山水融为一体。寺院的梵呗钟磬萦绕山间，带领人们追溯智者大师的足迹，品味这座寺院悠久的历史文化。

国清寺最早叫天台寺，寺院落成和更名有一段充满传奇色彩的历史故事。相传天台宗祖师智者大师在去天台山的路上遇到慈眉善目的定光老和尚，他在交谈中发现定光和尚谈吐之间超凡脱俗，智者无比钦佩并拜他为师。智者告诉定光，自己志在去天台山开创道场，弘扬佛法。定光嘱咐他要找一块依山傍水的福地建寺，并告诉他要牢记“寺若成，国即清”这六个字。因为当时处于南北朝兵荒马乱的年代，生灵涂炭，百姓遭殃，定光意味深长地告诉智者：寺庙建成，国家就可以清平，百姓就可以安居乐业。

智者牢记师父的叮嘱，在天台山开创天台宗后，找到了一处宝地想建一座寺庙，并亲手精心绘制了寺宇的式样，但限于资金不足迟迟不得动工，最终成为他一生的遗憾。临终前，智者遗书晋王杨广（后为隋炀帝）说：“不见寺成，瞑目为恨”。杨广见书后极为感动，便派司马王弘按智者所画图纸监造寺院。601年，寺院竣工落成，最初权因山名将寺院称为“天台寺”。大业元年（605）九月，杨广继承帝位之后便根据“寺若成，国即清”的宿缘灵瑞，而御赐寺名为“国清寺”。

国清寺风景秀美，被李白赞为“天台国清寺，天下称四绝”（国清寺与南京栖霞寺、济南灵岩寺、当阳玉泉寺并称佛教四大丛林）。孟浩然、李白、贾岛、皮日休、陆龟蒙、杜荀鹤、郭沫若、赵朴初等历代文人雅士均在这里留下了墨宝。唐诗中也留下了优美的游览诗句。如皮日休《寄题天台国清寺齐梁体》：

十里松门国清路，饭猿台上菩提树。
怪来烟雨落晴天，元是海风吹瀑布。

这首诗描绘出去往国清寺的路上古木参天、树影斑驳的美景，造访国清寺颇有“曲径通幽处，禅房花木深”的情致。走在路上，明明是艳阳高照，为何有烟雨拂面呢？原来是阵阵清风送来了山中瀑布的甘霖。此情此景，惟妙惟肖，仿佛把读者也带到了飘有松木香气的“国清路”上。

国清寺现存主要是清代重建的建筑，有殿宇十四座，房舍六百余间。如今的寺院依然草丰树茂，经过历史的沉淀，更增加了厚重感和庄严感。国清寺依山就势，层层递高，进入天台山景区，沿着一条木质栈道漫步，还未见到寺庙，就能远远地看到半山坡上耸立着一座黄褐色的古塔，这就是隋塔。

隋塔是空心楼阁式砖木结构，是晋王杨广为报智者大师受菩萨戒而建造的报恩塔。唐武宗会昌法难时受损，南宋建炎二年（1128）进行了修葺。后人对塔基进行了加固，四周铺筑了台阶，已予整修一新。隋塔残高59.4米，边长4.6米，是浙江最高的古塔之一。隋塔建造别致，塔顶上没有通常的尖形塔头，站在塔内，可仰望蓝天。

进入寺院，在东线上有斋堂、方丈楼、迎塔楼、修竹轩、禅堂、静观堂等建筑，中轴线上有弥勒殿、雨花殿、大雄宝殿，西轴线上有安养堂、观音殿、文物堂、妙法堂。大雄宝殿正中设释迦牟尼铜像，高近七米，重一千三百公斤，像背壁后有以观音像为中心的慈航普度群塑。殿两侧列元代楠木雕制的十八罗汉坐像。妙法堂楼上为藏经阁，楼下是讲席，为寺僧讲经说法之处。

在大雄宝殿右侧有一株隋梅，由隋代高僧灌顶大师手植。隋梅距今已有一千三百多的历史，是中国国内三株最古老的梅树之一。钟、鼓两楼中间是“雨花殿”。相传天台宗祖师智者大师曾在此讲述《妙法莲华经》，其精诚所至，感动天庭，天上下起法雨天花，故得此名。

国清寺主建筑群后的小山坡上有一座碑亭，亭额上写着“法乳千秋”四个金字，亭正中是“天台智者大师赞仰颂碑”，碑上刻有长篇碑文和诗赞颂缅怀智者大师。在“法乳千秋”碑亭左方有一口古泉，上刻“锡杖泉”三字，相传宋僧普明曾在这里坐禅，因寺内取水不便，于是以锡杖顿地说：

〔北宋〕郭熙《嵩山萧寺图》
图绘嵩山之景。

“此处当有泉！”即有泉水涌出，所以取名为“锡杖泉”。

国清寺西侧建有纪念唐代著名诗僧寒山、拾得、丰干的“三贤堂”。穿过“寒拾亭”之后是“丰干桥”，相传唐代高僧丰干禅师曾从这里骑虎入寺。丰干和寒山、拾得被奉为“国清三隐”，后世非常喜爱他们三人，加工创造了很多传说。

寒山是唐代诗僧，脾气怪僻，常常望空噪骂，别人说他疯了，他大笑而去。寒山唯独与拾得投契。据说拾得是个弃婴，幸亏丰干和尚化缘经过时发现了他，把他抱回寺院抚养，取名为“拾得”。说来也怪，这个婴儿见风就长，一条岭没走完，婴儿已长成孩童。民间甚至传说丰干是阿弥陀佛的化身，寒山、拾得分别是文殊菩萨和普贤菩萨的化身。丰干老和尚给寒山、拾得每人半函经书、一枝荷花，分头行化。传说荷花是并蒂莲的意思，盒子是象征“好合”的意思，于是人们称寒山拾得为“和合二仙”，时至今日依然为人所喜爱。

寒山有三百余首诗歌传世，他的诗歌中写到在国清寺与丰干、拾得的缘分。寒山《惯居幽隐处》：

惯居幽隐处，乍向国清中。
时访丰干道，仍来看拾公。
独回上寒岩，无人话合同。
寻究无源水，源穷水不穷。

这首诗说寒山隐于山水，过着“清风明月是我家”的自在生活。他不时去国清寺看望丰干老和尚和拾得。归来仍旧纵情山水，于自然中参悟体会禅的奥妙。

国清寺作为天台宗的发源地，对日本、朝鲜产生了深远影响。唐贞元年间（785—805），日本高僧最澄到天台山国清寺学习天台宗义理，回国后在京都比睿山创立了佛教天台宗。该宗教徒尊国清寺为祖庭，时时来华参谒，促进了中日文化交流。11世纪，高丽僧人义天至国清寺求法，又将天台宗传入朝鲜半岛。所以国清寺在佛教发展史和中外关系史上，都具有重要地位。

此外，国清寺保存了大量的摩崖、碑刻、手书、佛像、法器等珍贵文物。2006年，国清寺被国务院批准为第五批全国重点文物保护单位。

华严宗祖庭华严寺

华严宗祖庭华严寺位于西安城南的少陵原半坡上。寺中并列矗立着两座巍峨的古塔，每当夕阳的余晖落在两座佛塔上的时候，庄严肃穆的佛塔泛起一层层金色的光芒，塔边的庙宇、背后的山坡、坡下的人家都辉映在佛塔的光芒中，远远望去，俨然一片金色佛国世界。这两座佛塔，就是华严宗初祖杜顺大师和四祖澄观大师的灵骨塔。

少陵原自古就风景奇佳，吟咏少陵原的优美诗篇不在少数，李白的名句"秋水明落日，流光灭远山"便是描写少陵原上的风光的。在华严寺中，可以俯瞰秀丽的樊川，唐代的樊川是长安城南著名风景区，是春秋宴乐、夏日避暑的胜地。抬头南望，便是绵延的终南山峰，诗人岑参的"寺南几十峰，峰翠青可掬"，道尽了华严寺中抬头见南山的优美景致。

贞观十四年（640），八十四岁的华严宗初祖杜顺知道自己寿命已尽，便向弟子们安详地告别，说完，他就和平常一样上座盘腿而坐，一会儿，便安详地圆寂了。此时，有一对鸟从空中飞到房中，哀鸣之声悲切凄惨。弟子们把杜顺法师的肉身送到樊川北原中的一个洞中安置，一个月后，肉身还颜色不变，安坐如山，常常有异香飘出。后来，弟子们就起塔将肉身安葬于华严寺中。

现在，双塔中东边的就是杜顺塔。杜顺塔呈方形，共七层，高约21米，平面呈方形，为仿木结构楼阁式砖塔。每层叠涩出檐，檐下均砌两层菱角牙子，檐四角挂风铃，塔身壁面用砖砌成扁柱、栏额、斗拱、昂等。塔上层横额刻"严主"二字，第三层嵌有"无垢净光宝塔"刻石。

西边的塔是华严宗四祖清凉国师澄观的灵骨塔。文宗开成四年（839），澄观预知寿命将尽，便召集弟子前来，嘱咐完后，他便盘腿安详圆寂了，享年一百零二岁。因为他为历代先帝所崇仰，唐文宗特地罢朝三日，举国哀悼。

恰逢这时候两个印度僧人来到长安，说曾在路上看到两个使者从空中飞过，询问他们是什么人，他们说自己是印度文殊堂的天神，专门到东土来取华严菩萨的大牙回国供养。皇帝听后，马上让人打开澄观的墓塔，只见澄观容颜光泽，依然端身正坐，稳如山岳，只是果然少了一颗牙。火化之后，澄观法师的舍利光明圆润，舌如红莲花色，后来澄观的舍利便安奉于此塔中。

清凉国师塔呈六角形，为七层六面砖塔，高约十七米。塔上嵌有“大唐清凉国师妙觉之塔”刻石。因塔西临原畔，雨水冲刷，有倾覆之虞，长安县于1986年拆迁，由原址向东南移动十米就地复原。拆迁时在各层塔心发现有鎏金铜佛像、千佛碑和佛经等。在塔基下又发现作风迥异、雕刻精美的两层砖塔，约六米高。据记载，元代曾重建清凉国师塔，但从出土的铜佛和佛经来看，却是清初的遗物。由此可见，地上的五层砖塔应为18世纪清乾隆年间少陵原崩塌时，就所毁坏的元代重修妙觉塔基础上重建的。拆迁中发现的地下这两层风格不同的塔，当是元代重修的残塔。在残塔下还发现了塔心内室藏的石函，石函内有盛舍利的白玉瓶。在清凉国师塔侧有18世纪清雍正年间加封澄观为“妙正真乘禅师”时立的碑石。

华严寺最早不知建于何时，在唐代时，华严寺规模宏大，是著名的樊川八大寺之一，《全唐诗》中留下了不少以游历华严寺为主题的诗歌。唐宣宗李忱来华严寺游赏，写过一首《幸华严寺》，诗云：

云散晴山几万重，烟收春色更冲融。
帐殿出空登碧汉，遐川俯望色蓝笼。

云散天晴，远望终南山，重峦叠嶂，不知有几万重。近处，淡雾轻轻地在春色中缭绕，景色一片朦胧。身在华严寺这样的高地，走出去仿佛就能踏入头顶的青天，俯望樊川，大地都笼罩在一片青青的草色中。

历代以来，站在华严寺中眺望南山，俯瞰樊川，都是最能引发出诗人的诗意。宋代名相寇准在游赏了华严寺之后也写下了这样的诗：

寺对南山积翠浓，水村鸥鹭下遥空。
层楼望尽樊川景，恨不凭栏烟雨中。

唐代的华严寺曾经是庙宇宏伟，楼阁高耸。如唐代诗人孟郊的《登华严楼望终南山赠林校书兄弟》诗中说：“地脊亚为崖，耸出冥冥中，楼根插迴云，殿翼翔危空。”

明代的赵崡记载这里曾有五座塔，但当时只剩下两座了，这两座塔就是现在的杜顺塔和澄观塔。清乾隆年间，发生了少陵原崩塌事件，塔后土崖崩塌，殿宇窑洞全部被毁，仅存砖塔两座立于崖上，令人扼腕叹息。

1930年陕西大旱，朱子桥居士来陕西赈灾，与佛教界人士瞻礼华严寺塔时，见到元代重修碑内有“修塔即降甘露”的文句，便于塔前发愿重修两塔，诚心祝愿天降普雨，不久，便果然天降大雨，一时成为佳话。朱子桥等人赶忙与佛教界人士动工，重修了两座佛塔。

〔明〕钱穀《上方寺图卷》（局部）
图以俯瞰的角度绘山势的变化与江面的辽阔，而深谷中的寺院更显幽然绝世。

禅宗祖庭少林寺

少林寺位于河南省嵩山西麓，达摩初祖在这里种下了中国禅宗的种子，因此，少林寺被世界佛教奉为“禅宗祖庭”。传说隋朝末年时天下大乱，诸侯各霸一方，唐王李世民遇到困难时得到神秘的十三棍僧解救，李世民登基后高度重视少林寺,于是少林寺博得了“天下第一名刹”的美誉。

少林寺是北魏时期来自印度的僧人跋陀所建立的。笃信佛教的孝文帝尤其尊重跋陀，便在嵩山开创少林寺以供跋陀及僧人们在此修行。后来印度僧人菩提达摩看到“东土震旦”有“大乘气象”，便渡海来到了中国。达摩率先在金陵（今南京）见到了佞佛的梁武帝，发现梁武帝的信佛还停留在广施供养以求福德的层次，离悟道还差得远。于是达摩离开金陵继续北上，当走到梁与北魏的国界界线长江时，无船可渡，于是，达摩取江岸芦苇一枝，自渡过江，最终来到了少林寺。少林寺高僧云集，但达摩并没有和他们一起常住寺内，而是独自一人隐居在寺外的五乳峰上，在山洞中修行。传说他在洞中面壁九年，岿然不动，鸟儿在他的肩上筑巢，蜘蛛在他的手掌上结网，日积月累，甚至他的身影都印在了石壁上。

达摩这种修行法被称作“壁观法门”，意谓通过禅定修炼，使心如墙壁一般可以抵御外境的种种诱惑。达摩在此基础上总结出“二入四行说”，“二入”就是“理入”和“行入”。“理入”是教理，“行入”是实践。壁观属于“理入”。“四行”，即报怨行、随缘行、无所求行、称法行，要求人们在日常修行中，远离一切爱憎怨恚，无欲无求，无所执着。

来到少林寺，首先会看到山门，山门建于清代雍正十年（1732）。山门上醒目的“少林寺”横匾是由康熙皇帝亲题。山门甬道两旁立有从唐到清各

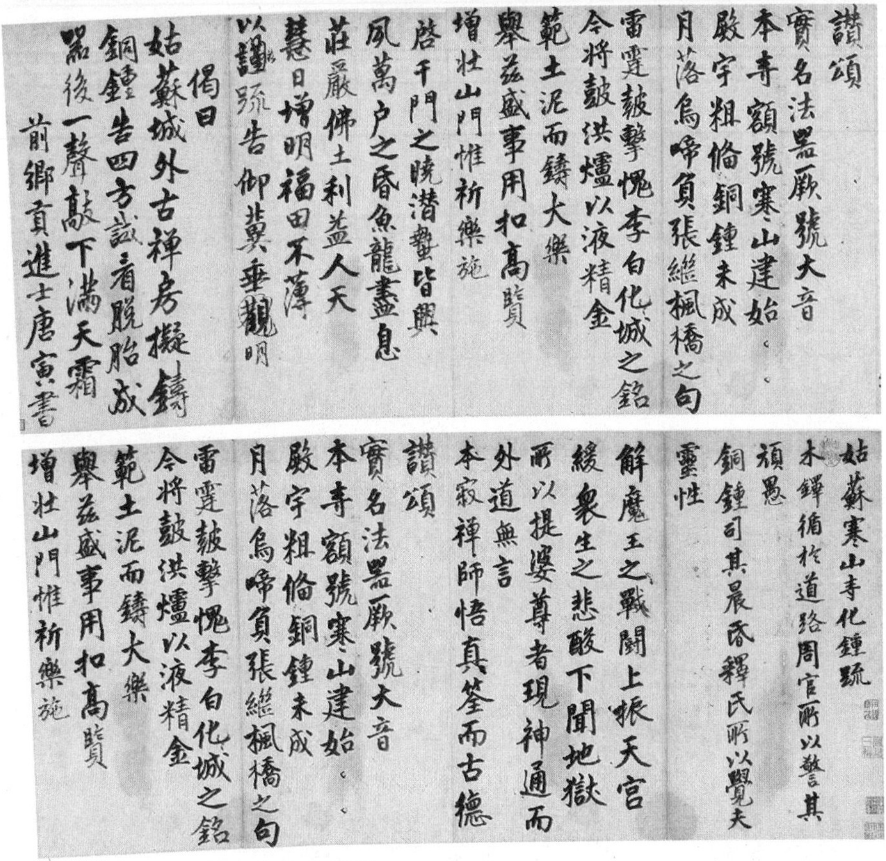

〔明〕唐寅 《书姑苏寒山寺化钟疏》（局部）
姑苏寒山寺在今江苏省苏州市，因唐朝诗人张继《枫桥夜泊》一诗声名远播。

代碑铭三十余座，这就是少林寺著名的“碑林”。经过碑林能依次看到天王殿、大雄宝殿和方丈院。站在方丈室门口南望少室山主峰，可以看到山坡上横卧一块十多平方米的巨石，每当雨过天晴时，阳光便直射在石上放射光彩，遥望如一片白雪一般晶莹夺目，被称为“少室晴雪”，为中岳八景之一。

从方丈室拾级而上看到一座琉璃佛殿，称“达摩殿”，又称“立雪亭”，这里记录着慧可立雪断臂求法的故事。慧可少为儒生，通达老庄易学，后来皈依佛教，出家为僧，精研三藏，仰慕达摩，便来少林寺拜师。达摩面壁不出，慧可便在门外等候，时值数九寒天，大雪过膝，慧可整整一夜站立雪中，岿然不动。第二天达摩仍不许入室。慧可为表示求法决心，砍下左臂献于达摩身前。达摩有感于慧可求道至诚，最终收他为传法弟子，并将四卷《楞伽经》、袈裟及钵盂传给了慧可，作为传法的凭证。“衣钵传真”的典故始出于此。

过了立雪亭就是千佛殿，又名毗卢殿，是寺内最后一进大殿。殿内的壁画非常有名，是少林寺壁画中的珍品。最著名的有《十三棍僧救唐王》《五百罗汉毗卢图》，色彩艳丽、构图和谐，衣袂飘飘，展示了唐代壁画的风采。

在达摩圆寂二百多年后，唐朝将军郭子仪在平定安史之乱后，向皇帝请求赐给达摩“圆觉禅师”谥号，并在熊耳山下为达摩建了一座空观塔。不过几十年后，空观塔在一场空前的灭佛行动中被夷为废墟。

达摩身后，禅宗经过二祖慧可、三祖僧璨、四祖道信、五祖弘忍，衣钵代代相传，终于在唐代六祖慧能之后发扬光大。达摩是中国禅宗初祖，因为曾经在少林寺传法，后人便将少林寺称为禅宗祖庭。

少林寺历史上经历过“一废二焚”的厄运。一废是指北周武帝曾废弃少林寺，遣送僧众回乡从事生产。“二焚”一次是在清雍正年间（1723—1735），皇帝怕武僧造反，放火围攻寺院。乾隆以后又加以重修。第二次是1928年，军阀石友三纵火将名刹付之一炬。这次大火损失严重，火势延续五个昼夜，七进院落只剩下二三间，无数经典、法器等贵重文物化为焦土。寺院在新中国成立后经过多次整修，才逐渐恢复往昔模样。

此外，少林寺素有“天下功夫出少林，少林功夫甲天下”之说，少林武术国粹闻名遐迩。少林功夫的要旨是禅武合一，以禅入武，习武修禅，又被称作“武术禅”。少林寺为禅宗祖庭，禅宗以明心见性、顿悟成佛为要旨，在佛门眼中，参禅是正道，僧众们不过是借练功习武达到收心敛性、屏虑入定的目的，同时也有强壮身体，益寿延年的效果。

自中华人民共和国成立，少林寺与世界各地的文化交流从规格、规模、频次和范围等方面不断提升，在世界舞台上彰显着东方魅力，成为中华民族一张独特的名片。

净土宗祖庭香积寺

不知香积寺，数里入云峰。
古木无人径，深山何处钟。
泉声咽危石，日色冷青松。
薄暮空潭曲，安禅制毒龙。

这首大诗人王维的名作《过香积寺》，其中体现的幽静、空灵与清寂，配上“香积”二字的脱俗，读来让人有一种不可言说的通透禅意。作者不知道香积寺的具体位置，一路走来，古木参天，小径无人，仰望终南山，只怕再走数里路，就可以进到白云缭绕的山中去了。丛林寂静，乱石凌厉，不时挡在小溪中，使得泉声呜咽，更显山中幽静与安谧。山深林密，夕阳只能透过青松映照下来，显得微弱昏黄，让人微微有一丝冷意。薄暮时分，来到香积寺，映入眼帘的清潭四岸曲折迂回，周围空无一人。寺庙的僧人们，或许都在正襟危坐，深入禅境，已经降伏了心中“毒龙”般的妄念吧。

唐朝时香积寺的所在之地，北接风景秀丽的樊川，西有滈河与潏河汇流萦绕，幽而不僻，静而不寂，这里林木葱郁，少有人烟，神木灵草，常年含翠。于是人们选择了这里安放净土宗祖师善导大师的灵骨。

唐高宗永隆二年（681）的一天，长安城的一座寺庙中，一位画匠专心致志地在寺院的墙壁上作画，他画的是“西方三圣”像，阿弥陀佛和大势至菩萨都已经画好，现在正在描摹观音菩萨的净瓶。他边画边仔细观察着旁边的一幅栩栩如生的纸质画——这是他临摹的原本。正在这时，纸质画的作者走了过来，对画匠慈祥地说：“能否请画师加快一点速度，明天可以完成吗？”画匠说：“可以，只是不知师父您为何催促我？”这位画匠的师父，也就是那幅画的作者，正是寺庙的住持“光明和尚”善导法师。善导法师微笑着说：“我马上要往生西方净土了，这座寺院，我只是再住两三天而已。”“当”的一声，画匠的画笔掉到了地上。

三天以后，寺中人头攒动，可是大家都默默不语，肃穆地看着素来敬仰的善导大师。善导大师向大家珍重告别，请大家牢记自己平日的开示，便进入房中面西而坐。一会儿，大师就在念佛声中安详地往生了。大师世寿六十九岁，往生后，他身体柔软，容色如常，异香满室，天乐齐鸣，久久方歇。

弟子们在终南山麓的神禾原选择了一块最为灵秀的地方建了一座佛塔，将善导的灵骨安奉在佛塔中，供人们前来纪念和瞻拜。唐高宗素来崇仰他的德行，听到消息后十分伤心，连续五日没有上朝。佛塔建好之后，他让人用七宝做成宝盒，内盛千余粒舍利，连同各种宝物、幡、花，一同供奉于善导法师的灵塔之内，赐塔名为“崇灵塔”。后来，弟子们又依塔建寺，他们准备守着师父的墓塔，长期在寺中弘扬师父反复嘱托的净土法门，取寺名为“香积寺”。

前来瞻仰和礼拜善导大师的信徒络绎不绝，香积寺的规模也越来越大。唐代时候，寺院占地面积三百亩，建有十二个院落，有“骑马关山门”的传说。寺院中风景秀丽，史载“神木灵草，凌岁寒而独秀；叶暗花明，逾严冬而霏翠。岂直风高气爽，声闻进道之场；故亦临水，面菩萨会真之地”。

“香积”的名字出自鸠摩罗什翻译的文辞优美的《维摩诘所说经》：

有国名众香，佛号香积，今现在。其国香气比于十方诸佛世界人天之香，最为第一……其界一切皆以香作楼阁，经行香地，苑园皆香，其食香气周流十方无量世界。

经文说，天上有一个国土叫众香国，那里的佛叫作香积佛，那里的香味香过十方无量世界，那里的亭台楼阁、花园、小径都是用香砌成的。香积国的饭食做好后，香味可以飘溢到十方世界的任何一个角落。那里讲经说法不用文字，闻到了香味，人们就可以获得一切智慧，具足一切功德。

在经文里，“香”比喻具足“戒、定、慧”的人自然远离臭秽，散发着佛性本有的芬芳，“积”指的是积累了一切功德。或许当时取这个名字的时候，就希望在这里修行的人们能够远离尘世的污染，散发出本性中最为芬芳的佛性。这里的亭台楼阁、一花一木都洋溢着香味，使善导大师的灵骨所在地成为一方净土。直到现在，佛寺的厨房也叫作“香积厨”，寺院的饭食叫作“香积饭”，包含了同样深刻美好的寓意。一千多年来，沧海桑田，兴废更替，香积寺历尽劫数。据说安史之乱时，在香积寺以北发生的“香积寺之战”是安史之乱最关键的战役。在这里，出自陕西华县的唐代名将郭子仪大破安史叛军，双方此战动用兵力二十五万，阵地长达十五公里，一战打死六万余人。此战过后，叛军一败涂地，天下方才恢复太平。香积寺遭受的最惨痛的打击为唐武宗掀起的灭佛运动，史称“会昌法难”，昔日的宏伟建筑拆毁无存，唯独善导灵塔仍屹立于废墟中。宣宗即位后，香积寺又经恢复，但建筑规模和佛事活动已非昔比。

宋代以后，净土宗普遍深入到民间，香积寺作为净土宗的祖庭，逐渐得到了复苏。明代时，嘉靖年间(约1522)当朝进士王鹤有《游香积寺》，诗云：

古塔依萧寺，长川抱潏河。
林森青霭合，地僻白云多。
春意催花鸟，幽情寄薜萝。
探奇得胜境，税驾自岩阿。
郊夕牛羊下，林归渔牧歌。
佛光天上转，僧影自中过。

时过境迁，香积寺所在的神禾原已没有了数百年前王维所说的“云峰”“深山”和“古木无人径”的环境，伴随着僧人们的不只是冷日青松、岩川危石和薄雾深潭，还有了闲逸的山民、悠扬的牧歌和成群的牛羊。数百年转瞬而逝，当地的村民们对矗立的灵骨塔或许已熟视无睹，可是谁也没有想到，在万里之外的日本，越来越多的人无时无刻不怀念着善导法师和他的谆谆教导。

新中国成立以来的香积寺已得到了全面的修缮，古姿新貌，为之一变。

如今的香积寺山门牌坊为汉白玉制成，面朝终南，颇有气势，前书“香积古刹”，后刻“净土祖庭”，都为赵朴初先生手笔。这几个镏金大字在汉白玉的烘托下，沉稳中显出飘逸，在晨晖和落日中金光四射。青狮、白象、金毛吼三种灵瑞奇兽各具形态，左右对称，负起牌坊，为寺院中少见的精工之作。

走过牌坊，迎面为占地三千多平方米的广场，广场两侧的石狮子一一对应，神态威严。广场上有一座放生池，池上有斗拱形石桥一座，与圆池、广场、山门宛然一体，相映成趣。

越过石桥，走过一对形态逼真的石狮子，映入眼帘的便是三十二层石阶中间形态矫健凌空飞舞的群龙浮雕。拾级而上便是寺院红墙青瓦的山门。山门气势宏阔，站在山门上南望秦岭延绵，近听滈水潺潺，远山近水尽收眼底。

进入寺中，过了天王殿，两边镌刻着历代高僧大德和文人名流的书法墨迹百余块，篆隶行草，大显异趣。寺中古树挺立，草色清秀，小径静谧，闲淡雅致。走过钟鼓楼，便是大雄宝殿，殿内供有西方三圣像与日本净土宗所赠的善导大师木刻坐像。

寺院的西北角就是现存的善导法师灵骨塔，塔身四面刻有楷书，内容为《金刚经》，字迹雅秀，笔力遒劲，颇引人注目。高塔巍峨，面对终南，蓝天白云变幻间，已是千年沧桑。仰望着千年古塔，聆听着梵曲清音，回想着王维到过的香积寺，不知是应该感叹人生的无常还是感悟宇宙的永恒。

〔明〕项圣谟 《烟寺钟声图》
此图以截景式构图截取江南一带山水，颇有幽远之致、迷离之姿。

律宗祖庭净业寺

律宗祖庭净业寺位于西安市长安区沣峪口内、终南山北麓的凤凰山上。凤凰山山形如凤，地脉龙绵，山势奇古高峻，林壑幽深。净业寺依山崖而建，踞处山腰，坐北朝南，东对青华山，西临沣峪河，北连丰德寺，南面阔朗，可眺望观音、九鼎等山峰，林壑幽静，风景殊胜，堪称终南名胜古刹。

净业寺初创于隋，盛于唐，道宣律师就是在这里潜心著述，弘宣律学，开创中国佛教中的律宗的，所以净业寺被尊为律宗祖庭。寺外峰顶上的道宣律师舍利塔，如他开创的千古流传的律宗一般，至今还巍然屹立。

传说道宣在沣峪口的谷中打坐修行的时候，他住的地方缺水。山神很爱惜这位苦心求学佛法的僧人，便一指地下，顿时有一股清泉喷涌而出。道宣喝了这泉水，心灵更加明澈。不久，草棚的周围长满了奇花异草，香气氤氲，五彩纷呈。周围的老虎、狮子等猛兽也非常驯服，在他跟前像回到家中一样温顺。过了些日子，有人慕名而来，道宣便建起崇义精舍，给渴望出家的人讲授戒律。

有一日，道宣正在禅堂里打坐，听见护法神对他说："清官村那处地方，原先叫作净业寺，位置形势都佳，对修行大有好处。"道宣赶紧望空焚香礼，然后领着众人去清官村。大家齐心协力，在那里修建了一所庄严宝刹，这就是现在终南山沣峪口的律宗祖庭净业寺。根据佛教的说法，"人有戒德者，感动诸天，天龙鬼神，莫不敬尊"。传说由于道宣法师持戒严格，得到了天人和鬼神的尊敬。道宣在净业寺打坐的时候，每天中午都有天上的神人即毗沙门天王子给他献上饭菜。他接受天人献供养的地方就被叫作"天人送供台"，现在位于净业寺后面西北的悬崖上。"天人送供台"背倚断崖，面临空谷，烟霞缭绕，景色秀丽；夜静人闲时，皓月当空，沣水潺潺，山风习习，云升脚底，俨然一派仙境。

有一天，道宣法师正在“天人送供台”修行，来了一位相貌端庄，气势威严的神人，他告诉道宣，他是毗沙门天王的儿子哪吒。释迦牟尼佛涅槃后火化时，有一夜叉（一种跑得很快的鬼怪）偷了一颗佛舍利逃走，后由哪吒追回。哪吒一直都将这枚舍利珍藏在自己身上，看得比自己的生命还珍贵，这次，哪吒是专门来将这枚舍利供养给道宣法师的。以后，道宣法师每次在天人送饭后，都要先请出舍利供养，然后自己才开始吃饭。

寺的东面有牛头禅师舍利塔，关于这座舍利塔还有一个有趣的故事。传说牛头寺的遍照禅师，其道行高于净业寺的道宣律师。一日道宣请遍照禅师来寺中吃饭，遍照禅师知道道宣法师有试探他道行高低的意思，就背了一个已经做熟的牛头前去赴约。到寺中以后，道宣法师以礼相迎，并准备设宴招待，但因为柴火有点儿潮湿，到了吃饭时间菜都没做熟。这时候遍照禅师笑嘻嘻地说：“菜既然没做好，那也没关系，我背了一个菜来，我们先吃吧。”说完，遍照禅师就把所背的牛头放在桌子上，自顾自地大嚼起来。道宣法师当然一点儿胃口也没有了，他还心中感到十分惊讶：这个和尚是怎么回事，听说道行挺高的嘛，怎么这么不守戒律，竟然吃肉吃得这么光明正大！遍照禅师大口大口地嚼完牛头肉，也不等道宣法师吃饭，马上就急匆匆地辞别下山。他走后，道宣法师觉得有点儿蹊跷，就赶紧跟在后面追。一直追到沣峪口外，只见遍照禅师正安安稳稳地坐在河边，将自己的肠子从肚子里掏出来放在河里洗。道宣法师这才知道，遍照禅师原来早已修成了罗汉的神通。遍照禅师圆寂后，道宣法师就在寺边上建了一座牛头禅师舍利塔，经常礼拜。现在，沣峪口还有一个叫洗肠沟的地方，就是当年牛头禅师显露神迹的地方。

寺的东北角有白居易衣冠冢，冢前有两块石碑，上书“孔孟启愚明心性，天地容我老山林”，或许正是白居易一生真实的写照。

现在的净业寺，山门是由著名建筑大师张锦秋先生设计的。进入山门，供有南传佛教的释迦文佛，汉传佛教的观音大士及藏传佛教的文殊菩萨，象征着净业寺道风的宽容并蓄。由山门通到寺院，有一段一千米长、一千八百个麻石台铺成的台阶，自苍天古树和奇石异草中蜿蜒而上，直通主殿。中间五间大殿古朴典雅，殿内供奉释迦牟尼佛、文殊大士、普贤菩萨、观音菩萨、地藏菩萨，栩栩如生。前有天王殿，悬挂“以法护法”匾额，内供无冠弥勒、四大天王及韦陀护法菩萨。大殿后石砌窑洞三孔，梦参老法师为题“观音洞”“文殊洞”“普贤洞”，是僧人闭关潜修之处。寺院内还存有《净业寺古松柏记碑》及“吴道子观音菩萨像石刻”等石刻艺术珍品。

寺院东面建有戒坛。戒坛是用来举行受戒仪式的地方，一般是在受戒的地方专门建造一个高于平地的平台。唐代时，印度建造戒坛的规范已经快失传了，道宣法师根据戒律的精神和佛教经典中的记录，自己设计和建造了戒坛。他设计的戒坛构造总共三层，下层边长二丈九尺八寸，中层边长二丈三尺，上层边长七尺。戒坛周围有四大天王、天龙八部鬼神等雕饰。传说戒坛修好后不仅庄严美观，而且非常符合佛教戒律的精神，有一位白胡子的老和尚从空中出现，赞叹道：“建立戒坛如此符合法度的，天下再没有第二座！你应该写一部“戒坛经”，将戒坛的建筑方式写成书流传下来。”这位白胡子的老和尚就是印度十六罗汉中排名第一的宾头卢尊者。道宣谨遵罗汉教导，写成了《戒坛图经》一书，对戒坛的起源、名称、形状均有详细记载，成为后人建造戒坛的依据，一直流传到今天。

道宣所建立的戒坛，现在仍有遗址留存在终南山中的丰德寺中。而净业寺的戒坛后来逐渐湮没不见，现任净业寺方丈本如法师发心光大律宗祖庭，恢复戒坛。在法师多年的不懈努力下，终于在净业寺祖师洞前修筑了新的戒坛。新戒坛按照道宣律师当年《戒坛图经》中对戒坛规制的要求，露天而建，背靠南山，高三层，平面呈方形，四角立有石柱，用石质材料堆砌而成，其尺寸自下而上逐层递减，层与层之间以台阶相连接。整个戒坛放眼望去，规模雄伟，大气端庄，气势中正庄严，站立其前，顿有肃穆庄严之感，让人不禁遥想起道宣律师的开创之功。寺院内有两颗直径约两米的杜仲树高耸云天，木兰、香橼和紫薇等奇花异草比比皆是，特别是院内有一棵三米多高的“金钱吊蝴蝶”树，树冠茂密，果实奇特，倒垂的枝头上，伸出一条条二十厘米左右的金丝条，下悬一横向伸出二至四个薄片的异果，颜色随季节由嫩绿变黄、变红，成熟时为绛紫色。清风徐来，酷似只只蝴蝶，翩翩起

〔明〕文嘉《白云古寺图》
此图着色具幽澹之致。远山中，三人谈笑着往古寺而去。

舞，蔚为壮观。

金、元之际的全真道教创始人王重阳，早年在终南山修炼时，曾前来观赏净业寺的月桂树，写过一首《题净业寺月桂》的诗：

谁将月桂土中栽，争忍凡尘取次开。折得一枝携在手，却将仙种赴蓬莱。

月桂四季常青，树姿优美，有一种清甜的香气。王重阳看到净业寺堂前雅丽清逸的桂花，觉得这不染世俗的月桂树真不应该生在这个凡尘之中，他借希望有一天能把桂花带上仙境的愿望，抒发了自己清新超尘的心境。

净业寺作为隋唐古刹、律宗祖庭，在中国佛教徒的心目中有崇高的地位，20世纪50年代康寄遥居士曾赋诗一首，正是净业寺和道宣法师的真实写照：

净业古刹，律宗祖庭。广演毗尼，开祖宣公。

声闻五印，天人感通。著述宏富，传统无穷！

密宗祖庭大兴善寺

唐代密宗祖师除了精通密宗神秘的咒语、仪式，还掌握各种天文历法、算学方术、绘画工艺、语言翻译等。传说中他们还个个都擅长祈雨，神通广大，所以密宗比其他宗派更能引起帝王和百姓的兴趣，这使密宗在唐代极其兴盛。西安大兴善寺是密宗的祖庭。

提到密宗祖庭大兴善寺的兴建，就不得不提到中国文化中神秘的《周易》。

隋文帝称帝后，决定将新的都城大兴城建在汉长安城东南的龙首原上，于是他让当时著名的城市设计大师宇文恺设计新都的城郭布局。宇文恺经过实地考察，从龙首原的天然地形中发现了六条东西向横亘的高坡。于是他灵机一动，决定把《周易》中象征帝王的乾卦卦象运用到都城的设计之中，他将乾卦中的六爻，从北向南按顺序排列在了这六条高坡上，然后按照卦象中的精神布置各类建筑。这不仅让新的都城有了一种天人合一的意义，还符合隋文帝以天子自居的心态，因此深得隋文帝赞赏。

六道高坡中的第二道高坡即“九二”爻，因为乾卦爻辞说“九二”是“见龙在田”，象征着“真龙”出现在地上，因此，宇文恺就在“九二”高地上设计了皇宫，这就是大兴城的太极宫城。第三道高坡即“九三”爻，在宫城之南，爻辞是“君子终日乾乾，夕惕若厉”，意思是“品德高尚的人应该整日自强不息，夜晚小心谨慎就好像如临危境，不能松懈”，正好把政府机关安排在这里，象征着文武百官效忠皇帝，努力工作的情况。

根据《周易》的理论，“九五”爻的高地是“飞龙在天”的地方，“天”的位置特别尊贵，一般人居住不得，因此，宇文恺特意把大兴善寺安排在“九五”的贵位上“镇之”。兴善寺原名遵善寺，始建于晋武帝泰始二年（226）。隋文帝在遵善寺的基础上对寺庙进行了扩建，因寺院在都城大兴城，所以改名为“大兴善寺”。在封建时代，等级森严，象征为“贵位”的地方一般人是不能居住的，否则就有越权谋反的怀疑。唐朝的宰相裴度为官清廉，因此得罪了不少人。他的家宅正好处在这个龙首村“九五”贵位附近，于是奸臣张权舆就上奏皇帝说裴度有谋反之心，幸亏敬宗虽然年幼，但是对裴度还是相当了解，并没有治裴度的罪，裴度才没有遭到谗言诬陷。从这件事上就可以看出来，大兴善寺之所以能延续千年，重要原因就是所处之地为“贵位”，没有人敢轻易冒犯这个地方，因此才得以保全。

隋朝扩建的大兴善寺有着“国寺”的地位，其面积占据了长安城中央的整个靖善坊，气势十分宏伟。大兴善寺的开山祖师是灵藏大师。他是隋文帝杨坚的布衣好友，同时任隋朝管理全国僧尼事务的昭玄都僧官。隋朝几位著名的僧官，在任职期间几乎都住在大兴善寺。

这里还是隋朝第一所国立译经馆，著名的隋代“开皇三大师”耶连提黎耶舍、阇那崛多、达摩笈多都相继在这里做译主，开创了隋朝一代的佛经翻译事业。

唐代，大兴善寺不仅是一个有名的译经场，更为出名的是它成了唐代密宗的祖庭。

开元年间（713—741），印度僧人善无畏、不空和金刚智来到中国传教，并创立中国佛教密宗，经发展成为中国佛教八大宗派之一，佛教史上称这三位僧人为“开元三大士”。天宝十五年（756），不空奉诏正式入住大兴善寺。在安史之乱期间，不空常派密使和唐肃宗商议收复京城的事宜，并且在这里做法事为战争胜利祈愿，算是为皇室立了一功。安史之乱平息之后，不空本人及其弘扬的密法在皇室心中的地位越来越高。764年，不空曾奏请皇帝将四十九位全国著名的僧人从其他寺院迁到这里来，集中译经、修习密法。大历三年（768），不空在大兴善寺建立灌顶道场，皇帝御赐了十四天的斋粮和大量财物，并让近侍大臣、诸禁军使，全都入道场受灌顶。此外，入道场的还有出家、在家众五千多人。大兴善寺的密宗在这时候可以说是兴盛到了顶峰。

不空住持大兴善寺约二十年，在这期间，大兴善寺成了唐代传播弘扬唐的中心，这决定了大兴善寺作为中国佛教密宗祖庭的地位。据说，在兴盛期大兴善寺佛殿内外墙壁上有吴道子、尹林、刘焉、梁洽等名家的绘画，分精美。该寺的景色也非常宜人，地处高岗之上，殿堂雄伟，径曲廊回，植青桐苍松，奇花异卉，处处葱绿。尤其七八月间，夏荷滚露、柳枝妩媚，漫步于池水之旁，徜徉于树荫之下，无论善男信女，或是游人墨客，无不乐于光顾。

唐武宗会昌年间（841—846）大举灭佛，全国有四千六百余座寺院被拆毁，大兴善寺亦难逃劫难。以后屡有重修，以清康熙年间（1662—1722）的修复工程最多，先后重修了方丈、殿堂、钟鼓楼和山门等。清同治年间（1862—1874），寺院建筑再次被毁，仅存钟、鼓楼和前门。

民国十三年（1924）康有为因公来陕，去大兴善寺观瞻，看到寺院一片冷落景象，抚今追昔，不胜感慨之至，留墨迹两处，一为“应无所住”，一为七言绝句一首：

晋隋旧刹畅宗风，翻译经文殿阁雄。
惆怅千房今尽毁，斜阳读偈证真空。

诗中写出了对大兴善寺昔日辉煌和当时破败带来的强烈对比的惆怅感。两件书作均被刻在石碑上，镶嵌于墙壁中。

新中国成立后，大兴善寺恢复后经多次整修，如今，在繁华而喧闹的古都西安，大兴善寺古柏森森，遮天蔽日，殿堂安静典雅，给人以幽雅与肃穆之感。寺内有不空金刚的舍利塔，此舍利塔也叫普同塔，为六面七级楼阁式实心砖塔。通高十八米，一层呈方形基座，面南开一券门，门额砖雕“舍利塔”三字，内有塔室为方形，以上六层均为实心，每层有券龛，龛中塑佛像。砖做斗拱，叠涩出檐，额枋做花纹砖装饰，塔刹为宝珠形。

作为闻名遐迩的祖庭，大兴善寺在海内外有很高的知名度。尤其是海外信众，各国、各地区的信徒来这里拜谒祖庭者不绝于途。2004年，日本真言宗纪念空海入唐求法一千二百年组团来访，在寺内竖立空海大师青铜像一尊。2005年，日本为纪念慈觉大师求法于本寺，安置慈觉大师像一尊于“慈觉大师纪念堂”，两国僧众举行了祈祷法会。

第七章

佛教人物

佛教之所以能够源远流长，是因为无数古今中外的僧才贡献了自己的智慧和力量。他们传承佛陀的智慧，弘扬佛教，济世度生，成为佛教史上一颗颗璀璨的明珠。本章为大家介绍佛教史上古今中外里程碑式的人物，他们对佛教的传承和发展做出了卓越的贡献。

四大译经家

中国佛教史上有“四大译经家”，他们是鸠摩罗什、真谛、玄奘和义净。

鸠摩罗什，意译为“童寿”，后秦僧人，祖籍印度，世袭高位，其父鸠摩罗炎放弃国相之位，出家为僧，后来到龟兹（今新疆库车），被龟兹王尊为国师，娶王妹为妻，生下鸠摩罗什，所以罗什可以说是龟兹人。罗什幼年时，母亲出家为尼。罗什七岁随母出家，初学小乘经典。后来学习大乘空宗的《中论》《百论》《十二门》，跟随佛陀耶舍诵读《十诵律》等。罗什广学大小乘经论，讲经说法，名闻西域诸国，在汉地也有传闻。

前秦建元十八年（382），苻坚遣吕光破龟兹，挟持罗什至凉州。长安后秦政权建立后，姚苌闻罗什之名，请罗什来秦，但后凉吕氏不放，怕罗什的智谋为后秦所用，与己不利。后秦弘始三年(401)，后秦王姚兴攻伐后凉，迎罗什至长安，入住西明阁及逍遥园，待以国师之礼，并在长安组织了规模宏大的译场，请罗什主持译经事业，时罗什年五十八岁。尔后十余年间，罗什悉心从事译经和传法。罗什在逍遥园翻译经典，前后所译经论，总计三百八十余卷。罗什侧重于翻译般若类经，所译有般若类经《摩诃般若波罗蜜经》《小品般若波罗蜜经》《金刚般若经》等；中观派经典《中观论》《百论》《十二门论》《大智度论》等，还有大乘重要经典《阿弥陀经》《法华经》《维摩诘经》等，禅宗经典《坐禅三昧法门经》《禅法要解经》《首楞严三昧经》等；大小乘戒律《萨婆多部十诵律》《十诵比丘戒本》《梵网经》[①]等。这些经典有不少成为当时的佛教学派和隋唐佛教宗派所尊奉的主要经典。

罗什译经内容翔实，文字流畅，有些经典后世虽有新的译本，仍难以超

①全称为《梵网经卢舍那佛说菩萨心地戒品第十》。

越鸠摩罗什的译本。鸠摩罗什在中国佛经翻译史上有划时代的意义。自佛教输入，汉译佛经日益增多，但所译佛经“多滞文格义”，“不与胡本相应”，而罗什改变了这一状况，他所译的佛经文通义达，文采兼备，一变过去朴拙的古风，创造出一种兼具有外来语与汉语调和之美的文体，既充分照顾到中国人语言文字习惯，又不失梵文原意。梁启超赞誉鸠摩罗什为“译界第一流宗匠”。

罗什气质非凡，成就卓越。姚兴想象这样举世无双的人一旦去世，法种无传，岂不是一大损失？于是送给罗什十个侍女，希望他留下法种。罗什没能拒绝，他曾自嘲说自己娶妻如同臭泥中生莲花，只采莲花，不取臭泥。

罗什七十岁去世时，发下誓愿：“所译经典，如若没有违背原意的地方，死后焚身舌不烂。”果然，他圆寂后“薪灭形碎，唯舌不坏”。罗什的舌舍利现供奉在陕西西安草堂寺内的罗什寺塔内。

真谛(499—569），南朝梁、陈时僧人。西印度优禅尼国人。少时遍访名师，学通内外。梁中大同元年（546）应梁武帝之邀，来华译经传教。真谛所译经典甚多，主要有《金光明经》《仁王般若经》《唯识论》《摄大乘论》《摄大乘论释》等，比较系统地介绍了大乘瑜伽行派的思想。其中《摄大乘论》影响最大，是南朝摄论学派的主要理论依据。

玄奘（约600—664），中国唐代佛学家、佛经翻译家、唯识宗创始人。俗姓陈，洛州堰师（今河南堰师）人。少时家贫，父母早逝，十三岁即出家为僧，二十岁受具足戒。玄奘出家以后，四处求学，遍访名师，饱学佛教大、小乘经论及各家学说。随着学识的增长，他发现佛典异说纷纭，各种学派主旨不一，特别是对于成佛的根据和步骤等问题，更是争论不休，没有定论。为了解开疑窦，他决心西行求法。

唐贞观三年（629），玄奘离开长安，经姑臧（今甘肃武威），出敦煌，再经今新疆和中亚等地，历尽艰险，九死一生，终于到达中印度摩揭陀国王舍城，进入了当时印度佛教的中心那烂陀寺。他跟随戒贤三藏学习《瑜伽师地论》等各类论典，历时五年。后来游历印度东部、南部、西部、北部数十国，广泛参学，历时四年。回那烂陀寺后主讲《摄大乘论》《唯识抉择论》。当时那烂陀寺狮子光根据《三论》批判《瑜伽师地论》，于是玄奘撰写《会宗论》三千颂，融会大乘佛教空有二宗，批驳狮子光的见解，受到戒贤的赞赏。玄奘曾和顺世论者辩论获胜，还奉戒贤之命，独自同小乘论师辩论，亦获大胜。戒日王在曲女城为玄奘设无遮大会，以玄奘所著《会宗论》《制恶见论》的论点标宗，经十八天大会终了，也无人能予以诘难。玄奘因此名声大振，受到大、小乘佛教徒的一致推崇，被大乘佛教徒尊为“大乘天”，被小乘佛教徒尊为“解脱天”。贞观十九年(645)，玄奘谢绝了五印朝野多方恳留，携带大批经、像，载誉回国。

史书记载，玄奘西行求法，往返十七年，旅程五万里，“所闻所履，百有一百一十国”，带回大量的大小乘佛教经律论典籍。玄奘回国后，主要从事佛经翻译事业，从贞观十九年开始，至唐高宗麟德元年，带领弟子共译出佛教经论部一千一百三十五卷。其中主要有《大般若经》《大菩萨藏经》《解深密经》《称赞净土经》《瑜伽师地论》《大毗婆沙论》《成唯识论》《俱舍论》等。从数量来说，玄奘所译经书占唐代译经总卷数的一半以上。从质量上来说，与以往主译者多半不通汉文，助译者多半不懂梵文的情况不同，玄奘精通梵、汉文字，且对佛理有很深的造诣，又亲自主译，因此他所译的经典，精确得当，矫正了许多旧译的讹谬之处，在佛经翻译史上开辟了一个新纪元，后人通常称他主译的经论为“新译”。

此外，玄奘还把我国哲学古典《老子道德经》和印度已经失传的《大乘起信论》翻译为梵文，传入印度，并撰写《大唐西域记》记述了他西行所亲历的城邦、地区、国家的概况，涉及的内容有疆域、气候、山川、风土、人情、语言、宗教、佛寺以及大量的历史传说、神话故事等。《大唐西域记》成为研究中古时期中亚、南亚诸国的历史、地理、宗教、文化和中西交流的珍贵文献资料，也是研究佛教史学、佛教遗迹的重要文献。

义净(635—713)，唐代僧人、译经家、旅行家。俗姓张，齐州（今山东历城）人，一说范阳（今北京西南）人。他在唐高宗咸亨二年(671)由海路前往印度求法，历时二十多年，游历三十余国，带回梵本经、律、论约四百部。回国后一直从事译经事业。

义净曾译出《金光明最胜王经》《大孔雀咒经》《佛为胜光天子说王法经》《根本说一切有部毗奈耶》《法华论》等经、律、论共五十六部，计二百二十九卷。义净新译《华严经》八十卷，虽题名为实叉难陀所译，实为义净完成。由于译文典雅，译出后即取代东晋佛陀跋陀罗译本，成为《华严经》的根本典籍。所撰《南海寄归内法传》和《大唐西域求法高僧传》，叙述了初唐时期赴印求法盛况、中印交通、印度佛教及社会生活面貌等，成为记录当时史地知识的重要文献。

禅宗初祖菩提达摩

菩提达摩（?—535或528）是梵文Bodhidharma的音译，略称“达摩”，是中国禅宗的第一代祖师。据《续高僧传》载，他是南天竺人，属于婆罗门种姓，通彻大乘佛法，为修习禅定者所推崇。北魏时曾在洛阳、嵩山等地传授禅法。另据《景德传灯录》记载，他是南天竺香至国王的第三子，属刹帝利种姓，通晓大小乘佛法，曾从般若多罗参学，与佛大先并称为“门下二甘露门”，四十年后传承衣钵。

梁武帝普通年中（520—527），一说南朝宋末（477），达摩渡海来到中国南海（今广东广州）。梁武帝遣使请其至建康（今江苏南京）。梁武帝问达摩：“如何是圣谛第一义？”达摩答：“廓然无圣！”梁武帝又问：“对朕者谁？”达摩答曰：“不识。”武帝问：“朕自登九五以来，度人造寺，写经造像，有何功德？”达摩答曰：“无功德！”武帝又问：“何以无功德？”达摩曰：“净智妙圆，体自空寂。如是功德，不以世求。”武帝不悦，达摩知机缘不契，即渡江进入北魏。“廓然无圣”是在说明凡圣不二，是法平等的道理。“无功德”是因为禅宗重在明心见性，梁武帝没有追求心性上的开悟，所以并无功德。后来禅宗《碧岩录》把这个故事作为第一则“颂古”流传，使之成为禅门众所周知的公案。

达摩与武帝语不相契后，离开建康北上至嵩山少林寺，“面壁而坐，终日默然”九年之久。传说经过九年的面壁，达摩的身影印入了面壁石上，就连衣褶皱纹也隐约可见，于是人们把这块石头称为“达摩面壁影石”，把这个达摩曾经面壁的天然石洞叫作“达摩洞”，而这种禅坐入定的方法被称为“壁观法门”。经过九年的面壁，达摩终于等来了继承人，把禅法传给了二祖慧可。

达摩祖师的代表思想是“二入四行说”。“二入”，是“理入”和“行入”。“理入”是教理，“行入”是实践。“理入”的主要内容是“壁观”，核心在于教人住于一境，不起他念，从而达到寂静无为的境界。唐代宗密禅师说达摩的壁观法教人“心如墙壁”，可以屏蔽外境的诱惑干扰（《禅源诸诠集都序》卷二）。所谓“行入”是指“四行”，即报怨行、随缘行、无所求行、称法行。四行就是要求人们在日常修行中，以此心此行包容一切,和谐自他,远离一切爱憎怨恚，无欲无求，无所执着。

达摩禅法的特点在于“藉教悟宗”，即通过佛学理论的参悟来获得觉悟；而觉悟之后，则教人“不随于文教”，不要拘泥于言教。后世以达摩禅确立的“不立文字，教外别传。直指人心，见性成佛”为禅宗宗旨。又有人因为达摩专以《楞伽经》教人，并以此作为参禅印证的标准，故又把禅宗称作“楞伽宗”。达摩把《楞伽经》传授给二祖慧可时说：“我观汉地，唯有此经，仁者依行，自得度世。”可见《楞伽经》在其心中的重要位置。

随着禅宗在中国的发展，达摩逐渐成为传奇性人物。有关达摩的晚年，有人说他中毒而亡，葬于熊耳山上林寺。有人说魏使宋云度葱岭时，碰见达摩手持只履翩然而去，所以又有“只履西归”的传说。

关于达摩的师承亦有很多传说。《楞伽师资记》上推求跋陀罗为初祖，菩提达摩为二世，下以神秀为七世。神会则坚称禅宗南宗为正统，以达摩为中国禅宗初祖，下传二祖慧可、三祖僧璨、四祖道信、五祖弘忍、六祖慧能。随着南禅的兴盛，这种说法成为主流。

达摩的著作有《少室六门集》上下两卷。弟子相传有慧可、道育、僧副和昙林等。

净土初祖慧远

慧远(334—416)，雁门楼烦（今山西代县）人，东晋高僧，居庐山，创立莲社，弘扬净土，为净土宗之始祖。

慧远早年学习中国的传统文化，“博综六经，尤善老庄”。二十岁之前，他志在儒学，而东晋的社会动荡滋生了他的避世思想。他打算远渡江东，就学于在豫章（今江西南昌）隐居的名士范宣子。由于中原混战，南路阻塞，慧远改道来到安立寺,皈依释道安。他听道安讲了《般若经》，“豁然而悟”，叹息说：“儒道九流，皆糠秕耳！”（《高僧传·释慧远传》）于是毅然落发出家，专心修习佛教，追随道安长达二十五年之久。四十四岁时奉道安命从襄阳南下，三年后至庐山，此后三十余年，“影不出山，迹不入俗”，直到圆寂。

庐山时期，是慧远佛教生涯的主要阶段，在这三十多年中，慧远建立了庐山僧团，率众修行佛道，许多信士如刘遗民、雷次宗、周续之、宗炳等，都聚集在其周围。慧远也十分注重与王公贵族、文人名士，甚至皇帝的交往，官吏如桓伊、桓玄等，文人如谢灵运，乃至后秦皇帝姚兴等都与慧远有交往，这使得慧远虽然不出庐山，却在上层社会中保持很大的影响。慧远与教内联系也十分密切，常和长安的鸠摩罗什书信来往讨论佛教理论，他曾在一封书信中向罗什请教了十几个问题。

东林寺前有一条小溪叫虎溪。相传晋僧慧远居东林寺时，送客从来不过虎溪。一日陶潜（陶渊明）、道士陆修静来访，三人相谈甚欢，慧远相送时不觉过了溪水，突然听到虎啸，三人遂大笑而别。留下了“虎溪三笑”的佳话。

慧远一生在佛教史上有许多建树，他将佛家的思想教义、儒家的政治伦理及道家的出世哲学相协调，提出“沙门不敬王者”的著名观点。“沙门不敬王者”是说出家人与在家人不同。在家人必须遵守王制，奉行尊上、敬王、忠孝之礼；而出家沙门就不同，“出家则是方外之宾”，所以无须礼敬世俗权威。但沙门不敬王者实际上并“不违其孝”“不失其敬”，因为这样按照佛教本身的特点去弘法，必然最终有助于社会，这就是所谓“出处诚异，终期则同”（《沙门不敬王者论·体极不兼应》）。方法手段不一样，目的相同。

慧远有弟子百余人，多能分领一方。他所引领的僧团成为当时大江南北影响最大的僧团组织。东晋安帝元兴元年（402），慧远、刘遗民等“息心贞信之士百有二十三人”，在阿弥陀佛像前结社立誓，共期往生西方。史称“白莲社”或“莲社”，为中国净土宗之始。

慧远继承了道安学风，研习弘扬经教。当时江东禅典未备，律藏残阙，慧远到庐山后派弟子法净、法领等西行求经。太元十六年（391），慧远请罽宾沙门僧伽提婆重译了《阿毗昙心论》。410年，请佛陀跋陀罗及其弟子慧观等人在庐山译出《修行方便禅经》。慧远自己勤于研习戒律，也曾请昙摩流支续译完成有部《十诵律》。慧远的著作，现多佚失，所存较重要的有《沙门不敬王者论》《明报应论》《三报论》及一些序文和书信。

六祖斫竹
图绘六祖慧能大师手拿被他撕坏的佛经，疾步狂呼，歇斯底里。

六祖撕经
图绘六祖在古树衬托下，一手拿刀，一手持竹竿，正砍伐枯竹。

禅宗六祖慧能

慧能俗姓卢，原籍河北范阳（今北京大兴）。他的父亲贬官到了岭南新州(今广东新兴)，生下了慧能。慧能年轻时父亲去世，家境贫寒，靠打柴来养活母亲。有一天他听到买柴的客人念诵“应无所住，而生其心”这句话，若有所悟，忙问客人这是什么经文，客人告诉他这是《金刚经》，弘忍大师正在黄梅东山寺给大家讲这部经。慧能听了，安顿好母亲，就前往黄梅拜见弘忍。

当弘忍知道他是从偏远的新州来的时候，就故意考他：“你从蛮荒之地而来，是个南蛮，难道也想成佛？”慧能毫不胆怯地说：“人的出生地虽然有南北的不同，但每个人的佛性都一样。人虽分南北，成佛不分南北！”

弘忍听了，心中暗喜，却不露声色，让他到碓房去干活。碓房就是舂米的作坊。慧能的身子轻，就在腰里绑了块石头，来增加身体的重量，这样在舂米的时候，就可以很方便地把杠杆压起来舂下去。就这样，慧能在碓房老老实实地做了八个月的活。

这一天，五祖为了考验弟子们禅学水平的深浅，好物色一个接班人，就让每个人写一首偈子呈上来。当时神秀担任上座，上座在寺院里是仅次于住持的位置。神秀才华杰出，大家都很服他，想着这个继承人是非他莫属了。神秀果然不负众望，写了一首偈子说：

身是菩提树，心如明镜台，
时时勤拂拭，莫使惹尘埃！

这首偈子被书写在墙上，虽然没有署名，大家都知道是谁写的，很快，这首偈子就传遍了全寺。弘忍看了后，对大家说：“后世如果能依照这首偈子修行，也能得到殊胜的结果，你们要好好念诵它！”

在这首偈子中，神秀将人的身心比作菩提树与明镜台。人的身心本来清净。由于执着，生起了相对意识，以至经常为尘垢—外在的烦恼所污染。要想保持心灵的清净，就必须“时时勤拂拭，莫使惹尘埃”，也就是通过坚韧不拔的修习，才能渐渐地觉悟。

当时慧能正在碓房干活，听了大家纷纷念诵这首偈子，认为它还不够彻底，就写了一首，让人抄写在壁上。偈子说：

菩提本无树，明镜亦非台。
本来无一物，何处惹尘埃！

大家见了这首偈子，惊奇不已。这首偈子说，身心都不是真实的，从缘起性空的立场上来看，没有菩提树，没有明镜台，身心如幻影，干扰我们身心的烦恼更是皮之不存，毛将焉附。这首偈子把禅学漫长的修行过程，转化为当下的一念顿悟，说人的本心本性，原本清净无染。只要觉悟到这一点，就可以立地成佛。

弘忍大师见了这首偈子，就在慧能的头上轻轻地拍了三下。慧能知道师父的意思，在这天半夜三更的时候来到方丈室，弘忍把袈裟脱下来遮住蜡烛的光，秘密地给慧能传授了禅法，并把衣钵传给了慧能。弘忍考虑到其他弟子对这个位置看得很重，怕引起争执，担心慧能的安全，就送他到九江渡口，让他连夜往南方走。弘忍说：“我来渡你过去。”慧能说：“迷时师度我，悟时我自度。”弘忍知道他的修行已经成熟，心里很踏实。

慧能遵从师父的教导，回到广东，隐遁于四会、怀集。十余年后，来到广州法性寺，看见寺院前挂着旗幡，有两个僧人在辩论。一个说：“是风在动。”另一个说：“是幡在动。”两人争得面红耳赤，互不相让。慧能说：“不是风动，不是幡动，是仁者心动！”两人听了，大吃一惊，觉得这个人的水平实在了得，连忙报告给印宗法师。印宗法师把慧能请到寺内，问：“我早听说弘忍大师的禅法传到南方来了，莫非您就是他的传人？”慧能说：“正是。”然后就把袈裟和钵拿了出来，大家见了，纷纷礼拜，请求慧能说禅。就这样，慧能正式出山说禅。

刺史韦璩请慧能入城，于大梵寺讲堂为众说法，门人法海编录其法语，又加入后来的法语，即世所行《法宝坛经》。此后，慧能在曹溪宝林寺说法三十余年。中宗遣使往曹溪召他入京，坚辞不去。朝廷遂下令，以慧能新州故宅为国恩寺。惠能后来圆寂于新州国恩寺，世寿七十六岁。弟子迎其遗体归于曹溪。慧能圆寂后，肉身不坏，弟子方辩裹纻涂漆于其上，形象生动逼真，现存于南华寺（即古代宝林寺）。

神秀大师也继承了五祖的教法，化行于北方，世称北宗禅。

南宗主顿悟，北宗主渐修，因此禅宗史上有“南顿北渐”之称。

神秀是河南开封府尉氏人，生于隋炀帝大业初年，初习儒学，博学多闻，唐高祖武德八年（625），受具足戒于天宫寺。后遇五祖弘忍，在其会下为首座。五祖弘忍命弟子各以己意作偈时，见神秀“身似菩提树”偈，也予以赞叹。五祖入寂时，曾对众说：“东山之法，尽在秀矣！”

神秀后来住持荆州当阳玉泉寺，道誉遍天下。但他的弟子与慧能大师的弟子互相不服气，神秀总是告诫弟子说：“慧能禅师得到了无师自通的智慧，对大乘佛法有深刻的领悟，这一点我不如他。并且他亲自传承了五祖的衣钵。你们不要一直停留在我这里，应当到曹溪去进一步学习。”

唐则天皇帝久视元年(700)，武则天召神秀入京，给予了极为崇高的礼敬。京城中的士庶，每天来参拜的不胜其多。中书令张说也是他的弟子，张说对人说：“禅师身长八尺，庞眉秀目，威德巍巍，王霸之器也！”神秀入京后，与慧安国师同住内道场，受皇室供养。

中宗在神龙元年(705)召请慧能入京的御书中说：“朕延安（慧安）秀（神秀）二师宫中供养，每究一乘，二师并推让曰：‘南方有能禅师，密受忍大师衣法，应就彼问。’”由此可见神秀禅师谦虚的美德。

神秀的禅风是继承达摩一系的“二入四行”之说，以“时时勤拂拭，勿使惹尘埃”为修持方法，而其渐修方法，又以四卷《楞伽经》为法要。神秀开示大众偈曰：“一切佛法，自心本有，将心外求，舍父逃走。”此说与慧能的“佛向自性作，莫向身外求”相同。

慧能门下有四十余名弟子，其中以南岳怀让和青原行思两支特别繁盛。在行思一支，到后世分为曹洞宗、云门宗和法眼宗，在怀让一支，到后世分为临济宗和沩仰宗，应验了达摩传法偈中所说的“一花开五叶，结果自然成”的预言，至此，禅宗在中国蓬蓬勃勃地兴盛了起来。

法相宗创始人玄奘

玄奘对中国佛教有多重贡献，在世界文化史上享有重要地位。隋唐时期佛教诸宗初备，呈现立宗的趋势，但是各宗学说莫衷一是甚至相互矛盾，玄奘想解决这些分歧，于是西行求法，希望在印度能找到统一国内诸家异说的经典。玄奘带回并翻译大量经典，倡导法相唯识理论，并创立了法相宗。

玄奘（600—664），本姓陈，名祎，洛州缑氏（河南偃师缑氏镇）人，生于儒学家庭，排行老四。玄奘自幼聪明，据说他八岁时，父亲坐在几案边上给他讲《孝经》，讲到"曾子避席"时，玄奘忽然整理好衣服，站起身来敬立一边。父亲不明所以。玄奘说："曾子闻师命避席，玄奘今奉慈训，岂敢安坐？"（《大慈恩寺三藏法师传》卷一）由于家境不好，玄奘自小跟已出家的二哥长捷法师住在洛阳净土寺，同时也读些如《维摩》《法华》等佛经。他十三岁时在洛阳出家，仍兄弟同寺。隋大业末(617)，为避兵乱，玄奘随兄到长安，随即又去成都。唐武德五年(622)，玄奘在成都受大戒，次年离成都，顺长江东行访学。贞观元年(627)回到长安。

玄奘多方参学，但佛教各宗派的理论学说莫衷一是甚至相互矛盾，所以他心中有很多疑惑，于是立志追根溯源，西行求法。玄奘上表要求出国，但没有得到唐太宗批准。玄奘西行的志向并没有因此受到阻挠，贞观三年（629），他私出边关，渡流沙，行万里，历经劫难，终于抵达天竺。玄奘于贞观七年(633)到达摩揭陀国王舍城，城东的那烂陀寺是当时印度佛教的中心，学问包括哲学、佛学、逻辑、医学、工艺、音韵等方面，常住僧数万，当时的主持人是精通一切经论的戒贤。

玄奘在此跟随戒贤学习五年，实现了在国内时的愿望，成为精通五十部经论的十大德之一。后来，玄奘又离开那烂陀寺，进行更广泛的参学，先后到过东印度、南印度和西印度，最后又回到那烂陀寺。在印度十七年间，他遍游五印，亲践一百一十国，广泛参学，几乎学遍了印度所有的大小乘学说，经过这一番学习，玄奘已能对瑜伽和中观融会贯通，这得到当时戒贤等人的赞赏，由此，玄奘在印度声名鹊起。当时中印度的戒日王请他去制服南印度正量部论师般若毱多《破大乘论》中的观点，玄奘作《制恶见论》，戒贤等人看后高度赞赏。

学成之后玄奘准备回国弘法，戒贤同意了。回国之前，戒日王为他在曲女城举行无遮大会，五印度的沙门、婆罗门和外道都来参加，会上，玄奘提出了他在《会宗论》和《制恶见论》中的观点，十八天内，没有一人能提出疑问，大小乘僧一致推崇他，玄奘自此而有“大乘天”“解脱天”的称号。

贞观十九年(645)正月二十四日，玄奘到达京师西郊，道俗相迎者数十万。当时唐太宗在洛阳，玄奘将带回的经像放在长安弘福寺，就去洛阳向太宗汇报。太宗希望他把西域见闻写出来，又劝他还俗从政，前一条玄奘答应了，后一条却没有从命。玄奘的志向是译经，太宗安排他在弘福寺建立译场。

玄奘回长安后，组织了一套包括证义、缀辑、录文、证梵、安字在内的翻译班子，同年五月就开译《大菩萨藏经》，贞观二十二年(648)译出《瑜伽师地论》一百卷。同年慈恩寺建成，寺内专设译经院，玄奘迁入此寺译经。唐高宗永徽三年(652)，为了存放从印度带回来的经卷，玄奘又要求在寺内另造一塔，即今大雁塔。自永徽至显庆之间，玄奘译出了毗昙类经典，晚年译出六百卷的《大般若经》。他还把《老子》和《大乘起信论》翻译为梵文，正因为这样，持《大乘起信论》的非中国撰述的学者，都以玄奘此译为论据。麟德元年(664)，玄奘因疾而在玉华宫逝世。

玄奘回国后的近二十年内共译经七十五部，一千三百五十卷，玄奘的译介重点是瑜伽行学派和说一切有部论著，又对般若经做了系统的编纂。另外还著有《大唐西域记》等作品，一些表、启、书等则收入《大慈恩寺三藏法师传》中。

玄奘是中国法相宗的开山祖师。法相宗因剖析一切事物（法）的相对真

〔清〕丁观鹏 《极乐世界图》
此图正中为西方三圣像，阿弥陀佛、观世音菩萨及大势至菩萨，均结跏趺坐于大莲花座上。正中的阿弥陀佛，双手结禅定印，掌上置有盖莲台。阿弥陀佛宝髻高耸，端身正坐。两旁观音与势至都以微侧身倾向正中的阿弥陀佛。

实（相）而得名。因强调不许有心外独立之境，也叫作唯识宗。唯识宗的代表观点是“万法唯识”和“转染成净”。“万法唯识”强调没有心外独立之境；“转染成净”是要不断地清除心识中的染污，转变凡夫的心识而成就佛的智慧。玄奘之后，该宗分为两个系统，即圆测学系和窥基学系。圆测曾就学于真谛一系。他的知名弟子都是新罗人，他是新罗法相宗的始祖。窥基是唐朝大将尉迟敬德的侄子，他独善因明学，信奉弥勒兜率净土，弘扬《法华经》。

法相宗远传朝鲜和日本。玄奘往生百余年后，日本僧人金刚三昧（818年前后）游学印度时看见僧寺中画有玄奘，看见中印的僧寺中都画有玄奘所着的麻履(即麻鞋)及所用的匙、箸,以彩云烘托，于是“每至斋日辄膜拜焉”（段成式《酉阳杂俎》卷三）。可见当时印度佛教界已把玄奘的麻鞋当作佛的足迹一样敬重、供养了。

济公和尚

在很多寺庙中，都设有罗汉堂、罗汉殿，里面供养着众多的面目各异的罗汉。在这些罗汉中，有一位中国的罗汉，他就是家喻户晓的济公和尚。

济公在历史上确有其人。他生于南宋绍兴十八年(1148)左右，卒于嘉定二年（1209）。浙江天台人，俗姓李，原名李心远，字湖隐，号方圆叟。十八岁在临安（今浙江杭州）灵隐寺出家，师从该寺住持佛海法师，法号“道济”，后移住净慈寺。据说他为人“狂而疏，介而洁”。生活无拘无束，寝食无定，破衣烂衫，云游四方，而且不守戒律，饮酒食肉，佯狂不饰细行，被人们称为“济颠僧”。他又是一位见义勇为、爱打抱不平且神通广大的侠僧。他智斗秦桧，惩治嘲弄贪官污吏，乐善好施，扶危济贫，嬉笑幽默，不修边幅，深受百姓爱戴，百姓们都叫他“济公”或“济公活佛”。佛教徒们说他是“降龙罗汉”转世。

济公虽然嗜好酒肉，举止癫狂，但精通佛理，深得禅中三昧。文笔隽秀，擅长书法、诗词。他写的诗清丽洒脱，颇有禅味。有一首他醉酒后写的诗是“何须林景胜潇湘，只愿西湖化为酒。和身卧倒西湖边，一浪来时吞一口”。济公爱西湖，并不是因为人人所称道的西湖胜景，而是因为西湖水在他眼里可以化为美酒。他醉卧西湖边，风吹来一朵浪花他饮一口酒。这首诗中的任运洒脱正是济公的典型人物性格。

由于济公深受民众喜爱，身上逐渐被附会了神话传说色彩。据《清一统志》记载，济公所居的净慈寺曾一度毁于大火，道济四处化缘以重建寺院。当他来到严陵（今浙江桐庐），看见四周诸山树林茂密，于是脱下袈裟向空中一扔，把周围各山都罩了进去。于是神奇的事情出现了，只见刹那间，山上的树木竟被一根根地拔了起来，推到江边，然后顺流东下，最后这些树木都来到了

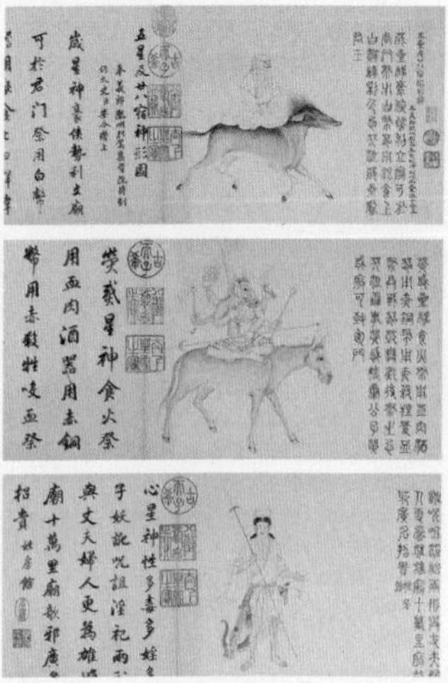

〔清〕丁观鹏《五星二十八宿》（局部）图绘五星二十八宿神形象。五星即金、木、水、火、土星。二十八宿最初是古人为比较日、月、五星的的运动而选择的二十八个星官，作为观测时的标志。

净慈寺的那口井里。寺里的僧众们将木料从井里捞上来，使净慈寺得以恢复旧观。

公元1209年，道济在净慈寺悠然而逝。临终前作偈一首，概括其生平曰："六十年来狼藉，东壁打倒西壁，如今收拾归来，依旧水连天碧。"六十年间的人世生活对于他是一场旅行，水连天碧处是他生命最美好的归宿。以笑傲人生的态度泯灭生死区别，将个体生命融入宇宙生命，这是济公大智慧的写照。

济公离世后，人们建造了许多纪念他的殿塔。在杭州著名的风景区虎跑泉，有不少佛教建筑，其中有非常闻名的济公殿和济祖塔院。在净慈寺里，那口传说中济公用神通力运送木头的古井至今仍吸引着无数的游人驻足观望。在灵隐寺对面的飞来峰中的青林洞（又名金光洞）至今还留有"济公床""济公桌"等。相传当年济公在灵隐寺出家时，常偷偷到这里来喝酒吃狗肉，喝醉了就在床上呼呼大睡。这些妙趣无穷的传说，引得无数游人浮想联翩。

济公性格独特，后世给他做的塑像形象也很奇特。在罗汉堂中，济公还是那么无拘无束、逍遥洒脱，他并不排列在罗汉们的队伍中，而是四处游逛，行踪不定。在北京碧云寺中的罗汉堂中，稍不留意就会看不到济公的塑像，因为他蹲到了房梁上。据说这是因为他到罗汉堂报到去晚了，只好屈尊在此。而在江南的一些寺院里，济公常常站在过道里。其形象通常是身穿破僧衣，手拿破扇子，面部表情非常生动，眼睛传神，使你无论在哪个位置，都像被济公盯着看。他的表情也多种多样，从三个不同角度看能看到三种不同的表情：从左边看，愁眉苦脸；从右边看，春风满面；从正面看，半脸哭，半脸笑，"啼笑皆非"。

有关济公的小说、传记、剧本等文学作品很多。最早的是明代的《红倩难济颠》，但传本已佚。后清代郭小亭作《济公传》（全称《评演济公传》），是济公传说故事的集大成之作。从古至今，济公故事和形象始终活跃在戏剧影视作品中，受到人们的喜爱。

莲华生

莲华生，藏传佛教的主要奠基者。8世纪古印度乌苌国（今巴基斯坦境内）人，关于他的生平，历史记载不一。据西藏僧人学者多罗那他所撰的《莲华生传》记载，他出生于乌苌国贵族家庭。其父是著名的密教大师，曾经创立了印度密教的金刚乘一派，著有密法书《秘密集会》。莲华生曾名叫莲华光明，由于他学习了金刚乘的教法，通晓声明等各种学问，因之获得了莲华金刚的美名。不久，他又从密教大师真言阿阇梨寂色学习密教事部、行部、瑜伽部三大密法，于是取密号为莲华生。之后再随瑜伽师乐天和瑜伽母乐持学习无上瑜伽部密法。同时又周游印度，广交密教大师，四处求学。他在从佛吉祥智学习后，颇得老师的心传，成为证得现法涅槃的四大弟子之一。

公元8世纪中叶，西藏佛教初传。当时执政的赤松德赞仰慕佛教，提倡佛法，于是派遣大臣到尼泊尔邀请印度高僧静命到西藏弘法。静命到西藏后，广宣佛法，但遭到了西藏原始宗教本教教徒的反对，藏王向静命请教怎么办。静命推荐了弟子莲华生，意欲借他的咒术来击败对手，自己则返回尼泊尔。据学者考证，莲华生入藏的时间是在公元752年。传说他在去拉萨的路上，一路施行法术，降服了不少鬼神，佛教得以继续流布。后来藏王再次派人请静命回来传法。莲华生入藏以后，建立了西藏第一座佛、法、僧三宝齐全的佛教寺院——桑耶寺。

在此之前，西藏虽有不少寺庙，但这些寺庙都是只有佛像，没有僧人，所以只能算得上是一些朝拜点，谈不上严格意义上的佛寺。桑耶寺建好后，静命等人开始传戒，于是西藏开始出现正式的佛教僧团。他教导藏族弟子学习译经，从印度迎请无垢友等大德入藏，将重要显密经论译成藏文，创建显密经院及密宗道场，开创了在家、出家两种佛教徒应供的轨范，奠定了西藏佛教的基础，为藏传佛教的确立贡献甚多。

莲华生做的第二件事情，是为扩大佛教影响而与本教徒进行辩论。当时赤松德赞为了安抚本教徒，曾经延请了一些本教徒到桑耶寺居住。本教徒在桑耶寺举行祭祀仪式，宰杀牲畜，引起了佛教徒的抗议，双方发生矛盾和冲突。赤松德赞为了解决这个矛盾，召开了一次辩论会，以静命和莲华生等人为代表的佛教徒在会上辩赢了本教徒，从此确立了佛教在吐蕃的国教的地位。

莲华生做的第三件事情是将密宗传入了西藏。静命是显教学者，他在西藏弘传的是一些佛教的基本理论。本教是西藏原有的传统宗教，有很多密咒和巫术的东西，因此当本教徒攻击佛教徒时，讲理论的静命无法应付本教徒的发难，于是只好让懂密法的莲华生入藏解难。莲华生入藏后，用密咒降服了本教徒，同时也将密宗引入了西藏，开西藏密宗之先，使藏密成为藏传佛教中与显宗并立的一大教派。

莲华生做的第四件事情是保存了不少佛教的密典。据《宗教流派镜史》载，莲华生入藏后，看到有些佛经不为人所识，为了不使这些经典被破坏，以在日后发挥作用，他和弟子们把这些经典先埋起来，同时写明将来发掘的日期、特征、发掘人姓名等等，以待将来因缘成熟时挖出来流传。据说这批经典后来被藏传佛教宁玛派所掘取，成为该派的基本经典。宁玛派尊莲华生为教主，并且传承了他的秘密教法。

由于莲华生对藏传佛教做出了很大的贡献，他获得了藏族人民的尊重，尊称他为“洛本仁波切”，意为大宝上师。

敦煌壁画 炽盛光佛并五星
炽盛光佛是释迦牟尼的教令轮身，五星在其周围，不时闪现于云端。

明末四大高僧

明朝末年，佛教界出现了著名的“四大高僧”，他们是莲池袾宏、紫柏真可、憨山德清和藕益智旭。他们都主张佛教内部诸宗的融合，袾宏、真可、智旭归向净土，德清归向禅宗。

袾宏(1535—1615)，字佛慧，号莲池，俗姓沈，仁和（今浙江杭州）人。提倡念佛，被尊为净土宗第八祖。因晚年居云栖寺，故世称“莲池大师”或“云栖大师”。

袾宏出身名门，少读儒书，在学行文艺诸方面都非常优秀，但他对科举看得很淡，却对佛理很感兴趣。他将“生死事大”几个字放在案头，平常论学讲艺时，他都要归到佛理上来。他常叹息人生短暂，世事虚妄。他的家庭屡遭变故，首先是发妻张氏生产时母子双亡，母亲强令他再娶汤氏，他虽然同意了，却不行夫妇之礼。二十七岁时，父亲去世，三十一岁时，母亲去世，这些不幸使他下定了出家为僧的决心。

出家之后，袾宏遍游四方，上五台，进京师，广谒遍融、笑岩等大德，获益良多。明穆宗隆庆五年(1571)，袾宏云游回到浙东，见云栖山水幽静，遂结庐安居。后信众越来越多，信徒们为他建立了庙宇，即云居寺。袾宏在此弘法四十余年，提倡念佛法门，冬季坐禅，余时兼讲经论，精勤不辍。时南北戒坛久被禁止，他就让受戒者自备三衣，于佛前受戒。

袾宏佛教思想是多方面的，他对华严宗、禅宗、净土宗等都有很深入的研究。又特别推崇净土，并强调三教融合，禅教融合，在禅教融合中，特别重视禅净合一。

袾宏强调戒律的作用，把戒提高到佛法之宗的本体地位。他认为戒能灭恶，能生善，能度生。袾宏特别讨论了儒教之禁戒、道教之戒律和佛教之戒律的区别，认为“儒释禁戒，大略相似，而疏密不同”（《菩萨戒问辩》）。道教戒律，与儒律似远而实同，但与佛律则似同而实异。袾宏的道场戒律很严，赏罚分明。他制定的丛林规诫，不全照搬《百丈清规》，而是根据当时的状况，适时救弊。比如他在五戒中，特别重视戒杀，推崇放生。

对于华严，袾宏也极有心得。他以华严宗的判教观，判《阿弥陀经》为顿教，同时又兼通终教和圆教。

对于禅，袾宏批判当时禅宗界的状况。传统禅宗讲棒喝是根据时机点化学人开悟的，而当时的禅界却只学其形，不学其神。只学古人逞机锋，斗胜负，学个话头，而不重明心见性，是丢失了禅宗三昧。袾宏认为禅重在参，参贵在疑，他十分推崇“小疑小悟，大疑大悟，不疑不悟”的格言。参禅不是人云亦云，不是静坐无语，而是要起念头去怀疑，去释疑才叫参。

袾宏虽然广研诸宗，但他的思想归趣则是净土。袾宏重视念诵佛的名号，以持名念佛为往生净土之要，他以摄心为学佛的要道，以念佛为学佛的捷径。他自称一生都崇尚念佛。他说：“若人持律，律是佛制，正好念佛；若人看经，经是佛说，正好念佛；若人参禅，禅是佛心，正好念佛。”他认为净土法门和佛教诸宗的思想是统一的，因此净土宗在提倡念佛的同时，也同样重视经典教理。袾宏尤其强调禅净合一，他认为参禅、念佛都是修行方便，同趋解脱，如同二人同到珍宝之地，一人乘马，一人乘船，都可到达，两不相碍。但两者之间是有迟、速之异的。一般人认为，参禅顿悟为速，念佛为迟，但袾宏认为，参禅人也有终其修行不能见性者，而念佛人也有顿生净土者，所以袾宏的禅净合一是以净土融合禅宗，净土为本，禅宗为末。

真可(1543—1603）在明末四大高僧中是很有特色的一位，他一生没有确定的师承，没有担任过寺院住持，却在教内外都有重要影响。他一方面努力复兴禅宗，发展佛教事业；另一方面十分关注社会，并因此而遭人迫害，最终被捕入狱至死。

真可，字达观，晚号紫柏，世称“紫柏尊者”。俗姓沈，江苏吴江人。十七岁于虎丘云岩寺出家，闭门读书；二十岁受具足戒，广研经教。

真可一生的最大业绩就是倡议刻方册大藏经，将卷帙浩繁的大藏经择要刻印流通，这就是佛教大藏经中著名的嘉兴藏。他还修复了嘉兴著名的楞严寺。

真可晚年自言有“三负”——“老憨不归，则我出世一大负；矿税不止，则我救世一大负；《传灯》未续，则我慧命一大负”。老憨是憨山德清大师，憨山被诬告私创寺院而入狱，真可无法施以救援，憨山不久离世，成为真可“一负”；真可曾与德清商议要修明朝《传灯录》，但因德清突遭变故而未能完成，这是“二负”；神宗通过收取矿税搜刮民脂民膏，造成百姓的深重苦难，真可对此痛心疾首却无能为力，这是“三负”。

万历二十八年(1600)，南康太守吴宝秀为了抗征矿税而被捕，真可为之奔走营救，因而得罪了一批权贵。三年后，京城发生一起所谓“妖书”事件，书中传言神宗要改立太子，此“妖书”有人诬为真可所作，于是将他逮捕入狱，但并没有证据。同年，真可死于狱中，遗体先葬于北京西郊，后又移到杭州。

弘教方面，真可努力恢复禅宗见性成佛的宗旨，批评禅宗时弊，同时也引华严、法相等宗的严密的思辨，弥补禅宗空疏简易的弊端。

禅宗流传至明末与原禅已相去甚远。真可批评了当时禅僧的七大错误：第一错，偏执于通过机缘悟道而忽视经教参学；第二错，以为知见、理性的思辨会障碍觉悟而盲目反对知见；第三错，重念佛而轻参禅；第四错，以为动念思量乖背本体而不作言语；第五错，得个一知半解，便自以为是，轻视古人见解；第六错，儒道佛三教中人缺乏主见，不能用心一处，学儒未通就弃儒学佛，学佛未通又弃佛学老，学老未通又流入旁门；第七错，佛教徒的整体素质与唐宋时人相差甚远。

关于禅净关系，真可认为念佛并不胜过参禅。禅讲自力，净土讲他力，内力是正，外力是助，如果不信自力而求他力，“断无是处”。在确立禅宗的主体地位之后，真可不反对净土，反而认为净土也有助于参禅，但不能主次颠倒。

真可的著作，德清订有《紫柏尊者全集》三十卷，后人又编有《紫柏尊者别集》四卷，《附录》一卷。

真可门下不如祩宏那么兴旺，他自己从未升堂说法，加上持律极严，使常人不寒而栗。他接引人也不以常法，他对弟子常常恨铁不成钢，恨不能一棒敲醒糊涂虫。但这并不影响他在佛学界的影响和在社会上的声誉。

德清(1546—1623)，德清的佛学思想受莲池祩宏的影响颇深，讲三教一理，禅净双修。与真可是至交。在为学的大致方向上，德清与这两位高僧相同。他最为突出的贡献是中兴曹溪。

德清，字澄印，号憨山。俗姓蔡，安徽全椒人。他少时学老庄，后皈于佛。幼时对生死来去即有疑问。七岁时叔父去世，德清问叔母，人死后向何处去。不久，另一位叔母生孩子，他又问，人从何处来？十九岁时，他在栖霞寺正式出家。他曾请了三个月的假参禅，参得背上发起了疮。同年，德清从无极明信和尚听清凉澄观讲《华严玄谈》，顿悟法界圆融无碍的道理。因为钦慕澄观，德清就以“澄印”作为自己的字。这一年，德清受具足戒，二十六岁时就外出游方。

德清游方到北京时，参访了华严宗的遍融真圆和禅宗的笑岩德宝两位高僧。参笑岩时，笑岩问他：“何方来？”德清答：“南方来。”又问：“记得来时路？”这一问是笑岩在考察德清的修行，无论是回答记得还是不记得都是停留于问题表面，而没有悟到其中禅机。德清回答说：“一过便休。”颇有禅宗虽说随扫，不落名相思量的智慧。笑岩赞赏道：“你倒是来处分明！”（《新续高僧传》卷八《德清传》）德清离开北京后，游五台山，见北台憨山风景秀丽，于是以憨山为自己的号。德清离开五台山后东行到牢山（今山东崂山）结庐修行。德清在牢山十三年，当地道士以德清侵占道院为由上告，神宗帝本人则较重道教，他也嫌皇太后费资奉佛，于是迁罪于德清，以私造寺院的罪名逮捕德清，随后将他发配到广东雷州。

德清中兴曹溪的过程充满坎坷。他因罪发配到雷州时，正值当地疾病流行时，德清带头掩埋死者，并做法会超度亡灵。不久，德清受命到广州，许多信徒慕名而来，德清就以罪犯的身份宣讲佛法。万历二十八年(1600)，德清到曹溪——六祖曾创立南禅的地方，有感于祖庭的败落，就着手进行整治复兴。历经一年，使祖庭出现中兴之势。万历三十一年(1603)，真可在京师被诬告为“妖书事件”的主谋而被捕入狱，德清受到牵连，重新发回雷州。三年之后，德清遇赦，又回到曹溪继续中兴祖庭。不料有僧人诬告他私用净财（用于供养佛、法、僧三宝的钱财）。虽然两年后真相大白，德清还是辞去曹溪住持一职，到广州讲经。天启二年(1622)，德清又受请回曹溪，次年在南华寺圆寂，肉身供奉在该寺。

德清是临济系统内的禅僧，在禅学观上，他认为人人自性圆满，本自具足，众生愚痴妄想而障蔽了这个本心，得不到真实受用，只在虚妄的世界中流浪生死。只有顿歇妄念，才能彻见自心，这就是开悟。他强调，所谓修，所谓悟，都是修此心，悟此心，不是离开自心而别有可修可悟者。从本质上讲，禅宗向上一路，直指自心，明心见性，顿悟成佛，无须修行，而处处都真，平常生活，都见法身，“江光水色，鸟语潮音，皆演般若实相”（《新续高僧传》卷三《示灵州镜上人》）。

德清主张禅净融合、禅教融合、三教融合。关于禅教，德清认为达摩虽讲禅是教外别传的，其实也是以教来印证禅，可见教、禅本无二致。禅宗中虽然有超佛越祖之谈，但实际上是让人不要执着于佛祖的名相，本质上依然是导人开悟成佛。至于儒、释、道之间的关系，特别是儒佛之间，德清提出了许多融合的根据：儒家讲人皆可以为尧舜，佛家讲人人可以做佛；儒家讲五常，佛教讲五戒；佛家讲明心见性，儒家则讲克己复礼——两者均导人向善。佛家有《楞严经》澄心，儒家有《春秋》传心；儒家讲忠孝，佛教也讲忠孝。他曾说："出家人宁可上负佛祖，下负我憨山老人，不可自负，不可负君，不可负亲。"

德清一生重在参禅，在南华寺中兴曹溪禅，使禅宗再度繁荣，所以后人尊称他为曹溪宗的中兴祖师。他精通内学外典，不立门户，主张各宗并进，禅净双修，融合儒、释、道三家，认为"不知《春秋》，不能涉世；不精《老》《庄》，不能忘世；不参禅，不能出世"。著有《观楞伽经记》《华经纲要》《大乘起信论疏略》等经论注疏共一百二十一卷，外典注释及诗文等十九卷。门人辑为《憨山老人梦游集》行世。

智旭(1599—1655）在明末四大高僧中是最后一位，受袾宏和德清的影响很大，他的佛学思想也比较复杂，一方面融合禅、教、律、净土，另一方面以天台为主融合性相。因为推崇净土，被后人推为"净土宗九祖"。

智旭字素华，晚称蕅益，俗姓钟，江苏吴县人。因受家庭影响，他七岁开始吃素断荤，十二岁时学儒，立志宏大，发誓要灭佛、老，写了几十篇文章抨击释、老，又重开荤酒。到十七岁时，读了袾宏的《自知录序》和《竹窗随笔》，才知佛法高妙，再也不敢谤佛，将写过的谤佛文章全烧了。二十岁注释《论语》时，到"天下归仁"一句心有疑问，参究了三昼夜，终于顿悟孔颜心学，觉知自己十二岁时虽然谈儒却并不知儒。同年冬天，因父亲去世，产生出家之念，次年找了个星相家问母亲寿数，听到母寿只有六十二三岁，他在佛前立誓，愿减自己寿数而延母年。实际上这时的智旭对人生已有长久的思考了。二十二岁时，智旭专志念佛，又烧掉了两千多篇平时所做的文章。智旭二十三岁时，听到《佛顶经》中"世界在空，空生大觉"时，撰写了有四十八愿的愿文，决定出家。他十分仰慕德清，曾在一个月中三次梦见，因此想从德清出家，但德清远在曹溪，于是在二十四岁时从德清门徒雪岭禅师剃度，法号"智旭"。

智旭的学问，外典涉及儒、道两家，内学遍及禅、律、法相、华严、天台、净土、密诸宗，主张诸宗融合，内外一致。他自己于各宗派中特重天台，又以净土为终极归向，他的历史影响尤其显示在净土方面。

对于禅宗，智旭认为禅需要教禅合一，不能否定经教的意义。真正明心见性的人，都知道经论是心明性见之要诀，不能舍弃，只是明心见性的人看经教时，可以见月忘指而不会执着于文字。

对于律宗，智旭非常重视戒律，但当时的佛教界戒律废弛，智旭无力回天。他对此万分失望、自责，曾疾呼受持戒律，但引起的反应并不大。从对于律学的研究而言，智旭为明代一大家。智旭又把禅与律结合起来，主张禅家必须修戒律，他批评末世禅僧，不学教门，也不守律，独自远行，不问路程，这种方法不能体悟真心。

对于天台宗，他分别了心造和心具的关系，认为无法不从心造，无法不即心具。智旭对唯识宗的研究，是以唯识来解释天台教义。

对于净土宗，智旭的净土思想是最后形成的。他把戒律、诸宗、诸教看作净土的出发点和归宿。具体而言，“首律宗，明修造之始；次诸教，明开解之途；次禅观，明实践之行；继密宗，明感应之微；终净土，明自他同归之地也”（《灵峰宗论》卷六《法海观澜自序》）。

在《阿弥陀佛经要解》中，他以天台宗传统的释名、辨体、明宗、论用、判教相五重玄义来诠解此部净土经典。他以信、愿、行其明宗的修行要径：信，是信自（信自心）、信他（信西方净土）、信因、信果、信事、信理等六信；愿是厌秽欣净，愿生净土；行，是持名念佛，执持名号分为事持和理持。事持就是持西方净土，理持是持自心净土。

智旭于崇祯八年至永历八年（1635—1654）编撰了《阅藏知津》一书，是宋、明以来有关大藏经提要的著述中比较完备的一部。编撰的目的在于使阅读大藏经的人都能知道它的“旨归”。他从三十岁时发心阅读明刻南北藏开始，前后耗费二十年的时间，随阅随录而编成本书。

智旭也讲三教一致，特别是儒、释一致。他以禅解《易》，作《周易禅解》；以儒来参佛，作《四书解》，也是通儒、释二家。不过他把儒、玄，甚至禅、律、教，都看作是一些方便法门，坚持以佛为本，会通儒、道。

智旭作为明末四大家的最后一位，其思想总结了前三家，为集三家之大成者。他于戒律、天台、净土都做出了贡献。他的净土理论和实践，一直影响到后世。

佛教改革家太虚

太虚（1889—1947），浙江崇德人，俗姓张，是民国以来佛教革新运动的倡导者。他设立佛学院，创办佛教报纸、杂志弘扬佛法。法师一生倡导佛教革命，致力于佛教事业，虽未能竟愿，但对近现代佛教发展影响极为深远。

太虚一岁丧父，五岁时母亲改嫁，由信佛的外祖母抚养。他曾跟随舅父读过私塾，但体弱多病，不能长久坚持。九岁时随外祖母朝拜九华山，十三岁朝拜普陀山，逐渐熏冶立志出家的思想。其后曾两次到家乡长安镇的商店当学徒，都因病不能坚持，这其中也有他认为习商“非大丈夫事”想法的原因。

十六岁时，太虚离开家乡准备到浙江普陀山，但乘错了船，跑到苏州平望去了，于是就在木渎镇的小九华寺皈依士达和尚出家，法名唯心。其最初的出家动机是想得到神通或者修炼成仙的，因为他分不清仙佛。后来士达带他拜见师祖奘年和尚，奘年为他取“太虚”之号。同年十一月，太虚在宁波天童寺从敬安和尚受具足戒，敬安称赞他具有唐玄奘的资质。

太虚十八岁时读《大般若经》而顿悟，从此能将天台、华严、法相诸宗以及外书[①]中的思想融会贯通。在慈溪时，华山法师给了他一批新思潮书籍，包括康有为、梁启超、章太炎、谭嗣同的新著，严复的译作等。他对谭嗣同的《仁学》爱不释手，由此激发起以佛教救世的宏愿，其人生佛教思想在此时萌芽。

太虚参加佛教运动的第一步是在宣统元年(1909)随敬安参加江苏僧教育会。这期间他的佛学修养得到提升，并与当时佛教界名流如杨文会、苏曼殊建立了友好的师生关系。民国元年(1912)，太虚与同学杨仁山等人在南京设中国

①外书：佛教徒称佛经以外的书为外书。

佛教协进会，后并入敬安的中华佛教总会。不久，敬安在北京殉教，太虚有感于佛教界消极的态度，在上海召开的敬安法师追悼会上，提出了“佛教教理革命、教制革命、教产革命”的三革命口号，主张对佛教进行全面革新。

第一次世界大战爆发后，太虚接触到西方的学说，对自己以佛法救世的力量产生怀疑。于是到普陀山锡麟禅院闭关三年。三年中遍探天台、华严、三论、法相、禅、律、净、密诸宗，而对唯识系和三论系经典尤为着力，又旁及东西方学说，写下了一批著作。这是他佛学思想形成的关键时期。从此，他走上了佛教改革之路。主要贡献有：

一、创办佛教刊物，创建佛学团体

1917年春，太虚出关，旋即经由台湾省去日本考察佛教，不久回国。次年八月，太虚与章太炎等人在上海创立觉社，这是他第一次参与组建佛学团体。太虚任刊物《觉社丛书》主编，后该刊改《海潮音》，含“人海思潮中的觉音”之意。抗日战争时期，他和冯玉祥、白崇禧、于斌联合成立“中国宗教徒联谊会”，抗战胜利后又成立“中国佛教整理委员会”，成立觉群社。

二、创建佛学院，培养僧才

1918年，太虚还应邀到汉口讲《大乘起信论》，次年又到南通讲学，后来讲学的范围遍及湖南、江西、安徽、陕西、广东、福建和江浙地区。信众广泛，声名鹊起。

1922年，太虚创办武昌佛学院，通过教育培养人才，后又创办汉藏教理院（院址在重庆号称迦叶道场的缙云山，创于1932年），还协助创办闽南佛学院（1925年成立于厦门，太虚一度任院长）和柏林教理院（1930年创办于北京），这一时期，各地掀起了办佛教学院的潮流，太虚是创始者。

三、开展世界佛教运动

1924年，太虚发起的“世界佛教联合会”在庐山成立，开始了他的世界佛教运动。次年，太虚率团出席由他倡议成立在日本召开的“东南亚佛教大会”。两年后受邀到东南亚做短期讲学。1928年秋，太虚游历欧美，在法国发起“世界佛学苑”，后又到过英国、比利时、德国和美国。抗日战争爆发后，太虚代表国民党政府于1937年率团访问东南亚诸国，八个月后盛誉而归。

1947年3月17日，太虚因患脑出血在上海去世，灵骨葬于浙江奉化雪窦山。太虚一生，著述等身，著作范围包括了世法、佛法各个方面，由门人印顺等编成《太虚大师全书》，分为法、制、论、杂四藏。其主要著作有《整理僧伽制度论》《释新僧》《新的唯识论》《法相唯识学》《太虚法师文钞》等。

四、重建中国佛学，提出“人生佛教”

教理方面，太虚提出了以新的唯识论为中心的佛教文化论。从现实的人生出发，太虚分析了中国人的人格缺陷，有混沌、侥幸、懒惰、怯懦、顽傲、昏乱、厌倦、贪狠等八种。根治这些缺陷，只有佛教中讲参究亲证的禅宗和讲分析论证的唯识宗才能有效。而禅宗也只能根治侥幸和懒惰两项，其余的均依唯识宗才能解决，所以对中国佛教来说，复兴唯识宗是最重要的。

太虚称自己的唯识学为“新的唯识学”，所谓“新”是适应了新思想、新学术的要求，用新思想、新学术加以阐明，而非西方哲学中的唯心论，也非传统思想中的空想。具体而言，是宇宙的、人生的唯识论，是分析的、经验的、观察的、系统的唯识论，是转化的、变现的、缘起的、生活的唯识论。这把他的人生佛教原理、哲学的和近现代科学的方法论与唯识的原理都统一起来了，体现出太虚努力使佛教教理适应时代的变革方针。

中国佛教的发展长期以来历经坎坷，外有来自统治者的压制，内有僧团戒律废弛、儒佛混淆、佛教义学的衰落和末流修行方法的污染等，至太虚时佛教基本上只存禅宗和净土宗，而禅净也趋于末流，处于非常贫乏的状况。太虚振臂疾呼，提出重建中国佛教纲领，重建中国佛学的呼号。这些重建必须根植于现实人生和现时代，再普遍摄取中国佛教各宗思想精华，而不是仅仅依靠任何一宗之义或某地之宗派。重建中国佛学，既要阐明佛教原有的人生理论，又要践行利益众生的事业。

五、融摄世界文化，构建世界佛学

太虚在中国佛学的基础上进一步构建世界佛学的图景，就是以中国佛学来融摄世界文化。由此出现了佛教化的儒教（也包含老、庄在内），佛教化的神道教（包括中国的道教和日本的神道教），佛教化的印度教（包括印度新旧各教），佛教化的基督教（包括各种派别在内），佛教化的伊斯兰教，佛教化的哲学，佛教化的科学，佛教化的艺术。这就是太虚的佛教化世界宗教观。

太虚的思想体系渊博深厚，涉及古今中外诸学。他虽然倡导革新，但是教内的平等融摄以及以佛教为主融摄内外之学的理论始终是其思想基石。

太虚一生所致力的佛教改革实际上就是在探索佛教如何适应时代，服务于时代的问题。他提出了人生佛教的思路，主张学佛先学做人，从现实的人出发培养圆满的人格，建设人间净土，这对中国佛教的发展是一个有益的启发。对于他的世界宗教观虽存在很大争议，但也提示人们，佛教不应封闭，而应以开放的心态与世界文化交流，这种视野也是前所未有的。

释迦牟尼画像

中兴南山宗的弘一

弘一（1880—1942）是民国中兴南山律学的高僧，浙江平湖人，俗姓李，名广侯，号叔同。弘一多才多艺，诗词歌赋书画篆刻等无一不精。出家后，法名演音，号弘一，专弘南山律宗，被世人称为弘一律师。

弘一原籍系浙江省平湖市，生于天津市。他五岁丧父，七岁时跟二哥受启蒙教育，以后开始学习各种文化知识，并临篆帖，练习填词、篆刻。十八岁时与俞氏结婚，同年进入天津县学学习。此时改名文涛，字叔同。戊戌变法失败后，他携眷南迁上海，搬进城南草堂“李庐”，自号“李庐主人”。二十一岁时，出版了《李庐印谱》《李庐诗钟》，次年考入上海南洋公学特班，跟随蔡元培学习。退学后创办“沪学会”(1905)，提倡办补习班，改良社会风俗，并作《祖国歌》传唱全国。同年东渡日本留学。到日本的第二年考入东京美术学校，并组织话剧团体“春柳社”，上演话剧，自演茶花女。1910年他携日本妻子及一双儿女回国，先后在天津、浙江、江苏等地从事教学。

1916年，李叔同二十七岁，到杭州虎跑泉的定慧寺试验以断食来净化身心。断食十七天后开始改奉僧人生活。第二年在定慧寺受居士戒，成为在家弟子，法名演音，号弘一。他把诸事都安排好后，于1918年农历七月十三日在定慧寺正式出家。妻子归期已到，来寺中告别，他坚决不见俗家人，妻子含泪而归。同年九月，李叔同在杭州灵隐寺受具足戒。

出家后，弘一逐渐以律学为修学的重点。一开始学印度佛教的有部律（义净所传译），他甚至谢绝一切交往，闭门研究律学。有部律名相众多，他自己学起来都忘前失后，因此他将主要概念排成表，并根据自己的经验把戒律经典由易到难进行排列，使人能一目了然，方便学习。

从1931年开始，他着重弘扬律宗南山戒律，不仅严格按照戒律修持，且对律学进行了深入研究，使南山律学重新得到流布。写成了《四分律比丘戒相表记》《四分律含注戒本讲义》《南山道祖略谱》等律学论著。1933年，他还于泉州创办“南山律学苑”，组织对南山律宗进行了研究。

对于戒律，弘一认为重在修持。他一日之内，礼佛、念佛、拜经、阅经、诵经、诵咒等，余下的空闲时间不够一小时。之所以如此，是因为他感到出家人生死事大，所以不敢放逸安居。弘一平时严以律己，并曾批驳当时教内戒律废弛的现象。批驳之后又反省自己“妄言”的行为，称自己“自命知律，轻评时弊，专说人非，大言不惭，罔知自省”，这是他严格持戒的表现。

弘一是一名爱国僧人，他自觉地把弘扬佛教与抗日救亡联系起来，提出了“念佛不忘救国，救国不忘念佛”的著名口号，在当时的佛教界产生了很大影响。

1942年10月13日，弘一法师在泉州开元寺去世，临终前作遗偈：“君子之交，其淡如水。执象而求，咫尺千里。问余何适？廓尔忘言。花枝春满，天心月圆。”并写下“悲欣交集”四字，说明了自己对生死的参悟。君子之间的交往如水一般纯净，不带杂质，如果执着于色身死亡的表面现象，那么距离参透生死本质还差得远。如果问我我的色身消亡后我将到哪里去？花枝绽放春色满，长空如洗皓月圆，归处就在那无限宁静、安详、圆满的地方。悲欣交集之悲是悲悯众生的苦难，欣是可以真正去实践多生以来的度生大愿，这种悲欣交集吐露的是参透生死的境界，是慈悲济世的情怀。

弘一是一位多才多艺的高僧，早在出家之前，他就对书画、戏剧、音乐、金石等做过深入的研习，功底深厚，尤其音乐和书法获得了极高的成就。他将中外音乐文化互相贯通，熔于一炉，谱写了许多著名的歌曲，流传广，影响大，如他于1918年所作的《送别》一歌，不仅当时就立即流传全国，到了新中国成立以后，还先后被电影《早春二月》《城南旧事》选用为插曲和主题曲，充分显示了他的音乐作品的艺术魅力，并一直传唱至今。他还先后在天津、上海、杭州、宁波等地进行了七年的音乐教育，是我国第一代音乐教师之一，培养出不少音乐人才，如刘质平、吴梦非等，后来都成为著名的音乐家。

弘一的书法造诣极高，功力深厚。字里行间充满了德行的修养，不求才华的外露，大有一种宁静致远的气象，表现出了他对佛教精神的感悟深度。他将书法与弘扬佛教相结合，“非佛书不书”，专写佛经、佛号、法语。因为弘一的书法名气极高，前来求墨宝者极多，他所写的作品多赠送与人，所以一生所作的墨宝数量非常多。

总之，弘一大师是我国近代杰出的僧人。作为一名出家者，精守戒律，钻研律宗，对佛教南山律宗的恢复与发扬贡献极大。他留给后世的财富并不限于戒行，更在于其人格风范，在于救世济民的精神。而作为一名艺术家，他在音乐、绘画、书法、金石等方面的成就，也是十分珍贵的文化财富。

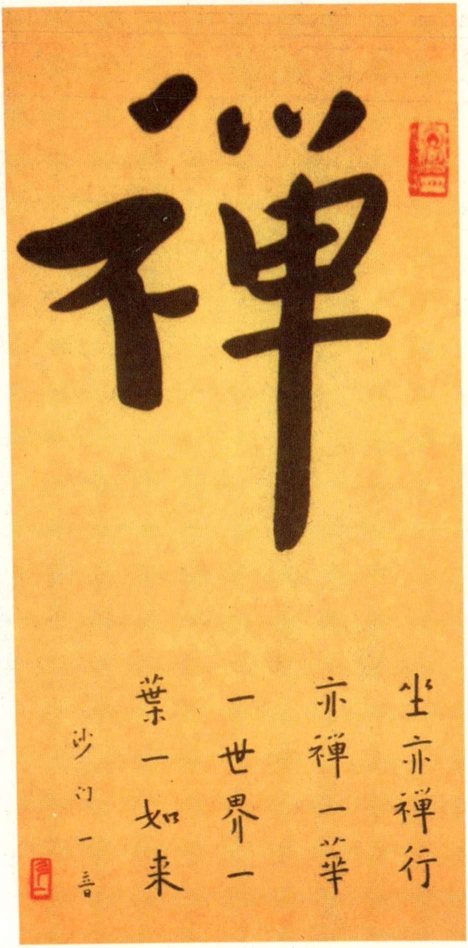

弘一大师李叔同书“禅”
坐亦禅行，亦禅一华，一世界一叶一如来。

第八章

佛教经典

佛教经典由经、律、论三部分组成。“经”是指释迦牟尼佛亲口所说，由其弟子所集成的法本。“律”是指佛陀为其弟子所制定的戒条。“论”是佛陀的弟子们在学习佛经后所得的心得。佛经是在佛教发展的漫长历史中逐渐积累而成的。在释迦牟尼佛有生之年，他的学说只是口头传承，并未书写于文字。佛陀圆寂后其弟子为了继承其传教事业，开始以集体忆诵和讨论的方法收集整理他的言论，经过四次结集，形成了佛经。佛经内容博大精深，除佛教教义外，还涉及政治、伦理、哲学、文学、艺术、习俗等方面的论述，是人类历史上一笔丰厚的文化遗产。

佛经的产生

佛教产生于古印度，佛教典籍最初也形成于古印度。随着佛教的传播和发展，不同国家地区形成了各种不同文字的传本，也出现了各种不同的称呼。在印度，随着时代不同，它有“九分教”“十二品经”“三藏”“藏经”等名称；在南传佛教诸国，则一般称之为“三藏”；在藏传佛教地区，分为“甘珠尔”“丹珠尔”两大部分；在汉传佛教地区，则先后被称为“众经”“一切经”“经藏”“藏经”等，后被统称为“大藏经”。

佛教的创始人乔达摩·悉达多，是古印度迦毗罗卫国释迦族的王子，觉悟后被称为“释迦牟尼佛”，意为“释迦族的觉悟者”。他生活于公元前6世纪至公元前5世纪，一般认为他二十九岁出家，苦修六年，三十五岁时在菩提伽耶的一棵菩提树下证道觉悟。随后到鹿野苑，向憍陈如等五人宣说他所觉悟的佛法，如四谛、八正道等，建立起原始佛教教团。从那时起直到八十岁时，其足迹遍及恒河中下游，宣讲佛法，传播佛教。所说内容既有对佛教教义的理论说明，也有对僧侣生活的戒律规定。释迦牟尼虽然传教四十五年，但一般都是“对机说法”，即针对具体的人和事进行说教，或是应弟子们的请求，就某一具体问题发表自己的观点，“述而不作”，故生前没有留下成文的著作。现存的佛教经典，均非出自释迦牟尼本人之手。

释迦牟尼去世后，佛教内部有人认为，佛陀生前对戒律的规定过于严格，他去世后应该放宽一些。有鉴于此，释迦牟尼的著名弟子迦叶等人便在佛陀去世后的第一个安居期内，召集硕学有德的佛学弟子五百人，到王舍城灵鹫山举行佛教史上首次“结集”，以汇编释迦牟尼的遗教，严格戒律生活。

所谓结集，就是弟子们在一起会诵经典的意思。为了保证“结集”的质量，他们制定了具体的“结集”方法，一般是由一人将他所听到的释迦牟尼的言论背诵出来，背诵时必须先说明这一言论是释迦牟尼在何时何地、在何种情况下、针对哪些人而说的。背诵以后，由参加结集的其他弟子共同审定真伪，以判明此人所讲是否真是释迦牟尼本人的真正教导。得到大家共同认可的，便可作为释迦牟尼的遗教正式确定下来。现存的佛经一般都以“如是我闻”开始，然后说明释迦牟尼说法的时间、地点、对象、原因等等，就是这种会诵形式的集中反映。

对于不同的经典，究竟由谁主持结集、有哪些人参加、由谁背诵经典、结集了哪些内容等问题，说法各不相同。据《五分律》等记载，第一次结集时，佛的侍者——号称“多闻第一”的大弟子阿难，诵出了释迦牟尼对佛教教义的许多论述，这些论述被肯定下来后，被称为“经”。另一个被称为“持律第一”的弟子优婆离则诵出了释迦牟尼关于戒律的一系列教导，这些教导被肯定下来后，被称为“律”。而《四分律》等经典主张在第一次结集时，除了诵出经与律外，还诵出了不少佛的弟子们发挥解释经中奥义的论述，称为“论”。由此，后来的佛教一般均将经、律、论三者看成是佛教典籍的主要组成部分，合称“三藏”，可以说是全部佛教典籍的代名词。

另外，《付法藏因缘传》《迦叶结经》等都主张，佛教典籍在“第一次结集”时就已经“三藏”齐全了，但前者认为经论藏是由大迦叶诵出，后者则认为三藏皆是阿难诵出的。此外，《大唐西域记》卷九等记述，在迦叶召集五百比丘兴行结集的同时，有千名比丘举行了另一场结集，结集的内容，除了经、律、论三藏之外，还包括杂集藏、禁咒藏等。而大乘佛教典籍的《大智度论》《金刚仙论》等则说，就在迦叶主持结集的同时，弥勒、文殊师利及十方诸佛于铁围山外结集出了大乘经。

对于上述种种说法，学术界一般认为，第一次结集这一事件是可信的。但当时是否形成了完整的经、律、论三藏则尚无定论。至于说形成了杂集、禁咒等，则可能是后代出现的传说，不足凭信。而所谓的大乘经典的结集，则绝对是大乘佛教形成后产生的传说。

围绕佛教典籍的形成，之所以出现这么多不同的说法，主要原因是由于佛教曾分裂成许多派别，每个派别都曾编辑了自己的经典。不同的派别为了争取在佛教中的地位，提高自己学说的权威和影响，都将自己一派的典籍上溯到第一次结集，从而形成了众多说法的不同。

最初的佛经虽然从第一次结集就产生了，但是当时只是口口相传，没有记录为文字，同时也没有统一的传教语言，在不同地区的教团所使用的是不同地区流行的各种俗语。这样，佛教传播发展过程中难免会发生一些讹误和歧解，这就产生了以文字形式规范佛教的需要。然而，把佛经以文字形式固定下来却是很久以后的事，一般认为发生在佛灭后四百年，即公元1世纪前后。当时的一般做法是将佛经写在贝多罗树叶上，所以佛经也被称为“贝叶经”。

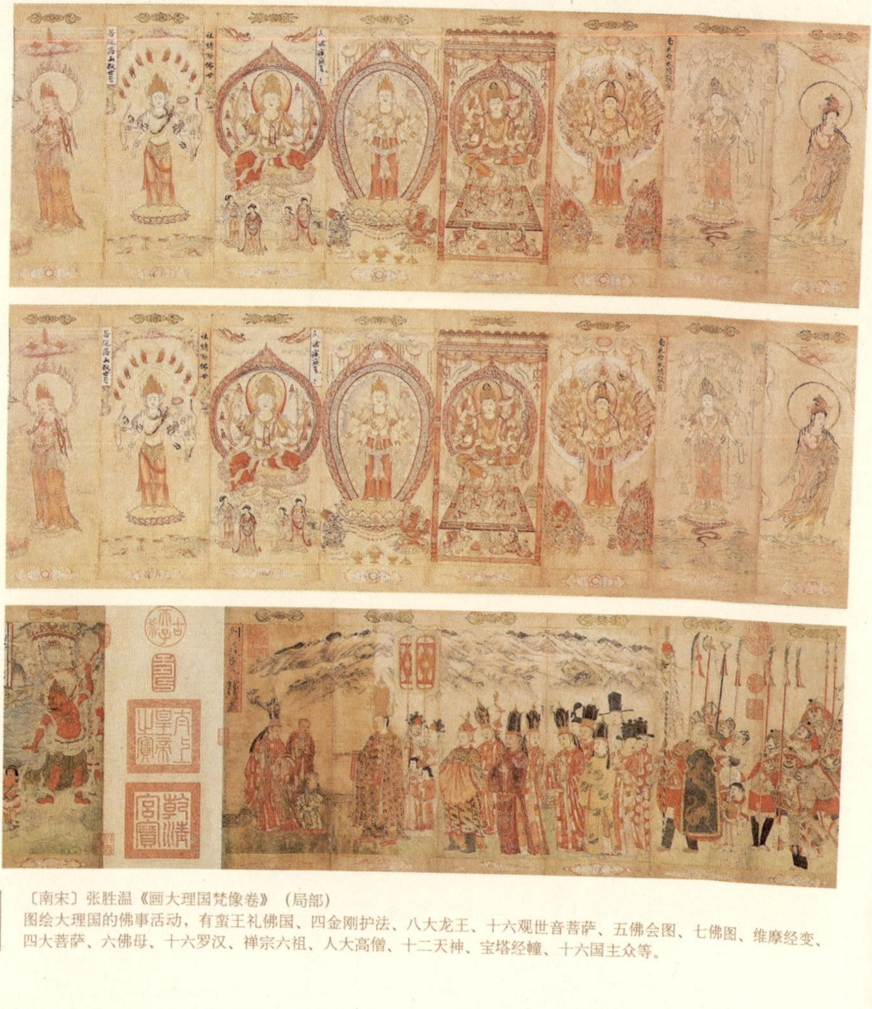

〔南宋〕张胜温《画大理国梵像卷》（局部）
图绘大理国的佛事活动，有蛮王礼佛图、四金刚护法、八大龙王、十六观世音菩萨、五佛会图、七佛图、维摩经变、四大菩萨、六佛母、十六罗汉、禅宗六祖、人大高僧、十二天神、宝塔经幢、十六国主众等。

早期佛教经典《阿含经》

早期佛教经典主要是《阿含经》。“阿含”是梵文Agama的音译，也译作“阿笈摩”，意译为“无比法”“教”“传”等，大意为“传承的教说”或“集结教说的经典”。《阿含经》是北方所传原始佛教经典汇编的名称，其意义为“依着师承的辗转所传”。一般佛教文献里都将它看成声闻乘三藏中的经藏。它被区分为四大部，称为“四阿含”，即《长阿含经》《中阿含经》《杂阿含经》和《增一阿含经》。

佛教传说，释迦牟尼去世后不久，大迦叶召集五百名弟子在王舍城举行第一次结集，当时由阿难诵出了经藏，也就是五部阿含。但学术界认为这种说法不太可信。尽管如此，《阿含经》中的主要内容，第一次结集时就已经存在了。但直到部派佛教时期，《阿含经》才逐渐被整理与编辑起来，从形式到内容都得到有机的组织，结构日见完美。约于公元前1世纪前后又正式用文字书写下来。

据说，当时各佛教派别都有自己的《阿含经》。这些经典虽是同一个来源，但不是由同一个人编成的，所以，各部派的阿含虽然大体相同，但内容却不尽一致。然而，在现存的佛教典籍中，除了南传上座部系的大藏经中还保留了《长部》《中部》《增支部》《小部》和《相应部》等五部阿含以外，其他各部派的阿含基本上失传了。《汉文大藏经》中保留了《长阿含经》《中阿含经》《增一阿含经》和《杂阿含经》，它们与南传的前四部大体相同，但却分别属于法藏部、说一切有部、化地部、大众部等各派。

《阿含经》记述释迦牟尼及其弟子们的修道与传教活动，论述了原始佛教的基本教义，如四谛、八正道、十二因缘、缘起、无常、无我、五蕴、四禅等。

汉文《长阿含经》是由后秦佛陀耶舍与竺佛念共同译定的，计二十二卷，它由三十部不同体裁的经典汇集而成。由于所收经典在全部《阿含经》中属篇幅较长的，故被称为《长阿含经》。其主要内容有以下几个方面：(1)表述佛教基本教义。它把佛教的基本概念以数字先后为顺序进行排列，进行叙述和表达。主要内容包括四谛、八正道、十二因缘、四禅、五蕴等。(2)叙述释迦牟尼及其弟子的传教活动。详细叙述了释迦牟尼去世前后的各种相关事件，如释迦牟尼的说法路径、于拘尸那迦去世、尸体火化、八分舍利等，所记内容是研究早期佛教的重要材料。(3)叙述释迦牟尼的本生故事是佛教本生故事的最早起源。(4)驳斥外道，包括婆罗门教以及当时影响较大的“六师外道”的思想理论。所以，《长阿含经》为研究印度古代哲学提供了资料。一般认为，汉译《长阿含经》为法藏部的传本。

《中阿含经》由东晋瞿昙僧伽提婆翻译，共六十卷，一共包括了二百二十二部经典。由于这些经典在《阿含经》中篇幅中等，故名《中阿含经》。其内容有多个方面：(1)论述戒定等各种修行方式之间的相互关系，以及它们在解脱过程中的作用；(2)论述因果报应；(3)论述四谛、八正道、十二因缘等佛教基本教义。汉译《中阿含经》一般认为是说一切有部所传的经典。

《杂阿含经》由南朝宋求那跋陀罗翻译，共五十卷，收入篇幅较短的佛经一千三百六十二部，内容广泛杂乱，故称《杂阿含经》，主要内容以讲述佛教基本教义为主，详细解释了五蕴、六处、缘起、十二缘生等学说，阐明了苦、空、无常、无我的佛教基本思想，较为详细地论述了四谛、八正道、四念处、十八界、因果报应等学说。同时也注重对修习的说明，记述修禅步骤、方法、注意事项以及所要达到的结果，并驳斥了诸家外道的禅观。此外还积极向善男信女宣讲佛法，鼓励他们信奉三宝，皈依佛教，勤修善业。汉译《杂阿含经》一般认为是化地部所传。

《增一阿含经》由东晋僧人瞿昙僧伽提婆翻译，共五十一卷，五十二品，收入经典四百七十二部。经文排列按法数的顺序依次编辑，从“一法”开始，直到“十一法”，故称《增一阿含经》。此经记述了释迦牟尼及其弟子们的传教事迹，阐述了对出家、在家二众的戒律规定，论述了佛教的基本教义等。但重点是宣传持戒、布施、生天、涅槃等事及其因缘故事。此经还反映了一些大乘思想的萌芽，使用了不少大乘佛教的术语，如菩萨、六度、法身佛等，所以被学者认为是受大乘思想影响较深的大众部的传本。

所有《阿含经》有一共同的特点，即每部经典的开头都是由“如是我闻”（或译为“闻如是”）引起，然后说明佛陀讲经的时间、地点、原因，其次才是经典正文。之所以如此，是为了说明这些经典是从佛那里听来的，而不是弟子们自己杜撰的。从这点来说，《阿含经》所记述的关于佛陀及其弟子传法言行的内容是比较可信的，为研究早期佛教提供了重要材料。

大乘佛教经典

大乘沿袭小乘以“如是我闻”作为佛经开首的惯例，不断为自己创造新的佛经——大乘基本教典。此外，大乘佛教学者还有大量个人的释经论和专论，以及讲大乘戒律的典籍。但大乘佛教从来没有做过统一的结集，经典随时在创造，加上种类杂多，很难理出它们产生的历史顺序和准确的地点。一般认为，般若经类是最早的大乘佛经，汉译经典中最先译出的也是这一类，如《道行般若》。当然，般若之外还有其他类大乘经典，诸如净土思想和后来列入大集经类的陀罗尼杂咒等等。

大乘佛经的特点，首先是强化对佛陀、菩萨和经典的崇拜，这就引起了大量佛本生故事的出现。部派佛教时期已有所谓四佛和七佛之说。支谶译出的《兜沙经》就讲十方世界各有十方佛，诸佛是无量无边的。艰辛而漫长的成佛过程也就包含了“十住”“十行”“十无尽藏”“十回向”“十地”“十定”等阶次。与此类多佛信仰相应，还出现了有关佛身的经典。支谶译《佛说内藏百宝经》谓：“诸佛合一身，以经法为身”，“佛身”由诸佛的“生身”上升到了以佛经所说法为“身”的“法身”。3世纪的汉译大乘佛经中，“法身”已被普遍地抽象化和神格化。三身说也是随大乘佛教才出现的。所谓三身便是“法身”“报身”“应身”，与此相关的佛所具备的“十力”“四无所畏”“十八不共法”“三十二相”“八十种好”等神秘的力量，都是大乘崇拜佛的产物。

早期大乘佛典并不像原始佛教那样，以关心个人的解脱为主要目标，它把成佛定为无限长的过程，把深入世间、解救众生当作自我完善、满足成佛条件的前提。作为被拯救对象的众生无限，修习法门也就无限，修习的过程也必然无限。这种寓意自我解脱于救苦救难、普度众生中的践行，叫作“菩萨行”。“菩萨行”是大乘理想的自利利他的实践，“菩萨”则是大乘的理想人格。修“菩萨行”的最后目标是成佛，而成佛的标准是成就“阿耨多罗三藐三菩提”（无上正等正觉）。“无上正觉”其实是指对大乘全部观念和方法的把握，其中包含了“般若”智慧。这是早期大乘佛教强调般若智慧的根源所在。

早期出现的《本生经》《本业经》《本起经》等经典，讲述的就是菩萨行的故事。3世纪康僧会所译的《六度集经》，把这些菩萨行的故事和寓言组织到“六度”这一大乘公认的修习体系中。所谓六度即指布施、持戒、忍辱、精进、禅定和般若。其中的“戒、定、慧”称为“三学”，是对早期佛教的继承并有新的发挥，其余三度则是随大乘思潮出现形成的。六度中的“布施”倡导供养三宝，这推动了佛教向多崇拜对象的性质发展，除普遍兴起的塔、像等外，还出现了对“法师”和经典的崇拜。“法师”自命是佛法的拥有者和佛智的体现者，尤其在般若中观派那里，居于绝对权威的地位，因而也是一切布施的主要享有者。在大乘经典中，一般都会强调诵读、书写、传播、供养此经所能获得的功德。这种宣传促进了大乘佛经在民间的普及。佛经崇拜促进了手写、雕印和石刻佛经的发展，使大量佛教文献得以完善地保存下来。

基于大乘特征，我们可以看到影响最大的早期经典有如下三类：

一、法华经类。《法华经》是站在大乘佛教的立场，调和佛教内部各派最具代表性的经典。此类经认为声闻乘和辟支佛乘同菩萨乘一样，同出诸佛之口，都是为了救度众生脱离生死“火宅”，各乘的差别仅在于众生根性有利钝而已。所以“二乘”或“三乘”之说，实质是“唯一佛乘”，这就叫作“会三归一”。在哲学理论上，《法华经》一方面坚持般若空观的方法论，同时又承认众生有先天的“佛智”，佛教修持的目标是让与生俱来的“佛智”觉醒。《法华经》的宗教气氛比般若经类浓厚，认为诸佛固然是由凡人修成，但一旦成佛，都可达到“常住不灭”；至于礼拜佛像、建造塔庙、供养舍利等礼佛行为，不但是积累功德的手段，而且也是通向成佛的途径。

二、“净土”类。“净土”是大乘某些派别勾画的理想王国。其中《阿弥陀经》弘扬西方净土，以为西方有“极乐世界”，众生专念“阿弥陀佛”

（意译“无量寿佛”），死后即可在阿弥陀佛接引下往生西方净土。《阿閦佛国经》弘扬东方净土，以为东方有“妙喜世界”，此方众生发愿供养“阿閦佛”（意译“不动如来”），死后即可往生东方佛国。

三、秘密类。咒术是被早期佛教强烈谴责的，由于大乘佛教向民间的发展，逐渐成了炫耀佛教神通、传播佛教教义的手段，由此出现了大批专以咒语治病、安宅、驱鬼役神、伏龙降雨等的佛典。同时，佛教徒在教学过程中，往往把长篇巨幅的经文简化成少数文字或字母，以便于诵念记忆，形成所谓“陀罗尼”，意译为“总持”，能掌握一切法的总纲领的意思。陀罗尼被神秘化后，成为一种似乎具有神通力的咒语，经常出现在经文中。像3世纪译成汉文的《密迹金刚力士经》（后被收入《大宝积经》）就提出，法身如来亦具“身、口、意”三业，但高深莫测，不可思议，并非世俗可以认知的对象，故曰“秘密”。这不但把佛陀全然神化，而且也为后人秘密修持开辟了重要门径。

四、华严经类。早在2、3世纪即已出现的《兜沙经》《本业经》《十住经》《渐备一切智德经》《如来兴显经》《摩罗伽经》等，后来被增添了新的内容。扩大编纂为《大方广佛华严经》，在5世纪初译成汉文六十卷。7世纪末，唐代又重译了一遍，增加了个别新品，称为八十卷《华严经》。《法华经》中突出了救苦救难的观世音菩萨，《华严经》则强调普贤菩萨和文殊师利菩萨的作用。“普贤行”被当作“菩萨行”的范本，文殊则是解说佛法、引导信徒实践普贤行的典范。《华严经》在哲学理论上也有许多新价值。它对一多关系的论述，达到了一个新的高度。

五、大集经类。现存《大方等大集经》60卷，是隋代僧就所集。其中前30卷，亦曰《方等大集经》，属昙无谶5世纪上半叶编译。谶译之前，它的第一、二品和第六、十一、十二诸品，已有西晋竺法护作为单经译出，到那连提黎耶舍，先后又补进《日藏经》和《月藏经》，遂形成现在这样的《大集》系列。

六、大涅槃经类。现存《大般涅槃经》四十卷，421年昙无谶于北凉译出。此前，法显译出《大般泥洹经》六卷，相当谶译的前五品十卷，被称为《大般涅槃经》的“前分”，其余称作“后分”。至唐会宁等，又译有《大般

佛说了知经册
佛说了知经，姚秦之藏，法师鸠摩罗什译，冯预书，僧绍红校勘。

涅槃经后分》两卷，义净认为，这是从《阿笈摩经》中抄出来的，思想与《大般涅槃经》不同。《大般涅槃经》的总体精神，是调和般若中观以涅槃为虚妄的虚无主义态度。它确立了诸佛如来最终解脱境界的“常乐我净”，亦名“涅槃四德”。这是佛教从怀疑主义和绝望观念，向现世主义复归的表现。

七、胜鬘经类。《胜鬘狮子吼一乘大方便方广经》与《不增不减》《无上依》等经，性质相近，同归胜鬘经类。《胜鬘经》发挥“如来藏”的思想，认为众生皆有“如来”之“藏”，只是为“无量烦恼藏所缠”，成为“非思量境界”，非凡夫二乘所知。《胜鬘经》强调，如来藏的定义是“如来法身不离烦恼藏”，就是说，生死烦恼是有为法，如来藏则常住不变。如来藏是生死烦恼之所“依”“所持”，离开烦恼如来藏无从谈起。通过佛教修行消除烦恼就能洞见如来藏。这种把如来藏说成是世间得以依持和建立的观点，就形成了佛教哲学的一流，即“如来藏缘起说”。

八、唯识诸经。大乘唯识学，早在《华严经》中已初见端倪，继之出现《解深密经》《楞伽经》《密严经》等，将这一学说深入发挥，为形成全部佛教中最庞大的哲学体系提供了经典依据。大乘瑜伽行派及其所著诸论，也都是以这些经典为基础的。此类经典还有《如来出现功德庄严经》（原本佚）、《大乘阿毗达摩经》（原本佚）、《解深密经》、《楞伽经》等，它们的结构和论义的侧重点虽不相同，但殊途同归，都在倡导建造唯识学理论体系，并用此体系指导大乘佛教的实践修行。

《四十二章经》

《四十二章经》是现存最早的汉文佛教经籍，由四十二个短小的佛经组成，故名《四十二章经》。实际上，《四十二章经》并不是一部独立的佛经，而是小乘佛教基本经典《阿含经》的经抄，朴质平实，内容简单，其中诸章之内容可互见于巴利文及汉文小乘佛典，相当于佛教概论一类的入门书。《四十二章经》中集结了佛陀关于持戒、忍辱、断欲、精进、观空等事的四十二段语录。这部经典反复强调了持戒的重要性，告诉佛教弟子应该如何修行。祖师大德将此经和《佛遗教经》《八大人觉经》合称之为“佛遗教三经”。

关于《四十二章经》的翻译，据说是与佛教初传中国“汉明帝感梦求法”的故事直接相关。根据汤用彤先生的研究，南朝以前记录此故事的佛教典籍有《牟子理惑论》《四十二章经·经序》《老子化胡经》等。此外王度的《奏疏》、东晋袁宏的《后汉纪》、刘宋宗炳的《明佛论》、范晔的《后汉书》、南齐王琰的《冥祥记》、陶弘景的《真诰》、郦道元的《水经注》、杨衒之的《洛阳伽蓝记》等都曾提及引用过此故事。

《四十二章经·经序》言：“昔汉孝明皇帝，夜梦见神人，身体有金色，项有日光，飞在殿前。意中欣然，甚悦之。明日问群臣，此为何神也？有通人傅毅曰：‘臣闻天竺有得道者，号为佛。轻举能飞，殆将其神也。’”于是汉明帝派遣使者张骞、羽林中郎将秦景、博士弟子王遵等人去西域求取佛法。所取佛经即为《四十二章经》。《牟子理惑论》的说法基本与此相同。《老子化胡经》则进一步明确提出了使者出归的年号，认为汉明帝永平七年（64）出使，永平十八年(75)乃归。

东晋的袁宏和刘宋的范晔则在基本肯定上述事件的同时，删除了一些他们认为不可信的成分，主要是年代和使者的名字。到了南齐王琰的《冥祥记》，形成了一个新的比较完备的说法，与以前的各种说法有了很大的不同。其不同主要表现在四个方面，一是将使者的名字由原来的张骞等三人改成了“蔡愔”，原因可能是由于“张骞”的名字与汉武帝时出使西域的张骞相同；二是认为蔡愔从西域带回僧人“迦叶摩腾”译出了《四十二章经》；三是认为同时带回了优填王所造的释迦牟尼佛像；四是明确提出了汉明帝所建的寺院名为“白马寺”。

这一说法基本上为以后的大部分佛教史书所继承。《高僧传》认为使者蔡愔从西域带回的僧人除迦叶摩腾以外，还有中天竺僧人竺法兰，与迦叶摩腾共同译定了《四十二章经》。

汉明帝“感梦求法”的故事在佛教中流传很广，但由于出现多种不同的说法，互相之间差别太大，所以有学者干脆怀疑“感梦求法”是虚构的，继而怀疑《四十二章经》也是一部伪作。但多数学者认为，这事本身是真实的，只是由于后代加工创造，事情的本来面目被弄得模糊不清了。而《四十二章经》也确为中国第一部汉译佛经。

《四十二章经》的文字很短，但其叙述却是生动活泼的，经常使用各种比喻，增加了论述的说服力。其内容简述了早期佛学的基本教义，尤以说明人生无常及爱欲之蔽为重点。认为人生苦短，世界上的一切变幻无常，因此要抓紧时间修道，争取解脱。它特别强调要抛弃各种欲望，认为只有这样才能得到阿罗汉果。经中比喻说：人贪求财色，就像小孩舔刀刃上的蜜糖，刃上的蜜糖很少，不给人多少甜味，却可能割破人的舌头。经中还强调，修道必须持心专一，不能为任何外部因素所诱惑。

《四十二章经》在古代有一定的影响，东汉襄楷向桓帝上书时就曾引用过其中的一些内容。但是，中国古代的书籍都是靠手抄而流行的，在传抄的过程中，难免会发生一些讹误，有的传抄者还会根据自己的需要或根据自己的理解，改造经文的内容，因此就出现了多种形式不同的版本，文字互有出入，篇幅长短不等。

现在流传的《四十二章经》可以分成三种不同的流传系统：第一种是

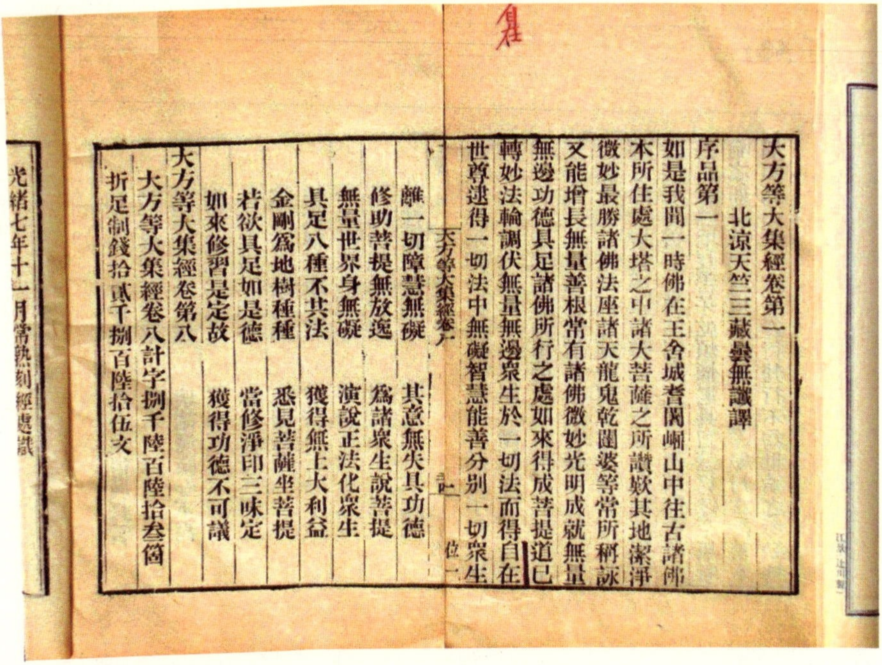
大方等大集經卷第一
北涼天竺三藏曇無讖譯
序品第一
如是我聞一時佛在王舍城耆闍崛山中住古諸佛本所住處大塔之中諸大菩薩之所讚歎其地潔淨微妙最勝諸佛法座諸天龍鬼乾闥婆等常所稱詠又能增長無量善根常有諸佛微妙光明成就無量無邊功德具足諸佛所行之處如來得成菩提道已轉妙法輪調伏無量無邊衆生於一切法而得自在世尊逮得一切法中無礙智慧能善分別一切衆生

離一切障慧無礙　其意無失具功德
修助菩提無放逸　為諸衆生說菩提
無量世界身無礙　演說正法化衆生
具足八種不共法　獲得無上大利益
金剛為地樹種種　悉見菩薩坐菩提
若欲具足如是德　當修淨印三昧定
如來修習是定故　獲得功德不可議
大方等大集經卷第八
大方等大集經卷八計字捌千陸百陸拾叁箇
折足制錢拾貳千捌百陸拾伍文
光緒七年十一月常熟刻經處識

《大方等大集经》
“大集经”为大乘佛教五部经之一，该经为诸位翻译师所集，故称“大集经”。

《高丽藏》收藏本，它源出于北宋初年的《开宝藏》，宋元诸本与此大体相同；第二种是北宋真宗的注释本，收在明代的《永乐南藏》中，现在的藏文、蒙古文译本《四十二章经》均依此本而译；第三种是南宋守遂的注释本，流传比较广，明代的智旭、了童，清代的续法等人所作之疏均依此本而成。这三种传本中哪一本更接近《四十二章经》最初的原貌，现在已经很难考证了。另外，根据我国古代藏经目录的记载，《四十二章经》除了摄摩腾的译本之外，至少还有三国时支谦的译本。现存于世的三种系统诸本中，是否有支谦的译本，或是否有支谦译本中的某些内容，现在也难以考证了。

《般若波罗蜜多心经》

《般若波罗蜜多心经》：

观自在菩萨，行深般若波罗蜜多时，照见五蕴皆空，度一切苦厄。

舍利子，色不异空，空不异色。色即是空，空即是色。受想行识，亦复如是。

舍利子，是诸法空相，不生不灭，不垢不净，不增不减。

是故空中无色，无受想行识，无眼耳鼻舌身意，无色声香味触法，无眼界，乃至无意识界，无无明，亦无无明尽，乃至无老死，亦无老死尽，无苦集灭道，无智亦无得。以无所得故。

菩提萨埵。依般若波罗蜜多故，心无挂碍。无挂碍故，无有恐怖，远离颠倒梦想，究竟涅槃。三世诸佛，依般若波罗蜜多故，得阿耨多罗三藐三菩提。

故知般若波罗蜜多，是大神咒，是大明咒，是无上咒，是无等等咒。能除一切苦，真实不虚。故说般若波罗蜜多咒。即说咒曰：

揭谛揭谛，波罗揭谛。波罗僧揭谛，菩提萨婆诃！

这是《心经》的大义，集中体现了大乘佛教般若思想的精华，说明只要成就般若波罗蜜多的智慧，就可以修行圆满，达到觉悟成佛的境界。而经文最后所附的神咒，则使得本经更具有了宗教的神秘色彩。

《心经》一方面作为般若类经典的纲要、大乘佛教般若思想的精华，另一方面作为广大民众敬信供养的对象，在社会上得到广泛的流传与重视，对佛教发展起过重要的作用。时至近代，此经又被译成多种文字，在世界上也得到了流传。

《金刚经》

《金刚经》全称《金刚般若经》是般若类经典中的代表性经典。公元元年前后，大乘思潮已经遍及古印度全境，出现了许多新的经典。其中有一类叫作“般若经”的典籍，讨论问题的面最广，理论色彩最浓，影响也最大，在这一时期的大乘思潮中占主导地位。唐玄奘编译的《大般若经》六百卷，共收进以“般若”命名的经典十六种。其实，还有许多大乘经，虽然未标明“般若”二字，但指导思想全属于般若系统。这类经典是先后在不同地区逐渐形成的。从佛经汉译史看，最早的般若经可能是《道行般若》（《小品》）和《放光般若》（《大品》），前者起码在2世纪中期已在月氏流行，后者于3世纪中期在于阗发现。但也有学者认为，《金刚般若经》言简意赅，或许比以上两种经出现得更早。

《金刚般若经》被后人做了许多发挥，但它自身的思想却比较单纯：世俗世界的一切现象（有为法）“如梦幻泡影，如露亦如电”；人们所见所思维的一切对象均属虚妄；人们用言说表达的事物，包括佛所说的法都非真实。因此，佛所说法，不可以“言说”取，不可以“相”取。想要把握佛的真髓（如来），就要去把握“实相”，而“实相”则是“非相”，是“无相”，既不可言说，也不可思意。

在这样由梦幻和名言构成的世界中，唯一能使菩萨修道者达到“心清净”的办法是“不应住色生心，不应住声、香、味、触、法生心；应无所住而生其心”，也就是使自己的精神世界绝对不受认识对象的支配，而处于超脱物外的状态。般若经一般批评“声闻弟子”的早期佛教信徒，因为他们就是从“佛说”出发，把所说的一切法视为当然真理的。《金刚经》言：“如来说一切法皆是佛法”，而“所言一切法者，即非一切法”。作为早期佛教哲学代表的“说一切有部”，把分析“法相”当作自己的理论出发点，《金刚经》则说：“无法相，亦无非法相”，“凡所有相，皆是虚妄”。

《金刚经》没有肯定世俗世界的任何东西，否定对任何事物的执着，包括对佛教理论的执着。由此推论，对早期佛教所说的四谛真理、业报轮回、修行解脱等等，也不能执着。

《金刚经》说：“过去心不可得，现在心不可得，未来心不可得”。“过去心”已经过去了，你到什么地方去找这个心？所以“过去心不可得”；“现在心”刹那无常，变化不停，你说这个是“现在”，这个“现在”已经离我们而去，可见“现在”是不存在的，所以“现在心不可得”；“未来”就是没有来，既然没有来，你又如何能得到它？这叫“未来心不可得”。

大家看看，《金刚经》把精神现象的无常，说得多么透彻！

可见，在这个世界上，一切都是刹那无常，生生灭灭的。《金刚经》中有一首非常著名的偈语说：

一切有为法，如梦幻泡影。
如露亦如电，应作如是观！

这首偈语，因为一连用了六个比喻[①]，在历史上被称为“六如偈”。所谓“有为法”，就是由因缘和合而产生的一切事物。“一切有为法”，所有由因缘和合而生起的东西，如梦，梦时虽有，醒来空空；如幻，虽然逼真，实质上却是假的；如泡，水泡刚刚生起，马上就破了；如影，灯光阳光下的影子，其实是物体的投射，影子的本身虚幻不真实；如露，如早晨的露水，很美，但又怎么样呢，太阳一出来就干了；如电，如空中的闪电，一眨眼就无影无踪了。

①梦、幻、泡、影、露、电。被称为“六喻”。

《法华经》

《法华经》全称《妙法莲华经》，是印度大乘佛教的一部重要经典。它在汉文佛典中有三个译本，以鸠摩罗什的译本最为流行，影响最大。

《法华经》共二十八品，八万余字，出现在印度佛教大小二乘激烈斗争的时期。它站在大乘佛教的立场上，通过许多生动活泼的譬喻故事，分析了大小二乘之间的区别，力图以大乘佛教的思想来融会小乘的学说，调和二乘之间的矛盾。经中认为，释迦牟尼虽然曾经对小乘宣说有“声闻乘”与“缘觉乘”二法，也对大乘宣说过“菩萨乘”法，但小乘法是释迦牟尼为了教化“钝根众生”而说的，大乘法则是为了教化大乘菩萨而说的，三乘都是针对一定的对象在一定的具体条件下而说的，所以都不是佛法的终极境界，都只是为了达到最终目的而设的方便教化。诸佛所说的三乘教法都只是引导众生的方便门，最圆满的佛法只是一乘的佛乘。三乘只是能向一乘的工具，犹如人以船筏过河，过河之后船筏就失去了作用。

《法华经》认为一切众生皆有佛性，均能成佛。这种主张脱胎于大乘佛教般若思想，又不局限于般若思想，而是从中进行阐发，从而发展出了佛性如来藏的思想学说，对中国佛教的发展起到了至关重要的作用，后来成立的天台宗就是以此经为根本写出的经典。

《法华经》同时也是一部优美的文学作品。与其他经典不同，它从不进行枯燥的理论说教，而是讲述了大量生动的譬喻故事，对经中所主张的思想进行说明。最为代表性的是“法华七喻”：

一、火宅喻。《法华经·譬喻品》说一位长者有一座大宅院，突然有一天后院起火。长者从外面赶回家，听说自己的几个儿子还在宅中嬉戏，惊慌失措，冲进火宅，告诉孩子要赶快逃离此地。但是孩子们沉迷于游戏，丝毫不理

《妙法莲华经·观世音菩萨普门品》
《妙法莲华经·观世音菩萨普门品》是《妙法莲华经》的一部分节录，主要宣说观世音菩萨的普门示现。

会即将到来的灭顶之灾。长者情急之下心生一计，他告诉孩子们："我有珍玩之具，妙宝好车，羊车鹿车，大牛之车，均在门外，你们出来可以随意游戏玩乐。"孩子们一听说外面有更好玩的，纷纷跑出了火宅，脱离了险境。

这个故事中的火宅譬喻众生所在的三界尘世，长者喻指佛陀，诸子喻指众生，三车喻指佛陀救济众生的方便教法。佛陀因缘教化，度化众生出离苦海，逃出三界火宅，获得清凉美好的新生。

二、衣珠喻。《法华经·授记品》说一个穷亲戚拜访富亲戚，二人饮酒至酩酊大醉。富亲戚需外出执行公务，看到穷亲戚沉醉不醒，无法当面告别，便把一颗无价宝珠缝进了穷亲戚的破袄中，以为资助。穷亲戚却对此事一概不知。后来偶然再次与富亲戚相遇，穷亲戚方才知晓自己破袄之中有一颗珍贵的宝珠。

这个譬喻是说佛性譬如人衣中之宝珠，众生虽有宝珠却不自知，于是穷走他方，四处乞食，一旦知道自己本来就有无价之宝，就会永远受用无穷了。

三、穷子喻。《法华经·信解品》说一位富人走失了一个儿子，连年寻找却找不见。一天一位穷子来到富人家乞讨，富人见到穷子，认出是自己的儿子，让人追赶。穷子看到这位陌生的长者威德庄严，又安排人追他这个乞讨之人，心生恐怖，不断逃跑。长者巧设方便，让人请穷子来家里打杂工作，让他逐渐适应环境，临终前告诉穷子他是自己的儿子，穷子最终继承了全部的家产。

这个譬喻中，长者喻佛陀，佛陀巧设方便，让众生渐次修行，最终洞彻自己的佛性。禅宗说："千般说，万般喻，均是教君回家去。"佛教数量众多的譬喻、寓言、故事、公案、机锋都是为了方便教化众生，都旨在教众生从颠沛流离、苦痛煎熬的境况中解脱，从贫困的生命转向富贵的生命，从迷失的游子归家稳做主人公。

四、药草喻。《法华经 · 药草品》中以雨水譬喻佛陀教法，说众生之机类如草木，佛教之雨滋润一切众生，令其背尘合觉，返璞归真。

五、化城喻。化城即一时化作之城郭，好比小乘之涅槃。《法华经 · 化城喻品》中说佛想使一切众生都到达大乘至极的佛果，然而路途遥远，众生体弱不支，难以到达，所以先化出一座城池让他们休息，待恢复体力后，再和他们说，这还不是真正的藏宝之所，大家还要继续前进，到达真正的藏宝之所。

化城比喻小乘的涅槃，得到这种涅槃只能说是一个阶段性的成果，必须继续修行才能到达真正的宝所，大乘的佛果才是佛教追求的最高的修行境界。

六、髻珠喻。《法华经 · 安乐行品》中说有立大功者，国王便解下其髻中之明珠给他。这是比喻佛看到很多人已经了脱分断生死了，便为欲要出离变易生死的众生，宣说此《法华经》。

七、医子喻。《法华经 · 如来寿量品》说，有一个良医，聪明智慧，善于配制药方，治疗众生之病。这个良医有很多子女。一次，他因为有事外出，孩子在家中以药物玩耍，不慎中毒。医生回来后，配制好药让孩子们服用。孩子们服用之后，病即痊愈。经文中比喻佛陀像一位医术高明的医生，善配各种药物。众生误服了贪婪、嗔恨、愚痴的毒药，导致身心迷乱。佛陀不舍弃每一位中毒的众生，用《法华经》这种最上乘的良药医治好了中毒的众生。

《法华经》在中国佛教史上受到了普遍的重视，曾被称之为“经中之王”。《法华经》宣称佛说此经时，有许多宝塔从地面涌出，十方诸佛汇集于此，以证明此经所说的道理真实不虚，并有六万恒河沙等数量的菩萨及其眷属，护持本经，流传四方。经中还宣称，无论何人，只要能护持、读诵、书写此经，便可获得无量功德，而如果有人诽谤此经，则会得到极大的恶报。因此，不少人就把念诵、抄写、奉持此经作为修持功德的重要手段，从而又出现了大量的“灵验记”“功德文”之类的宣传《法华经》的作品，这类作品对《法华经》的传播也起到了重要的作用。

此外，《法华经》第二十五品《观世音菩萨普门品》被单独抄写出来，独立流通，并另起名为《观音经》。《观音经》宣称，无论什么人，只要信奉观世音菩萨，念诵观世音菩萨的名号，便可以得到观世音菩萨的救助，免去一切苦难和灾祸。由于此经的出现，故使观世音菩萨的信仰在中国社会广泛流传。

“净土三经”

“净土三经”是中国佛教净土宗所依据的三部经典，即《无量寿经》《阿弥陀经》和《观无量寿经》的总称。

“净土”又名佛国、佛刹，意为诸佛所居的国土，是与现实世界的“秽土”相对而言的。净土宗认为，佛国净土“无有诸苦，但受诸乐”，众生只要一心念佛，死后就可以往生佛国。“净土三经”就是宣扬这种思想的经典。

在“净土三经”中，《无量寿经》是最早翻译成汉文的一部，现在最为流行的是三国时期康僧铠的译本。此经主要叙述佛在王舍城耆阇崛山，应阿难所请，讲述过去大自在王佛在世时的事情。那时有一国王，闻佛说法，出家为僧，法名法藏，在自在王佛前发无上菩提心，并发四十八种大愿，立志成佛，摄持净土，救护众生。法藏经过无数劫的时间，终于成佛，名为无量寿。在他的国土中，讲堂精舍、宫殿楼阁、树木水池，皆为七宝装饰，富丽庄严；国土中的众生智慧高明，容貌端严。诸事遂意，饮食衣服随意而至，只有诸乐，没有痛苦；国中菩萨，以观世音、大势至为上首，皆为一生补处菩萨，具三十二相，智慧圆满，神通无碍。佛以此教化众生皈依佛教，往生佛国，享受极乐。

《阿弥陀经》也是净土信仰的重要经典。现在通行版本为罗什译本。此经的内容是叙述佛在祇树给孤独园，向舍利弗等宣说阿弥陀佛及其西方极乐世界的诸种功德，所说之功德与《无量寿经》基本相当。同样宣称众生只要一心念佛，死后就可以往生西方净土，受诸快乐。据此经记载，释迦牟尼说此经时，六方诸佛各出广长舌相，以证明释迦所说真实不虚，并对念佛者加以护持等。

修行净土的法门，一般认为有称名念佛、观想念佛与实相念佛三种，此处主要来讲解一下前两种法门。《无量寿经》与《阿弥陀经》所宣扬的是称名念佛的法门，而《观无量寿经》所宣扬的则是观想念佛的法门。《观无量寿经》简称《观经》，此经发挥《无量寿经》的思想，叙述释迦牟尼应韦希提夫人之请，在频婆娑罗宫讲述往生西方极乐净土的修行方法，包括净业三福、十六观等。

“净业三福”是指世福、戒福与行福。世福是孝养父母，奉事师长；戒福是受持三皈五戒乃至具足戒；行福是发菩提心，修行佛道。此经认为，修行净业三福是往生净土的基本条件。

“十六观”是日想观、水想观、地想观、宝树观、宝池观、宝楼观、华座观、像观、真身观、观音观、势至观、普观、杂想观、上辈生想观、中辈生想观、下辈生想观。具体地说，就是在禅定境界中对西方极乐世界的各种事物、一切菩萨、一切往生者的形象进行观想，观想成熟，自然可以往生西方极乐世界。

此经自译出后，观想念佛的法门便日渐流行，乃至隋唐以来的佛教名家如地论宗的慧远、天台宗的智𫖮、三论宗的吉藏、净土宗的善导、法相宗的怀感、华严宗的澄观、律宗的元照等，都非常重视这部经典。《观无量寿经》在唐代以前的净土信仰中产生了重大的影响。但到后来，由于称名念佛的方法简单而普遍流行，《观无量寿经》所宣扬的观想念佛法日渐衰微。

“净土三经”是宣扬西方极乐世界以及往生方法的佛教经典，尽管它们之间侧重点各有不同，但思想的主体是一致的，都要给佛教信徒一种简单易行的方便法门。它们之间有一个共同特点，就是经文之中很少有烦琐的理论说教，而是给人们虚构了一个无比美妙的佛国世界，为人们提供了一种简单的修行方法。“净土三经”为中国佛教净土宗所崇尚，成为该宗重要的经典依据。

《华严经》

《华严经》全称《大方广佛华严经》，是大乘佛教的重要经典之一，也是中国佛教华严宗所依据的主要理论典籍。此经汉译本先后共有三种，一是东晋佛陀跋陀罗的译本，名为《大方广佛华严经》，六十卷，又称“旧译华严”“六十华严”。第二个译本为周时实叉难陀所译，亦名《大方广佛华严经》，八十卷，又称“新译华严”“八十华严”。与旧译相比，增加了“普光法堂”一会的内容。后法藏发现此译本仍有脱漏，遂与地诃婆罗加以补充，即为现今流行的《华严经》八十卷本。第三个译本是唐德宗时罽宾三藏般若翻译的，名为《大方广佛华严经人不思议解脱境界普贤行愿品》，四十卷，又称为“四十华严”，比另外两个译本增加了很多新的内容。

《华严经》的内容庞杂，认为整个世界就是法身佛毗卢舍那的显现，毗卢舍那佛并不是高于世界的、造物主一样的神性存在，而是整个世界本身。它描述了法身佛毗卢舍那所住的“华严藏庄严世界”。这个世界是法身佛在过去发愿修菩萨行时所成就的清净庄严世界。据新译《华严经》卷八《华藏世界品》的描述，这个世界底层有十重微尘数（即无数）风轮，十重微尘数风轮之上为香水海，香水海中有大莲华。其中之世界即为“莲华藏世界”。莲华藏世界周围有金刚轮山围绕，其内大地皆由金刚所成，坚固不坏，清净平坦，无有高下。又因为此大地中亦有不可说微尘数之香水海，一香水海的周围有四天下，及微尘数之香水河，诸河中间之地，悉以妙宝庄严，分布如天帝网。各界众宝庄严，佛则出现于其中，众生亦充满其间。由此可窥其构造之庄严及其广大无边。

《华严经》塑造了这个世界，表明了它的法界缘起、圆融无碍的世界观，深层含义上说明法界之诸法一即一切、一切即一、一多相即、相摄相入、无尽缘起的道理。《华严经》用“海印三昧”来描绘圆融无碍的最高境界即成佛的境界，认为在此境界中，世界上一切万物皆能显现出来，又能相互圆融，从而说明了佛与众生、净土与秽土、佛国世界与世俗世界并没有本质的区别，世上一切都是相互关联而又交融统一的。

《华严经》还提出了“三界唯心”的主张，认为世界上的一切现象无非是人的主观意识进行分别的结果，因此修行解的关键是要在心（阿赖耶识）上下功夫，只有依据十地修心，才能完成普贤行愿，证入佛地的清净法界。

《华严经》在大乘佛教发展史上占有重要的地位，它所提出的“十方成佛”及修行十地的理论对佛教思想的发展都产生了重要影响。

除了理论上的作用之外，《华严经》在修行实践方面也深刻影响了僧侣的日常生活方式。《华严经》指出世俗生活就是通向成佛之路的必然途径，修佛不需远赴山林，远离红尘。进而主张在修行中不能只学习佛学知识，更要广泛地学习世间生活的技能，甚至吸收外道的有益思想，才能达到修行成佛的目的。这一说法引起了中国僧侣的共鸣，形成了行脚参学，“遍游十方，求善知识”的风气。同时《华严经》中所提倡的“普贤十愿”，至今依然是寺院僧侣的必修课。经中所载“善财童子五十三参”的故事，也成为佛教艺术中常见的题材，出现了许多以之为主题的艺术作品。

《大方广佛华严经》
《大方广佛华严经》或称《杂华经》，华严宗即依据本经，立法界缘起、事事无碍等妙义为宗旨。

《六祖坛经》

佛经一般是佛祖弟子对佛祖言论的记录。但在中国有一个例外，那就是《六祖坛经》，简称《坛经》。《坛经》是禅宗的奠基之作，是禅宗最重要的经典，直接以禅宗六祖慧能大师的名义说出。《坛经》言："清净心即是佛心"，"随其心净，即佛土净"。可谓禅宗思想的核心，在禅宗里，佛、菩提、净土等，都成为一种心境，成佛之路只能向内心寻求。所以《坛经》注重在生活中的修行，"运水搬柴，无非妙道"，把生活与佛教完美地融为一体，极大地改变了中国佛教的发展方向，标志着佛教中国化的最后完成。

《坛经》在国内流行的主要有四种版本：（1）法海本。共1.2万字，是六祖弟子法海记录的原本。法海本是清末在敦煌发现的写本，唐末以来，在世上没有得到流传。（2）惠昕本。共1.4万字，是唐代惠昕和尚传下来的。惠昕本和法海本相较，内容、字句、数量上出现一些出入。（3）契嵩本。共2万字，是宋代杭州灵隐寺的名僧契嵩传出的一个本子。契嵩本的内容就更多一些，与法海本的出入也更大一些。（4）宗宝本。共2.4万字，是元代广州光孝寺的宗宝和尚传出的一个本子，内容最多，比法海本多了一倍。宗宝本由于文字优美，境界通达，比前面的几个本子都好，所以长期以来，几乎成为《坛经》唯一的流行本。

《坛经》最主要的贡献是提出了"直指人心，见性成佛"的思想，指深究、彻见心性本源，从而成就佛果。这种思想除去了各种外在的形式，把佛教的全部修行直接指向人的内心。

修心是禅宗中最根本的修行法。按照佛教的一般观点，众生要想成佛，必须经过艰苦而漫长的修行。很多人一提起佛教，就想到诵经、念佛、坐

《无量寿经》（插图）
全称《佛说大乘无量寿庄严清净平等觉经》，净土三经之一。经说无量寿佛的因地修行，果满成佛，国土庄严，摄受十方念佛众生往生彼国等事。

禅、斋戒等等，然而在禅宗中，这些形式都可以不要，唯一需要的是修心。禅宗认为，人生的最高境界和最大追求是开发自己的心灵世界以实现自我觉悟，从烦恼和痛苦中解脱出来。解脱的途径就是自识本心、自见本性。《坛经》正是让众生认识自己的清净心，认识了自己的本心就是觉悟，回归到自己的清净心就可成佛。

《坛经》记录了六祖慧能的行迹及语录。从思想内容上看，《坛经》涉及了禅宗的根本理论和实践修行。慧能要求习禅者在不刻意追求觉悟与解脱的自然状态下明心见性，顿入佛地。《坛经》中这种强调不依赖外在力量返求自身内在的修行方式和认识途径，简化了佛教徒获得觉悟，达致成佛的过程和阶段，成佛的依据是佛性，成佛的工具是般若智，成佛的结果是正觉菩提，是具有同一性的。《坛经》问世，是中国佛教史上的大事，标志着中国人的精神生活、传统思维方式在充分吸收来自异域的佛教的同时，仍然保留了独立的品格。中国的心性论即将从此流光溢彩。它预示着心学所特有的自我解放、自我实现精神的发展。《坛经》中倡导的“自行佛行”“自成佛道”的思想倾向直接反映于后来的陆王心学之中。

禅宗史籍

依据禅宗的说法，禅宗的法统可以上溯到西天的“二十八祖”，这一世系的出处记录在《付法藏因缘传》中。此书追溯禅宗在印度的历史，佛的大弟子迦叶尊者是初祖，而后是二祖阿难、三祖商那和修，一直到二十八祖菩提达摩(兼东土初祖)。到宋初《景德传灯录》撰成，西天二十八祖之说已经定型。

至于记载东土历代禅宗祖师的史书，可以参见《祖堂集》《景德传灯录》《五灯会元》等。

《祖堂集》成书年代最早，比《景德传灯录》早约半个世纪。其撰写人为五代时南唐泉州招庆寺禅僧静、筠二人，二人均为雪峰义存门下的三传弟子。此书成于南唐保大十年（952）。书分二十卷。《祖堂集》记叙了从大迦叶以下直到唐末、五代的共二百五十六位禅宗祖师，内容基本上为南宗法脉，即后世所谓五家，也言及牛头、神秀、菏泽的系统。本书还记叙了海东即朝鲜的宗师，为记述朝鲜禅宗史最古老的资料。依据日本学者柳田圣山的看法，《祖堂集》的开版情形不明确，但并不影响它是研究早期禅宗史的重要资料，其价值仅次于敦煌发现的禅宗史料。此书埋没多年，直到1812年日本学者在韩国庆尚道伽耶山海印寺发现雕版才又重新公布于世。

在《祖堂集》之前还有更早的《曹溪宝林传》，唐智炬撰于公元801年左右，其中收禅宗诸师付法因缘是最早的二十八祖说古文献。

《景德传灯录》是北宋禅僧道原所撰，共三十卷。道原为法眼宗清凉文益的法孙。“景德”为宋真宗年号；“灯”谓禅法，灯能破除黑暗，禅能破除愚痴；“传灯”即谓传法。该书记叙了从佛陀至文益的五十二代祖师共一千七百零一人的事迹，另外有附语录者九百五十一人。此书分记如下内

〔明〕丁云鹏《释迦讲经图》
图绘释迦牟尼在山崖之间面壁沉思悟道的情景。图中长松细腻，人物在山石的青绿之间显得格外突出。

容：过去七祖及西天二十七祖（卷一、卷二）；东土五祖，达摩为首（卷三）；四祖道信和五祖弘忍的旁出法系（卷四）；慧能法嗣（卷五）；青原行思的法嗣（卷十四至卷二十六）；其余各卷记外宗的著名禅师、语录等。

“灯录”是禅宗特有的记言体传记。19世纪《宝林传》《祖堂集》被重新发现前，《景德传灯录》是最完整的禅宗史书。在《景德传灯录》的影响下，宋代有多种灯录问世，如后来云门宗禅僧帷白的《建中靖国续灯录》、临济宗人李遵勖的《天圣广灯录》三十卷、临济禅僧悟明的《联灯会要》、云门禅僧正受的《嘉泰普灯录》，都是效法《景德传灯录》而编著的。灯录流风所及，儒家方面也有撰写类似体裁的作品，如朱熹的《伊洛渊源录》，黄宗羲的《宋元学案》《明儒学案》等。

以往讲禅宗史，多集中于唐以后的南宗史。而研究早期禅宗和禅宗北宗的资料可以参见唐净觉所撰的《楞伽师资记》、唐杜朏的《传法宝记》、唐保唐寺无住门人所撰的《历代法宝记》。这些都是敦煌遗书所提供的材料。《楞伽师资记》又名《楞伽师资血脉记》，为唐东都洛阳沙门净觉所撰。净觉，京兆人，唐中宗韦后的弟弟。其书所记主要是禅宗门下楞伽师的最后两代。《传法宝纪》主要记叙禅宗北宗神秀一脉的传法世系。另有唐无名氏的《历代法宝记》，建立与《景德传灯录》略有差异的“西天二十九祖说”。其他尚有宋代契嵩的《传法正宗记》九卷，又简称《正宗记》。该书为《传灯录》和《广灯录》之后，《续灯录》《联灯录》及《普灯录》之前的重要禅宗世系著作。此书上起释迦牟尼，下迄中土慧能及其所出青原、南岳等门人为止。

宋以后尤其明清时期，禅门中所撰的宗派史就更多了，其中有影响力的明代著作有玄极的《续传灯录》、文琇的《增集续传灯录》、瞿汝稷的《水月斋指月录》、通容的《五灯严统》、朱时恩的《居士分灯录》、如卺的《禅宗正脉》；清代著作有性统的《续灯正统》、超永的《五灯全书》、聂先《续指月录》、清荫的《宗统编年》等等。尤其值得一提的是瞿汝稷《水月斋指月录》，此书虽未以灯录题名，但究其实质仍为禅宗谱系的灯录体，主要叙述传法的各代祖师，上至西天七佛，下迄六祖慧能以下十六世，其间缀以禅师及相关的居士生平以及他们的机缘语句。

《五灯会元》

《五灯会元》是一部极重要的禅宗史书，共二十卷。宋代禅僧普济编撰。普济，明州奉化人。为南岳以下第十八世，临济宗杨岐派僧。《五灯会元》有两种刻本，一为南宋宝祐元年（1253）初刻，二为元至正二十四年（1364）的重刻本。初刻本书前有淳祐壬子（即淳祐十二年）冬普济书于直指堂的题词及宝祐改元（即宝祐元年）清明日通庵王槦的《序》，书末则有宝祐元年（1253）正月旦日沈净明所作的《跋》。《序》《跋》均言及此书为沈净明居士请杭州灵隐禅寺僧人所撰。稿成，沈净明出资付梓。重刻本的书前有博山无异僧大曦（即曹洞宗僧元来）的重刊序及元至正二十四年（1364）夏杭州天历万寿永祚禅寺僧廷俊的重刊序。

"五灯"指五部禅宗灯录：（1）北宋法眼宗道原的《景德传灯录》；（2）北宋临济宗李遵勖的《天圣广灯录》；（3）北宋云门宗惟白的《建中靖国续灯录》；（4）南宋临济宗悟明的《联灯会要》；（5）南宋云门宗正受的《嘉泰普灯录》。先后于北宋景德元年（1004）至南宋嘉泰二年（1202）的近二百年间分别成书。

"五灯"共一百五十卷。内容层见叠出，有诸多重复之处。《天圣广灯录》对《景德传灯录》的章次略做更易，人物、机缘语录稍做扩充。《联灯会要》是对《景德传灯录》《天圣广灯录》《建中靖国续灯录》三书的综括和补续。《嘉泰普灯录》增加了《天圣广灯录》和《建中靖国续灯录》所未录的王侯士庶尼师言谈。《五灯会元》则合"五灯"为一书，叙录简要，遂避免了重复的弊病。"五灯"虽然是以记叙禅宗世系源流作为宗旨，但单篇中的诸方广语、拈古、颂古、赞颂偈诗、铭记箴歌和其他杂著辑录甚多。在体例上，“五灯”各部除《嘉泰普灯录》有“叙佛祖”作为引子，从菩提达摩叙起以外，其余或从七佛或从释迦牟尼叙起，次及西天宗师、东土宗师，再次是惠能以下南岳怀让和青原行思两大系；或集一系中的不同宗派于一卷，或将两大系合于一卷。《五灯会元》在内容的编排上则按禅宗五家七宗的派别分卷叙述，使读者对七宗的源流本末了如指掌。

《五灯会元》是首次采用依五家七宗分编卷次的方法。此书所含，自七佛始，叙青原以下十六世，南岳以下十七世。第一卷列自毗婆尸佛至释迦文佛的七佛，而后有禅宗西天祖师，初祖摩诃迦叶至二十七祖般若多罗尊者，而后又有东土祖师，达摩为东土始祖，至慧能为六祖；第二卷说四祖大医禅师道信旁出法嗣第一世（牛头法融）至第八世（天台山云居智禅师、鸟窠道林），五祖大满禅师（弘忍）旁出法系第一世（北宗神秀等）至第四世（保唐无住），六祖大鉴禅师（慧能）旁出法系第一世（西域崛多三藏）至第五世（圭峰宗密）；第三、四卷叙六祖法嗣南岳怀让，怀让以下一世马祖道一至五世刺史陈操等；第五、六卷列六祖以下青原一系，自一世石头希迁到七世青峰清勉等，附宋世玉音即太宗、徽宗、孝宗等；第七、八卷列青原下二世天皇道悟至九世眉州黄龙等；第九卷列沩仰宗，南岳下三世沩山灵佑至八世三角志谦等；第十卷叙法眼宗，青原下八世清凉文益至十二世灵隐延珊等；第十一、十二卷列临济宗，南岳下四世临济义玄至十五世瑞岩如胜；第十三、十四卷列曹洞宗，青原下四世洞山良价至十五世雪窦志鉴等；第十五、六卷列云门宗，青原下六世云门文偃至十六世光孝深禅师；第十七、十八卷列临济宗黄龙派，南岳下十一世黄龙慧南至十七世大沩鉴禅师等；第十九、二十卷列临济宗杨岐派，南岳下十一世杨岐方会至十七世德山子涓等。

《五灯会元》不仅综缀了两宋时代重要的五部灯录，搜集的禅宗世系及人物详而有序，且多录禅机，大抵宋嘉泰四年之前禅门中的正说、反说、庄说、谐说、显说、密说、瞬目扬眉、竖拂拈槌、掀床作拜、打鼓吹毛等无不尽见书中，所以深受宋以来好佛喜禅人士的欢迎，成为流行的禅书之一。

《五灯会元》与“五灯”原书相比篇幅减少一半以上，虽无拈古、颂古等内容，但对宋末之前著名的禅师的“机缘”语录均加综缀，删削不多。禅家之瞬目扬眉，擎拳举指；或行棒行喝，竖拂拈槌；或拽石搬土，打鼓吹

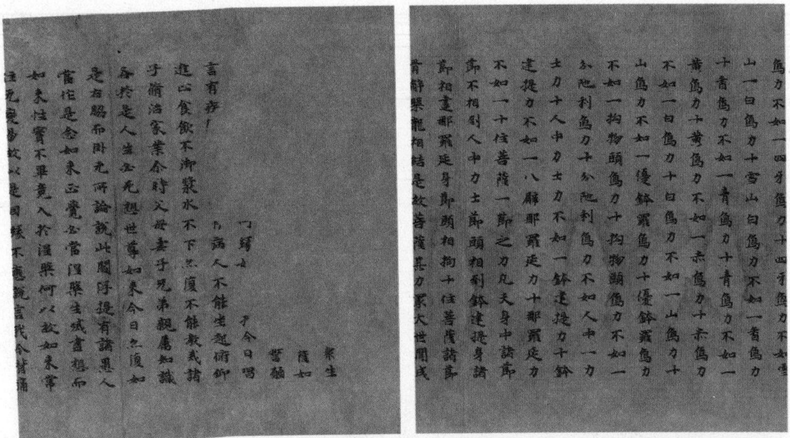

大般涅槃经

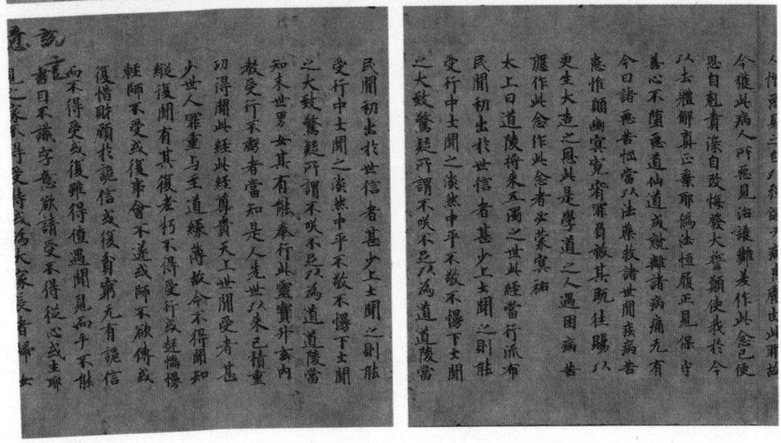

唐人写经　唐代佛教兴盛，建寺院、建佛塔、造佛像、抄写经等活动十分频繁。

毛；以及一问一答，一唱一提，等等机用，莫不备载。所以元明以来，好禅士流多藏其书，“五灯”单部遂少流通。

《五灯会元》虽以之前的五部灯录为依据，但在取材和编排上远胜于前五者，条理分明，繁简得当，是流传最广的禅宗史书，深受当时和后来士人的欢迎。明人甚至有将普济的《五灯会元》与司马迁的《史记》、班固的《汉书》相提并论。不过因为书的分量所限，《五灯会元》的材料远不及之前的“五灯”，“五灯”中许多人物和机缘问答都是《五灯会元》中没有的。《传灯录》《续灯录》《联灯录》《普灯录》中都在卷末收了大量拈古、颂古、偈赞、诗铭等等，这些也是《五灯会元》中所未录入的。

第九章

佛教仪轨

佛教在发展过程中，形成了许多约定俗成的行为规范，后成为佛门僧侣普遍遵守的制度。佛教的仪轨涉及方方面面，小到吃饭穿衣，大到受戒出家，都有相应的庄严而规范的仪轨。“仪”在佛教中有“威仪”之义，某种意义上，佛教规范的制定护持了僧团的威仪，进而护持了佛教的威仪。

佛堂的布置规则

殿堂是寺院主要房屋建筑的总称，一般来说，“殿”指用来供奉佛、菩萨及天王金刚等佛像，以供佛教徒礼拜祈祷之处；“堂”指说法行道及处理日常事务的地方。堂的用法比较宽泛，有时“殿”亦称“堂”。寺院房屋建筑中又有楼阁建筑，多用于收藏经典，称“藏经楼”或“藏经阁”。

中国寺院多建在山林流泉之地，城内寺院也往往修造园林山水。寺院追求天人合一的建筑风格，讲求人工雕琢与自然山水相互和谐融洽。其中的殿堂建筑，与中国传统的宫廷府宅布局结构相当，两晋南北朝时的不少寺院本身就是由贵族府第改造而成的，敕建的寺院也仿照宫廷殿宇设计，殿、堂的名称也由此而来。

那么殿与堂的布局结构是怎样的呢？

一般殿处在中轴线上，为主体建筑；堂则分布于殿的左右两侧。殿以佛殿（正殿、大殿）作为坐标，其余殿堂以此为中心环处前后左右。中国古代的大型寺院、殿堂按院落分布，主要殿堂自成院落；而一般寺院殿堂采用一进三院式结构，前后垂布，左右配列。也就是主要殿堂如佛殿、毗卢殿、法堂、天王殿及方丈室等，建于南北中轴线上，其余斋堂、禅堂、伽蓝殿、祖师堂、观音殿等，则作为配殿而建在正殿前后两侧。

寺内殿堂以佛殿为中心，佛殿亦称大雄宝殿，殿内所立佛像不尽统一。唐代或立三佛三菩萨，中为释迦牟尼佛，左为弥勒佛，右为阿弥陀佛，次左普贤，次右观音。宋代或立一佛二弟子二菩萨，即释迦牟尼、摩诃迦叶、阿难陀、文殊菩萨、普贤菩萨。此外更设梵王、金刚等像。这种组合的模式后来比较流行。宋代以来大佛殿三佛同供，或释迦牟尼居中，弥陀、弥勒在左

少林寺
少林寺是佛教禅宗祖庭，址在河南嵩山。

右，或以弥勒居中，释迦牟尼、弥陀在左右。或以释迦牟尼、药师、弥勒为三尊，释迦居中，药师、弥勒在左右。宋辽佛殿或有供五佛、七佛的，五佛供五方佛，七佛供过去七佛。元代佛殿多有前后二殿，前殿供三世佛，即燃灯佛、释迦牟尼佛、弥勒佛，后殿供五智如来。明代佛殿多供三世佛，其后一般丛林多供释迦牟尼、药师、弥陀三佛，或只供释迦牟尼一尊及其胁侍菩萨等。佛殿两侧，后世多供十八罗汉像。

佛殿正殿之外，亦在中心线上或在左右侧设殿专供某佛菩萨像，如毗卢殿、药师殿、弥勒殿、观音殿、普贤殿、文殊殿等。正殿之前通常建天王殿、金刚殿，天王殿正面主像为弥勒佛，其背面为韦陀菩萨，四大天王分立左右，其形象历代不统一。金刚殿寺院在山门内，塑金刚力士分立左右。又有伽蓝殿，位于佛殿东，供奉护伽蓝土地之神像，也有供奉最初施造祇园精舍的给孤独长者、祇陀太子及其父波斯匿王三像。藏经殿分上下二层设像，上供法、报、化三佛及万佛像，左右放置大藏经，后设观音大士；下供毗卢遮那佛，旁列十八应真罗汉、二十威德诸天。

堂宇主要为法堂或讲堂，一般在佛殿后面，为说法讲论及皈戒集会之处。堂内设法座，挂狮子吼图，以表演说佛法，左钟右鼓，上堂时鸣钟鼓。次为禅堂，或称僧堂、云水堂，是僧众昼夜修道之处，堂内设长连床，施椸架，中设圆龛，正中奉圣像。再有祖师堂，位于法堂或佛殿的西侧，供奉历代祖师像。其他堂有念佛堂、学戒堂、板堂、忏堂等。有关日常生活及事务的堂室有斋堂、客堂、寝堂、茶堂、延寿堂、浴室等。

袈裟的仪轨

"袈裟"是梵文Kasaya的音译，意译为"不正色、坏色、染色"等。袈裟的颜色以数种颜色配制而成，均非原色，故称不正色、坏色，以与红、黄等正色相区别。不正色有三种、五种不同的说法。三种不正色即青、泥、木兰三色。"青色"是铜青色；"泥色"即黑色；"木兰色"即赤中带黑色。中国佛教中，汉魏之时多穿赤色衣，后来又有缁衣、青衣、褐衣。唐宋时期朝廷赐紫衣、绯衣，又有锦襕袈裟。明代规定禅僧穿茶褐色衣和青玉色袈裟；讲僧穿玉色衣和绿绦浅红色袈裟；教僧穿皂衣和黑绦浅红色袈裟。后来一般皆穿黑衣。

袈裟一般有三种，称"三衣"，即大衣、上衣、内衣。大衣为正装衣，上街托钵或奉诏入王宫时所穿，由九至二十五条布片缝制而成，因此也称"九条衣"。上衣为礼拜、听讲、布萨时所穿，由七条布缝制而成，因此称"七条衣"。内衣，为日常工作或就寝时贴身所穿的衣服，由五条布缝制而成，因此称"五条衣"。三衣之外，比丘尼另有覆肩衣和下裙，合称"比丘尼五衣"，后来比丘亦服五衣。

三衣的制作有一定的规制，不按规制，则称"缦衣"。又因袈裟由碎布补缀而成，有时洗净他人丢弃的秽布缝制成衣，所以也称衲衣，亦称粪扫衣。

袈裟的制法，先将整块布裁割成片，而后缝缀成"田"字，形象地称之为水田衣。割裁的目的在于不能将布料再做他用，使僧人舍弃贪欲心，并除去盗取之念。

袈裟是僧人的标识，向来为教团所重视。清代顺治皇帝曾赞叹袈裟说："黄金白玉非为贵，唯有袈裟披最难！"可见，袈裟已经从表象升华为一种精神符号，成为佛教修行的象征。

〔清〕丁观鹏《莲座大士》

图绘一位身着白衣的观世音菩萨面朝右，呈四分之三侧面坐于莲花座上，身后有一火焰背光，火焰背光的周围有一圈百花圆光。

法器的仪轨

“法器”一语，有两种含义，一种用来指符合修行佛道的条件、能够胜任佛教事业的人，此“器”，即“器量”之义；更多是用来指修行或进行佛事活动的器具、器物，这种概念上的法器，亦称道具、佛具、佛器。广义的法器泛指一切生活用具用物和修道行法的器具用物。狭义的法器仅指用来修道和做佛事活动的器具器物，尤指修法用的器具。

法器的种类按用途来分，有装饰具、供养器、容器、乐器、食用器、敲击器、携行器、密教道具等。其中最常见的是敲击器、携行器、密教道具三类。

敲击器主要用来集众报时及诵经修法，这类法器有梵钟、金鼓、磬、铜锣、铙钹、铃、木鱼等。按《敕修百丈清规》规定，大钟“晓击则破长夜、警睡眠，暮击则觉昏衢、疏冥昧”。每种法器的使用方法有明确的规定。以击鼓为例，击鼓时动作要缓而稳，扬声欲长，平日击鼓三次，各三十六下，总一百〇八下，起止三下稍紧。过节看经，上殿下殿各十八下。僧堂集众、迎送官员住持尊宿依具体情况而定，住持赴众入堂时鸣七下，斋粥下堂放参、巡堂吃茶下床时各鸣三下，堂前念佛鸣一下，朝暮行香时鸣七下。

携行器如念珠、钵、锡杖、如意、麈尾、拂子等。其中念珠主要用来念诵礼佛时记数，以此来积聚福德，念珠材质有莲子、水晶、琥珀、菩提子等，或认为不同质料有不同功德；锡杖，杖头有金属数片，并有铁环相接，成二股六环或四股十二环，可发出声响，游行时警示虫兽；钵，是洗涤或盛放东西的器具，一般泛指僧人所用的食器，有瓦钵、铁钵、木钵等，一钵之量刚够一僧食用，僧人只被允许携带三衣一钵，此钵则为向人乞食之用。现今泰国等南传佛教僧人，仍于每日凌晨沿门托钵化缘。

密教的法器主要用于密法修行。除也用一般法器外，特有的法器如金刚杵、金刚铃、金刚宝轮、宝珠、龙剑、小锡杖等。其中金刚杵为密教中标明智德之法具，有坚固、摧破二德，表示以佛智坚固体摧破烦恼障碍。密教道具的用法，各派各部不尽一致，其所表示的意义亦有一定差异。

法器的种类繁多，而各种法器的用途、形制、大小也差异极大，因此在不同的时空因缘中也产生了许多的变化。即使是相同名称的法器，也因为时代、国家区域乃至宗教的不同，而在形式、材料及制作方法上有极大的差异。在宗教的工艺美术中，也往往都是以法器为代表。

墨玉描金经文佛像钵
整体纹饰采用刻画描金工艺制成。钵内为经文《般若波罗蜜多心经》，内外底为莲花纹，钵外腹部为描金七尊佛像及七佛偈语相间排列，并刻有"乾隆丙午秋御赏"描金款。

台北"故宫博物院"藏《吉祥喜金刚集轮甘露泉》
《吉祥喜金刚集轮甘露泉》是西藏萨迦派入门的基础修行法。

五戒、八戒、具足戒

五戒、八戒、具足戒是佛教针对在家、出家不同修行层次的弟子制定的基本日常行为规范。

五戒，是对在家信徒提出受持的五种规范，也称为“优婆塞五戒”“优婆塞戒”。

五戒的内容分别是：

(1)不杀生。狭义指不伤害人命，广义指不杀害包括禽、兽、虫、鱼等一切生命。无论是亲自杀生还是教唆指使他人杀生甚至心怀杀机、企盼他人死亡，都是犯下了杀戒。如在无意识情况下杀生，则可通过忏悔消除杀业。

(2)不偷盗。一切以勒索、诈骗、抢劫、偷窃，收贿等不良手段蓄意谋取他人财物的行为都会触犯偷盗戒。无论自己偷盗还是教唆他人偷盗，即使生起偷盗的念头都已触犯了偷盗戒。

(3)不邪淫。邪淫指不正当的性行为，思想上的淫欲和肉体上的性关系均触犯了邪淫戒。

(4)不妄语，即不说谎。广义上包括不妄语、不恶口、不两舌、不绮语四个方面的内容。说谎、骂人、挑拨离间、搬弄是非、以语言献媚讨好、说不应该说的话、嬉戏调侃，都会触犯不妄语戒。

(5)不饮酒。凡能使人神志不清，导致人们造成过失的酒类及其他类似的饮料都不得饮用。

五戒、十善是佛教最基本的戒律和修行内容。十善是在五戒的基础上建立的，将身、口、意三业分为十种。身业有三种：不杀、不盗、不邪淫；口业有四种：不妄语，不两舌（搬弄是非）、不恶口伤人、不说绮语；意业有三种：不贪、不嗔、不愚痴。这是十善，反过来就叫十恶。佛教戒律和修行的内容很广，五戒十善是最基本的要求。如果不先把五戒十善修好，根本没有佛教徒的气质。如不持戒而修禅定，也会落入魔境。

八戒，亦称八关斋、八关斋戒、八斋戒。八斋戒是在以上五戒之外又增三戒，共为八戒。即不睡卧使用高大华丽的床铺及座位；不装饰打扮，不涂脂抹粉，不唱歌跳舞，也不去观看歌舞或听闻歌舞；过了中午不再饮食。受持斋戒的期限，一般为一日一夜，多则一周、数周不等。前七项为七戒，第八为斋戒，所谓斋，一指过中午不食，二指素食。所以合称为“八斋戒”。

具足戒，意即具备充足之戒。此戒为出家之比丘、比丘尼受持的戒规，戒品具足，不似沙弥所受十戒等不具足，所以也叫作大戒。受具足戒之后，就可以取得僧尼的正式资格，成为僧伽组织的正式成员。具足戒比丘要受持二百五十条戒，而比丘尼要受持三百四十八条戒。比丘戒的要求很严格，不允许破戒，否则重的逐出教门，轻的予以惩罚，除非遇到特殊情况，如生病等，否则不允许破例开戒。

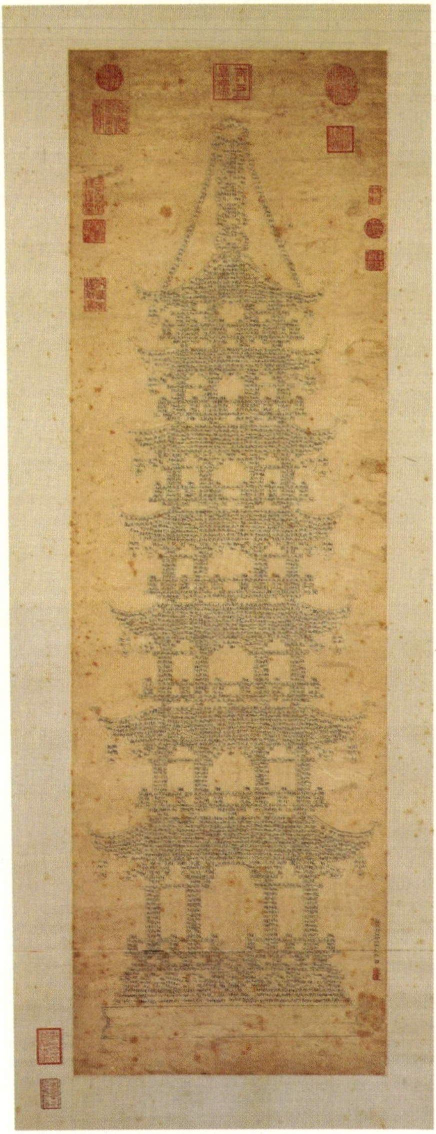

〔明〕王淑民　书金刚经塔
塔状的心经分为塔座、塔身和塔顶三部分，塔身又分为五层，塔顶为经文题名，塔门有护法神韦陀菩萨像，解读宝塔心经的方法是从韦陀菩萨左足下角的“观”字开始，沿虚线依次读之。

佛教徒的传戒仪式

佛教信徒出家为僧尼，在隆重的仪式下接受戒律，接受佛教的戒条，才能成为真正的比丘。受戒是为了更好地修行。戒律分为小乘戒、大乘戒、居士戒、比丘戒、比丘尼戒等。信奉大乘的汉地佛教僧尼还须受菩萨戒。凡受戒者不许破戒，但允许声明舍戒还俗。破戒者要受到惩罚。如果遇特殊情况，也可以暂时破例开戒。

传戒仪式在印度比较完整，中国佛教直到南北朝时传戒仪式才逐渐完善，隋唐间广立戒坛，到了宋代基本形成三坛传戒体制，明清时盛传不衰，一直到近代。三坛传戒规制不尽一致，其中明末高僧读体见月法师参照古规撰辑的《传戒正范》，成为近代传戒典则。

按照《传戒正范》，有三坛传戒，即初坛传沙弥戒，二坛传比丘戒，三坛传菩萨戒，戒期三坛连传，依次而行。三坛正式传戒之前，预先行请戒忏悔仪式。

初坛请戒忏悔仪式分六项：(1)净堂集众：求戒者预请和尚允示日期，引礼集众于净堂。(2)通启二师：分别迎请戒师和教授师（教授威仪和作法）至法堂，提出申请，得到允许。(3)请戒开导：迎请和尚至法堂开示。(4)验衣钵：和尚命教授查验新戒三衣一钵。(5)露罪忏悔：由阿阇梨（矫正弟子们行为的比丘）根据戒律，审问是否犯有五逆、七逆、十罪、四根本等，并令忏悔。(6)呈罪称堂：向各堂、戒师、和尚呈报罪册，乞求救拔，和尚与诸大德共议可否准予受戒。

二坛请戒忏悔仪式分五项：(1)习仪：由教授师引导，先编次演习仪礼三日。(2)请戒开导：请和尚开导并请求受戒。(3)请戒师：教授师开示。(4)教

衣、钵：教授衣钵名相仪则。(5)审戒忏悔：审问十三重难及十六轻遮等，并令忏悔。

三坛请戒忏悔仪式分四项：（1）通启二师。(2)请戒开示。(3)审戒遮：根据受戒者以前受戒情况，审问相应戒障并令忏悔。(4)开示苦行：由和尚开示大乘所行种种苦行。

课诵仪式

“课诵”是指现今寺院中每日定时进行的念诵经咒及礼拜、忏悔、施食等法事活动。课诵，亦称“课读”，主要指定时念诵经咒，佛教认为念诵经咒可获得种种功德。念诵经咒有多种方法，亲口念诵、有声念诵。有声念诵分数种，课诵时的念诵是一般的放声念诵，亦作高声念诵。但课诵与一般的经咒念诵不同，它在念诵时还伴有其他的仪式活动，而且念诵的过程有一定的规式，并形成一种制度，故说课诵，是对一种日常法事制度的称谓，并非仅指上课念诵。

日常课诵为二课五堂，二课即是早晚二次上课，称“二时”或“两遍殿”，即早殿和晚殿。五堂，即上五堂课。

早殿上两堂课，晚殿上三堂课。早殿亦称早课，五更（3：00—5：00）开始，僧众听到钟声即起床，盥洗完毕后大殿齐集上课。第一堂课先诵阿难赞佛发愿偈十八句，然后诵《楞严咒》；第二堂课依次念诵《大悲咒》《十小咒》和《心经》。有的寺院仅诵《心经》。诵毕《心经》，唱颂大般若名称“摩诃般若波罗蜜多”三遍。然后接唱十二句回向偈，将修行功德回向十界，祝愿国泰民安。再连唱八句赞佛偈，颂扬阿弥陀佛因地发愿，果圆度生。其中十二句回向偈为宋代僧人真歇请了所作。最后念诵佛号绕行，归位后三称菩萨，早课完毕。

晚殿亦称“晚课”，第一堂功课诵《阿弥陀经》，祈愿往生净土。诵毕此经，又附诵《往生咒》三遍。第二堂课做礼忏，先礼拜八十八佛，其中五十三佛为娑婆世界的过去佛，三十五佛为现在十方世界佛。八十八佛之外，又有法界藏身阿弥陀佛和普贤十大愿偈，表愿断一百〇八烦恼。再诵《大忏悔文》，全文分四部分，第一，“大慈大悲愍众生”四句偈为礼赞诸佛；第二，从“南无皈依”至“阿弥陀佛”为皈依三宝；第三，自“如是等”至“我今皈命礼”为忏罪陈善；第四，由“所有十方世界中”至末了为发愿回向。

第三堂课放蒙山施食。蒙山施食法相传为宋代甘露法师在四川雅安县境内之蒙山修行时撰集而成。施食是从午间斋食中取出少许饭粒，至晚间按施食仪轨举行施食饿鬼活动。晚殿的三堂课，在一般寺院中单日念《阿弥陀经》和念阿弥陀佛名号，双日礼拜八十八佛，念《大忏悔文》，而蒙山施食则每天举行。

以上早晚课诵是正课，正课之外还有附课，就是在早课晚课之后举行回向和“三皈依”仪式，称普皆回向。早课正文之后引磬跪唱回向发愿文，即唱《普贤菩萨十大愿文》，共十句，有的寺院另唱《怡山发愿文》或《华严文》，之后接唱“四生九有”的发愿文，之后诵唱“三皈依”，至此早课才算完毕。晚课正课之后，引磬跪唱十方三世佛及《大慈菩萨发愿偈》或守遵式法师之《小净土文》，接着唱《警策大众偈》和《普贤警众偈》，以警策行人精进努力，不可稍有懈怠。再后唱三皈依，晚课告毕。

平常课诵如上，但逢朔望日还有其他两项课诵活动，就是“早祝韦陀天”和“晚祝伽蓝神”。“祝韦陀”是在早课三皈依后，念三次“南无护法韦陀尊天菩萨”，三诵《天女咒》，唱《韦陀赞》。“祝伽蓝”是晚课三皈依后，诵唱关羽等护僧伽蓝神的礼拜赞文。除朔望日增加课诵内容外，逢一年四节（结夏、解制、冬至、年朝）也要增加课诵内容，早课唱《宝鼎》《圣无量寿光明王咒》，背《大祈祷文》，称念护国仁王菩萨。第一堂早课后僧众出殿，依次至四韦陀天、伽蓝、祖师、监斋前，唱礼拜文及祈祷文。另外，逢佛、菩萨、祖师诞辰、忌日和成道日时，亦相应增加有关课诵内容。

现行的课诵仪式主要是明末以来逐渐统一形成定规的。一开始主要是禅宗寺院的规式，后来普遍流行起来。《大宋僧史略》记载说百丈怀海禅师“有朝参暮请之礼，随石磬木鱼为节度”。元代《敕修百丈清规》规定大早晚行香、大众看诵经咒时均需鸣磬。明代通容《丛林两序须知》、莲池《云栖共住规约》规定有早晚课诵的内容。清代仪润的《百丈清规证义记》卷八则有早晚课诵的具体内容。《二课合解》的作者观月兴慈解释为何立早暮课诵的规定时说：“朝暮不轨，犹良马无缰。”课诵的具体内容不少是宋人撰集的，说明某些寺院及地区实行早晚课，但直到明清之际才渐趋定型，奉行的范围遍及各宗各派大小寺院和居家信徒，成为所有丛林必修的定课。

水陆法会

水陆法会全称“法界圣凡水陆普度大斋胜会”。这是为超度亡灵、拔救幽冥、普济水陆一切鬼神而举行的一种大型佛事活动，其内容主要为设斋诵经、礼忏施食，是汉传佛教的一种修持法，也是汉传佛教中最隆重的法会。

水陆法会的创设传说是源于梁武帝。梁武帝崇尚佛理，精持斋戒，广施供养。有一天夜里梦到一神僧对他说：“六道四生，受苦无量，世有水陆广大冥斋，普济众生，利乐幽显，诸功德中最为殊胜，宜以饈设。”意谓让梁武帝设置水陆法会给十方众生施食，这种善举可获得无量的功德。梦醒之后，梁武帝询问大臣及诸僧人其中因缘。宝志和尚说：“但乞陛下广寻经教，必有因缘。”于是披览三藏典籍，广搜经论，用了三年时间创制仪文，并于梁天监四年（505）二月十五日在润州（今镇江）泽心寺（后称金山寺）创设首次水陆大斋。梁武帝亲临道场，命僧祐律师宣文，以此饶益幽冥，普资群生。后此篇仪文埋没不传，直到唐咸享年间（670—673）有西京法海寺道英禅师得异人指点，从大觉寺吴僧义济法师处得到梁武帝所集的法会仪文。宋代水陆法会尤其流行，几乎遍及全国，特别成为战争以后朝野举行的一种超度仪式。宋代大文豪苏东坡曾为亡妻设立水陆道场，并撰写《水陆法像赞》十六篇，称为“眉山水陆”。

佛教现行的水陆法会需动员大量的人力物力，历时七昼夜才能功德圆满。七昼夜中，讽诵经典作法超度。法会分设内坛与外坛。法事以内坛为主，内外坛法事一般为七日。正中悬挂毗卢舍那佛、释迦牟尼佛、阿弥陀佛三像，下置供桌，陈设香花灯烛供养。其前置长方台呈四方形，台上分置铜盘、斗鼓、铙钹、手铃等，为法主、正表、副表、斋主四人所用。四周围以布幕，将坛分成三间。两侧分挂上堂、下堂各十位水陆神像，其下插牌记其名称。外坛有六个坛场，大坛二十四人，专礼《梁皇宝忏》；诸经坛七人，诵诸经；法华坛七人；净土坛七人，华严坛二人；瑜伽坛（施食坛）临时调用；又监坛一人；共四十八人。

水陆法会是一堂整体的佛事，每一坛同等重要。每日分三时，至总回向坛宣读文疏，昭告十方法界，将每日所诵经典功德回向。因此，水陆是内坛外坛紧密结合的，大众随发心共同成就此一法会，就是最大功德。

〔元〕马君祥《朝元图》（局部）
图绘诸神朝拜元始天尊的故事。

放“焰口”

“焰口”为“焰口施食”或“瑜伽焰口施食”的略称。原是由密教施诸饿鬼饮食法演变而来的一种佛事仪式。“焰口”，本为一饿鬼名，原出不空所译《佛说救拔焰口饿鬼陀罗尼经》。后来以此来指称施食饿鬼之法。据《佛说救拔焰口饿鬼陀罗尼经》说，当年阿难独居闲静处修习禅定时，半夜三更见到一饿鬼，形貌丑陋，身体枯瘦，腹大如山，喉细如针，口中火燃，头发蓬乱，爪牙长利，十分恐怖。饿鬼告诉阿难自己名叫焰口（又称“面燃”）。阿难问他是由什么原因变成饿鬼的。饿鬼回答说，他现在这个样子是因为生前吝啬，贪婪并且不知足，所以死后堕入饿鬼道中，变成这种身形，遭受种种痛苦折磨。饿鬼说阿难将在三天之后死亡，也会生到饿鬼道当中和他遭受同样的痛苦。阿难惶恐万分，急忙问有何办法可免此难。饿鬼说：“若能布施一切饿鬼并无数婆罗门仙，各施饮食，并为我供养三宝，便可增寿长住，亦能使我离开饿鬼之苦，得生天上。”阿难听到此言，连忙问佛陀如何能办得这样多的饮食而普施饿鬼。

佛陀于是为他说《佛说救拔焰口饿鬼陀罗尼经》，嘱咐阿难按此经中所说施食之法去做，便能施饱食于饿鬼和诸天仙等，不但不会堕落到饿鬼道，而且能够延年益寿，诸鬼神也会常来护持，遇事吉祥。从此之后，施饿鬼食便成为修持密教的人必行的仪式和寺院中度化亡灵的一种最常见的佛事活动。

密教施食法，唐代传入中国。初有实叉难陀译《救面然饿鬼陀罗尼神咒经》。开元年间善无畏传扬密教，其中多施食内容。后来不空译《佛说救拔焰口饿鬼陀罗尼经》及《诃利帝母经》，将焰口施食法、鬼子母施食法及诸天供养施食法并行于密宗中。中晚唐时密宗典籍中就有焰口、鬼子母施食

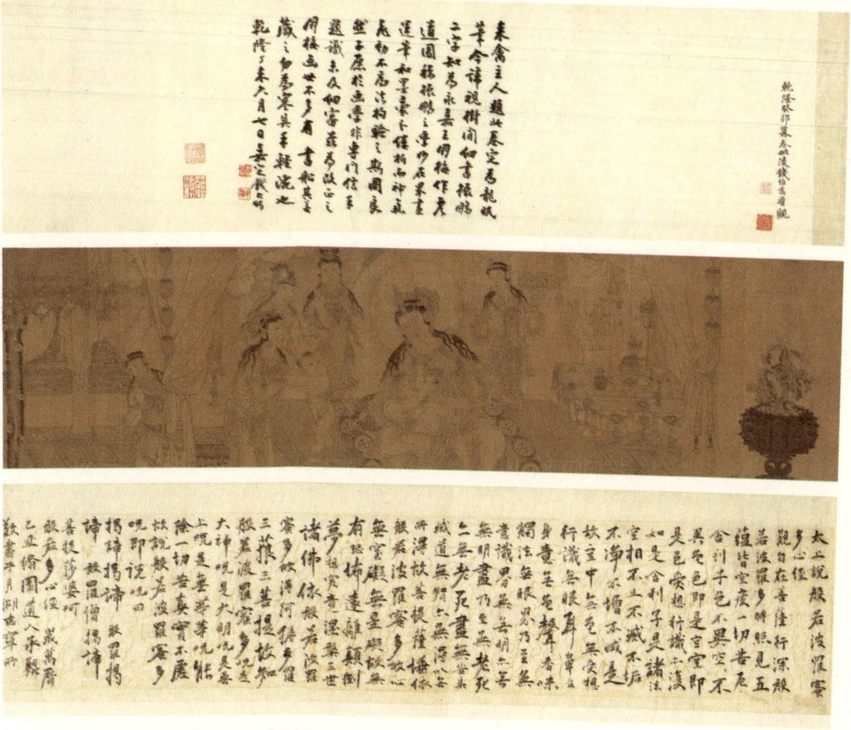

〔元〕王振鹏 《姨母育佛图卷》（局部）
图绘年幼的佛陀，即释达多王子，在其母摩耶皇后亡故之后由皇后之妹，即佛祖的姨母摩诃波闻波提养育照顾的场景。

法仪轨多本，又有施水法及甘露陀罗尼多本，冥道无遮斋法及其斋文等，日本求法诸僧多有携回本国者，遂流传于日本。而唐代密宗后来传人绝嗣，密法零落。至宋代只知有密教施食一法，却不得其仪轨传授，诸寺院中随意而行。于是诸学者大德搜罗密典，集诸真言，据经中所说施食之法，结合历来斋仪忏法的规式，创设施食仪则，成为宋代以来的焰口施食诸法。

那么如今寺院如何放焰口呢？首先念诵“无量威得自在光明殊胜妙力陀罗尼”七遍，每天清晨用干净容器盛净水，置少许饭食，以右手按在容器上，诵多宝、妙色身、广博身、离怖畏四如来名号，然后将食物倒在净地上，布施一切饿鬼。若施婆罗门仙，即诵此陀罗尼二十七遍，投于净流水中。如诵陀罗尼二十一遍，奉献三宝，即成上味供养。行施食之法，不但能增长寿命、救拔一切饿鬼，而且能聚无量福德，不受鬼神侵害，得诸天神拥护，成就一切事业。

四月初八佛诞节

每年农历的四月初八为佛诞节，亦称佛诞会、佛生会，是纪念佛陀诞辰而举行的佛事法会。因法会中以浴佛为主要内容，故佛诞节又称“浴佛节”“浴佛会”。浴佛，也叫灌佛，是用净水洗浴佛像的一种仪式。

相传佛祖释迦牟尼降生时，他在前、后、左、右各走七步，一手指天、一手指地说：“天上地下，唯我独尊”。大地为他的出生而感动，九龙吐水为其沐浴。所以每到四月初八其诞生日，各佛寺的僧侣都要以净水对释迦牟尼佛像匀水淋佛。浴佛除纪念佛祖的诞辰外，也有洗涤人心的污秽黑暗、洁净众生的心灵之意。这一天佛寺还会准备些素菜素饭，招待前来祭拜的信徒们，也就是“斋会”。

关于佛陀诞生、成道、圆寂的年份，1950年，斯里兰卡首都科伦坡举办首届“世界佛教徒友谊会”，会中议决：佛陀诞生于西元前623年，成道于西元前588年，去世于西元前543年。三年后的1954年，该年会再次决议佛教国家以“佛历”纪元，并以释迦牟尼涅槃日推算。

至于佛诞日的日期也有各种不同的说法。中国佛教沿用农历四月初八为佛诞日。

佛诞节还有煎香汤、煮黑饭的习俗，《敕修百丈清规》规定，禅林在佛诞节浴佛之外，还须煎香汤、造黑饭供大众食用。明清时僧众在道旁煮豆供行人食用，而朝廷则赐百官于午门外食“不落夹”，即以苇叶包糯米或桐叶摊卷白面蒸煮而成的食品。

随着历史的发展，佛诞节在中国完全成为民族节日，远远超出寺院做法事的范围。这一天，张灯结彩，散花焚香，音乐弥空，百戏竞技，人潮涌动，大街小巷充满了节日气氛。《洛阳伽蓝记》记载，每至四月八日，京师诸寺像车一千余从景明寺出街游行，“金花映日，盖浮云，幡幢若林，香烟似雾。梵乐法音，聒动天地”。行像之时，往往人群涌动，摩肩接踵。“观者如堵，迭相践跃，常有死人”。皇帝还特派御林军护卫。《元史》记载，游皇城时，参加仪仗者竟达三千余人。日本佛诞节时正值樱花盛开，以鲜花供佛，寺院内外，街市村野，花海一片，故有“花节”之称。

〔清〕丁观鹏《法界源流图卷》（局部）
图绘诸佛菩萨、天龙八部、法会、禅宗六祖和十八罗汉等形象。

“腊八”佛成道日

佛成道日是指释迦牟尼在菩提树下开悟成佛的日子。据佛本生传记的记载，释迦牟尼出家后，最初依阿罗兰仙人学梵行，在王舍城外修习禅定，得其师所证之“无所有处定”。随后另访有七百徒众的郁头兰仙，继续修定，得入更高一层的禅定境界“非想非非想处定”，但仍未得到解脱之道。于是放弃学禅定，而到森林之中修习苦行，历时六年，日食一麻一米，乃至七日食一麻一米，身形消瘦，有若枯木。但仍未找到解脱之道，便放弃苦行，决心独辟蹊径，自创道路。

释迦牟尼来到尼连禅河畔，洗净污垢，上岸时因体力耗尽，得天神放枝攀缘才得以上岸。上岸后得到一位牧羊女供养的乳糜，恢复体力后，来到岸边一棵毕钵罗①下，敷吉祥草而坐，立誓“今若不证无上菩提道，宁可碎此身而终不起于座！”

这次释迦吸取了以前的经验教训，禅定与观想同时进行，在禅定境界中思索推析，以“缘起”法则，探究人生苦恼的因果关系。经过七天七夜，终于证悟十二因缘，而洞彻生死轮回的根源是无明愚痴。释迦最后又以智慧反观无明，即以无明处生明、生智、生觉，入定第七天，天色破晓时分，释迦牟尼豁然大悟，解脱一切束缚，证得无上正等正觉，获得了人生宇宙的真实彻底觉悟，成为佛陀——伟大的觉悟者。后世把释迦牟尼成佛的这一天，称为“成道日”，为了纪念这一天而举行庆祝活动，就称为“成道节”“成道会”。

关于佛陀在哪一天成道有不同的说法，有说二月初八的，有说二月十五

①毕钵罗：即菩提树。

的，有说三月初八的，有说三月十五的，有说十二月初八的，这些差别主要来自不同的传说或记载和不同地区间历法换算的不同。在印度一般把佛成道的日期放在三月八日。中国传统的佛成道节是在十二月八日，也就是腊月八日，称“腊八节”。

在佛成道日要举行盛大的庆祝活动。宋代有的地方以腊月八日为佛诞节来纪念，如《大宋僧史略》记载：“今东京以腊月八日浴佛，言佛生日也。”有的地方则作为佛成日庆祝，如丹霞子淳禅师腊八上堂有“屈指欣逢腊月八，释迦成道是斯辰。二千年后追先师，重把香汤浴佛身”的话（《丹霞子淳禅师语录》）。宋代北方多以腊月八日为浴佛节，南方则以四月八日为浴佛节。元代《幻住庵清规》及《敕修百丈清规》制定以四月八日为佛诞辰日，其后南北统一以四月八日为浴佛节，这样腊月八日便成为特定的佛成道节。元代佛诞节与佛成道节分开后，浴佛成为佛诞节的内容，煮腊八粥而食则成为佛成道节的内容，民间更是如此。明清时期，朝廷还向百官赐腊八粥，民间亦做腊八粥，以米果杂成，多者为胜。腊八节食腊八粥，民间至今仍有此俗。

佛成道节为什么要食用腊八粥？释迦牟尼成道之前曾受牧羊女供养的乳糜，后世便以在佛成道日煮腊八粥来纪念牧羊女以乳糜支持释迦成佛的功德。

盂兰盆会

盂兰盆会亦称“盂兰盆斋”，是每年农历七月十五日举行的以供养三宝、超荐七世现世父母及历代祖先、施食鬼神为内容的佛教节日。

“盂兰盆”，为梵文ullambana的音译，意译为“倒悬”，比喻亡者之苦有如倒悬，痛苦至极。盂兰盆一语最早见于印度史诗《摩诃婆罗多》第十六章，是说男儿必须拯救堕于地狱的父亲。因为古代印度人认为无子嗣享祭者死后必堕入恶处，受倒悬之苦，所以婆罗门教徒到二十岁修业圆满后要归家娶妻生子，以祭祀先祖之灵。

佛教之中有盂兰盆会，源于《盂兰盆经》所说“目连救母”的故事。佛弟子目连以神通力看见亡母堕于饿鬼道中，不得饮食，皮骨相连。目连悲哀，即钵中盛饭往饷其母，但母得钵饭，未及入口，饭化为火炭，不得饮食。目连悲号泣涕，向佛请教解救之法。佛告诉他说于农历七月十五日供养十方大德众僧，可以解救身处厄难中的七世父母及现世父母。父母现在者，福乐百年。若已亡七世父母则可生天，受无量快乐。目连按此法使母亲从饿鬼道中解脱。

因为“目连救母”的故事，佛教中便有了七月十五日的盂兰盆会。《法苑珠林》卷六十二引《净土盂兰盆经》说，十六国王及诸居士、夫人闻佛说“目连救母”的故事，各造种种宝盆盛以饮食，献佛及僧。中国最早行盂兰盆会的相传是梁武帝。《佛祖统纪》卷三十七说，梁大同四年(538)梁武帝幸同泰寺，设盂兰盆斋，使得“目连救母”的故事广为流传，妇孺皆知，而盂兰盆会也因此盛行起来，无论宫廷还是民间，盂兰盆会蔚然成风。

《佛祖统纪》卷四十一、五十一等记载，唐代宗于大历元年（766）在宫中内道场举行盂兰盆会，设高祖以下七圣位。建巨幡，各以帝名缀幡上，自太庙迎入内道场，铙吹歌舞，旌幢触天。此日，百官于光顺门外迎拜导从，自此以后，每年如此。宋代盂兰盆会仍然盛行，但供养佛僧的内容逐渐减退，而超度亡灵的色彩有所增加。宋代民间在此日祭祖，画“目连救母”像，做纸船、冥钱、竹盆等奉祠，而寺院也于此日为施主建荐亡祭祖的盂兰盆会。宋代以后，盂兰盆会的内容逐渐以超度祖先亡灵、施食鬼神为主了。

华夏文化与民间信仰有强大的同化作用，不论是本土的道教还是传自印度的佛教，都在不知不觉中完成了适应本土文化的过程。佛教盂兰盆会、道教中元节与华夏民间文化礼俗相一致，在精神实质上表现出了惊人的相通之处，皆是以奉亲、敬养、普度为主题，使它们迅即得到广泛的认同。佛教与道教在七月十五的仪式逐渐世俗化，与民间的鬼月俗信和风物渐渐难分难解。从此，中元节成为一个内涵丰富的祭亡、祀鬼、解难、赦罪的盛大的华夏民俗节日。

《鬼子母骄子经变图》
图绘鬼子母食王舍城人之子，佛为度化之，藏其爱子，使能感同身受失去孩子心碎肠断的痛苦，经佛这般方便善巧的软化后，鬼子母不仅归佛受五戒，而且还立誓满足无子来求子者之愿求。

第十章

佛教与文化艺术

佛教的意义早已超越了宗教，深刻影响了哲学、文学、建筑学、音乐、书画等艺术领域。佛教从印度传入中国后，与儒家、道家三教共同构成了中华民族的思想源泉。独树一帜的佛教元素已成为我国文化不可或缺的重要元素。这是一个国家的财富，更是世界的宝藏。

云冈石窟

在山西大同市城西十六公里处的武周山北崖，由东向西排列着五十三个洞窟，绵延一公里长。这些洞窟依山而凿，占据了大山的半壁。整个窟群内共有大小造像五万一千余尊，大小佛龛一千一百多个。这巨大的石窟群就是闻名世界的佛教艺术宝库——云冈石窟。它开凿于北魏文成帝和平元年（460），是中国第一处由皇室主持开凿的大型国家级石窟。

云冈石窟的创建与北魏佛教的兴盛有着直接的关系。北魏王朝初期非常信奉佛教，一度把佛教尊为“国教”。到了公元446年，太武帝拓跋焘听信司徒崔浩的建议，下令拆毁佛寺佛塔，焚灭佛经佛法，强迫僧人还俗，这就是我国佛教史上有名的“太武灭佛”法难。没过多久，太武帝得了重病，他怀疑这是他的报应，因此十分后悔灭佛之举。他死后，拓跋濬继位，史称文成帝。文成帝恢复了佛法，即位翌年召凉州名僧昙曜至京师。和平元年(460)，由昙曜主持于京城西郊武州塞开凿五所石窟。昙曜深知佛教若得不到当时统治者的支持很难兴盛起来，所以在塑造主像时，打破常规，按照北魏太祖以下五位皇帝的形象雕刻了这五尊巨像，这些巨像雕饰奇伟，冠于一世。昙曜还在云冈石窟主持翻译《付法藏因缘传》等佛教经典。云冈石窟开凿伊始，就成为祈求佛法昌盛、维护皇室权威的得力工具。

云冈石窟分作东、中、西三区，整个石窟群雕像石刻基本上都是北魏时代的作品，而且主要是北魏中期即5世纪下半叶的伟大创造。因此，无论从造像之雄伟或时代之单纯划一都是我国石窟艺术中所罕见的。根据艺术家和考古学家的研究，云冈石窟的发展史可以分为北魏三期和唐代以后一期。

北魏第一期石窟即位于窟群中部的昙曜五窟。窟为马蹄形平面，穹隆顶，仿印度草庐式。主像以三世佛为主，还有释迦牟尼和弥勒佛，外壁雕千佛。主佛形体高大，占据窟中主要位置。佛面相方圆，两肩齐挺，深目高鼻。上身内着覆肩衣，外着袒右肩或通肩大衣。菩萨头戴高宝冠，胸佩项圈，短璎珞，戴臂钏，下着羊肠大裙。飞天着装和菩萨相同，大裙下露足。衣纹厚重凸起，线条简洁。从造像特点上看，昙曜五窟还保留着较浓厚的外来影响，反映出犍陀罗、笈多佛教艺术和中国龟兹、凉州石窟样式的某些特点。

北魏第二期石窟主要分布在中区及东部的一部分，凿于文成帝以后至迁都洛阳以前。此期石窟平面多作方形，有前室。有的窟中央立塔柱，窟顶多雕平棋，龛有上下重龛、左右对称式和屋形龛等多种形式。和第一期相比，雕刻的内容显著增多，出现了世俗的供养人与佛传、本生等故事雕刻，中国建筑形式的雕刻、开凿也多有出现。这时的佛着"褒衣博带"式的汉装，菩萨头戴花鬘冠，着帔帛，大裙下摆飞扬。飞天在此期后段穿短衫，有的不露足，题材上突出释迦，主像有三世佛、交脚弥勒，还有依据《法华经》雕出的释迦、多宝佛和依据《维摩诘经》雕出的维摩诘、文殊对坐像，以及修持"法华三昧观"所要求的本生、佛传浮雕及七佛、供养天人等。

第五窟和第六窟为该期的一组双窟。第五窟分前后室，后室西壁中趺坐释迦像高达十七米，是云冈石窟第一大像。第六窟规模宏伟，雕饰富丽，技法精练，是云冈石窟最有代表性的一个窟。这一时期的其他各窟都各有特色。第九窟的前室北壁交脚弥勒佛龛之左右两柱上，雕有类似希腊的爱奥尼亚式柱头，显然是经印度传来的希腊式建筑。在第九、第十这组石窟中，最早出现了仿木结构窟檐、屋形龛等中国传统建筑形式。木构形式如梁枋斗拱、屋顶、鸱屋等都是中国殿宇的再现，是研究建筑的弥足珍贵的材料。"五华洞"是指第九至第十三窟的五个洞窟，因在清代被涂施彩绘而得名。这组洞窟可谓琳琅满目、千姿百态。那一间间形制各异的仿木构建筑的佛龛和窟檐，显示了工匠们的智慧；墙上的那些手持排箫、琵琶、箜篌、鼓、笛的乐师们，仿佛正在婀娜优美地演奏着古老的乐曲。

孝文帝迁都洛阳前的太和年间，伴随孝文帝实行的改革服制、均田制、立户籍等一系列汉化革新措施，反映到石窟艺术上，从窟形到造像服饰和风格都有了较大的变化。从这时起，佛教石窟开始了中国化的进程。

云冈石窟 昙曜五窟西耳室佛像

云冈石窟位于大同城西的武周山南麓，昙曜五窟由北魏僧人昙曜主持开凿。

北魏第三期石窟开凿于迁都洛阳后至正光末年，多为不成组的中小窟和普遍补刻的小龛。这一时期的造像，佛的面型清癯，长颈，削肩。全为褒衣博带式的佛装，大衣下摆褶纹愈益重叠。晚期为密褶式平行线条。在题材上流行释迦、多宝与维摩诘、文殊，佛传故事较多，释迦与弥勒并重。第三期中小窟龛成为开凿的主体，反映了北魏迁都洛阳后旧都平城重要性日渐减降低，佛教在平城中下层民众中间的发展和蔓延。这一时期开凿规模虽然较小，而造像样式却直接影响到洛阳龙门等地的北朝石窟。

唐代以后，云冈石窟只有一些零星的石窟开凿。

云冈石窟规模宏大，气魄雄伟，又经历了不同时期的显著变化，因而在雕刻艺术史上成为研究中国早期石窟不可多得的典型所在，历来为中外所瞩目。

龙门石窟

龙门石窟是与敦煌莫高窟、云冈石窟齐名的我国古代佛教石窟艺术的宝库。它位于九朝古都洛阳城南十三公里处，创建于北魏迁都洛阳前后，历经东魏、西魏、北齐、隋、唐。北宋续有雕刻，相继营造达五百年之久，特别是北魏和唐代达到了高潮，其中北魏窟龛约占三分之一，唐代窟龛约占三分之二，现存窟龛总数为两千一百多个，造像十万余躯，碑刻题记三千六百多品，佛座四十余座。

龙门石窟的主要洞窟大多分布在龙门山上，著名的窟龛有古阳洞、宾阳洞、莲花洞、药方洞、潜溪寺、万佛洞、看经寺、奉先寺等等。史载，北魏景明元年（500），宣武帝下令仿照云冈石窟，于龙门为孝文帝和文昭皇太后各营建一石窟。永平中，又为宣武帝造石窟一所。这三大窟即今之“宾阳三洞”，也是龙门石窟大规模开窟造像之始，自此，龙门石窟成为迁洛后北魏佛教圣地之一。

龙门石雕造像可分为三期。第一期包括古阳洞、宾阳洞、莲花洞、魏字洞等等，属于北魏时期开凿的洞窟。最早开凿的古阳洞，其石雕比丘慧成造像龛和露天的交脚弥勒像龛，在表现方法上与云冈后期雕刻相衔接。由于石质精细，造型处理得更加细密巧致，脸部与肢体显得细长窈窕，与云冈后期瘦骨清相风格一致。脸庞瘦削，表情拥有云冈的明快，眼鼻形态强调锐利感，唇薄嘴角上翘，显露出自信的微笑。这种微笑不仅是内心的愉快，亦是获得某种境界的满足。衣纹表面构成扁平状，衣服显出厚实的质感，且衣端下摆宽大。云冈石窟所呈现的是北方民族的豪壮气势，龙门石窟则深具六朝名士风格。佛像头像造型简单，精神内敛。雕刻技巧由纯朴刚健的云冈气

龙门石窟 卢舍那佛
卢舍那大佛是按照武则天的形象塑造的，通高17.14米，是洛阳龙门石窟中艺术水平最高、整体设计最严密、规模最大的一处。

势，演进为精致秀巧，尤其是浅雕的线条，显得成熟而带有韵律。

第二期包括药方洞、宾阳南洞中的石雕造像，属北齐和隋代开凿的洞窟。药方洞也是北魏晚期的洞窟，但直到武则天时期才竣工，历时二百余年，是工期最长的洞之一，也是龙门唯一具有北齐风格的大型石窟。药方洞因窟门刻有诸多唐代药方而得名。这一时期佛像由瘦身长脸再度变为圆润，服饰轻薄以波浪线表示。隋代佛像多在颈部画上三条线，眼鼻形态与口唇微妙的曲面，轻快且富有动感。佛像戴宝冠，菩萨饰璎珞，日趋华丽。飞天形象以浅浮雕刻绘，布局协调，极有律动感。艺术家以抽象化韵味表现飞天迎风翱翔、衣带飘舞的姿态，颇具艺术魅力。

第三期包括潜溪寺、敬善寺、万佛洞、奉先寺、龙华寺、惠简洞等等，为唐时开凿雕造。初唐石雕出现圆满富足的造像，头发呈绳目状，眉为半月形，眼睛长而慈柔，目光朝下做沉思观想状，有的曲线和衣袖呈美妙的飘逸感，肌肉丰满，身躯健美，体态匀称，显出佛宽大的胸怀。盛唐的小尊佛像趋向人体美，已失去至尊的表现。晚唐作品则从优美境界的追求堕入官能的颓废美，失却佛教的崇高气氛。唐代雕刻与其他形式的艺术风格是一致的，整体流露出对现实的满足，充满享乐主义色彩。这也许跟唐代的国势和经济富有有密切关系。

这一时期的石雕既继承了北魏传统，又融入外来因素，艺术家以雄健生动而又柔和自然的写实手法，创造出完全汉化的佛教艺术。人们视丰满健壮、雍容华贵为美。奉先寺大佛通高17.14米，身为主像，位居中央，俨然是帝王身份。丰颐秀目，仪表堂堂，是理想化的典型形象。潜溪寺的大势至菩萨自体匀称，造型敦厚，形体变化含蓄而微妙。万佛洞的伎乐婀娜多姿，或奏乐，或起舞，裙带飘扬，有随风而动之感，表现出吴道子绘画的“吴带当风”特征。

遍观龙门石窟艺术有两个显著特点，一是民族化，一是世俗化。是研究我国中古时期的历史和艺术的极为珍贵的实物资料。

龙门石窟连续开凿五百多年，历经八个朝代，在这段悠长的岁月中，西方佛教艺术与中国传统的文化艺术相结合，形成了具有中华民族风格特色的中国佛教石窟艺术。

龙门石窟的民族化以佛像造型风格和窟龛装饰图案最为突出。在佛像造型风格上，古阳洞、宾阳洞、莲花洞、奉先寺等大型窟龛的佛造像都已脱去了云冈石窟中常见的那种右袒或通肩式的佛装而呈现出不同时代、不同阶层的各式中华传统服装特征。除了服饰特点，佛像面目形态的变化也表现出民族化的特征。魏晋以来，清淡成风，士族们追求的是"一觞一咏"的精神生活，他们不事生产，蔑视体力劳动，崇尚所谓"秀骨清像"型的体态风姿。这种时尚风气也反映在了当时的艺术领域中。以龙门几个北魏时期的主像为例，这些造像都带有一种面相清秀、颈项修长、体态瘦削的造型特征。从对佛的崇拜变迁方面看，北魏以三世佛、释迦佛和交脚弥勒为多，而唐代则以阿弥陀佛、弥勒佛和观世音为多，反映出从北魏到盛唐中国佛教在信仰上所出现的变化趋势。

龙门石窟在民族化的进程中，也逐渐形成世俗化的艺术风格。以世俗生活为创作题材的画面在龙门石窟中占有很大比重。在人物形象的塑造上，则更注重与现实社会中的人相近。龙门石窟除了有民族化、世俗化两个特点外，还有佛教各派的造像，有西域僧人和道教等外国佛教和其他宗教的造像，这是石窟寺中绝无仅有的。

龙门石窟昌盛于唐代，从唐代的造像题材上可以看到唐代佛教宗派的消长变化。根据龙门现存国内最为丰富的造像碑记可以了解唐代净土宗、华严宗、密宗、三阶教以及禅宗等信仰流行情况。这些都是研究唐代佛教史乃至民间信仰的第一手资料。

敦煌石窟

敦煌石窟是位于甘肃敦煌境内的莫高窟和西千佛洞的总称，一般指莫高窟。被誉为20世纪最有价值的文化发现、“东方卢浮宫”，以精美的壁画和塑像闻名于世。莫高窟位于敦煌东南二十五公里处，创凿于前秦建元二年（366），后经北魏、西魏、北周、隋、唐、五代、宋、西夏、元诸代相继凿建，现存洞窟四千九百一十二个、壁画四十五万多平方米，彩塑二千四百余躯，内容丰富，历史悠久，是全国石窟之冠，也是世界闻名的艺术宝库。

敦煌位于河西走廊最西端，是古代丝绸之路的咽喉，也是东西方往来、中外交流的必经之路。根据洞窟形制、塑像和壁画的题材及其艺术风格的特点，莫高窟可分为北朝、隋唐、五代、宋、西夏、元等几个大的发展时期。

从洞窟形制来看主要有两类：一类是具长方形前后室的中心柱窟，另一类是方形平面、后壁开一龛的盝顶窟。早期的中心柱窟与新疆库车、拜城间的克孜尔、库木土拉千佛洞的中心柱窟形制相当接近，是从印度“支提窟”演变而来的，所以一般也就借用这一名词，称它为“支提窟”。但敦煌这种支提式窟已把舍利塔改成一根直通窟顶的方柱，塔后留作回旋礼拜的空间也改成了长方形或方形，这样，原来马蹄形的窟就变成长方形的窟了，这是适合中国的建筑习惯的。方形平面、后壁开一龛的盝顶形窟，与印度“毗诃罗窟”有关系，所以人们也就借用这一名称，称它为“毗诃罗窟”。但是中国式的毗诃罗窟，大部分并不用作打坐修禅，所以把四周僧侣住的小窟改成一座座佛龛，住在里面的不是活人，而是泥塑的菩萨了。盝顶窟也称为“覆斗顶窟”，正壁大多开一大龛，供养主尊，出现于北魏末、西魏初，一直沿用到元代，只是在龛的形制和位置上略有变化。

敦煌地质属沙砾岩，软松易碎，不宜雕刻，因此它发展了绚丽多彩的塑像和壁画。塑像多为泥土和麻布做成的造像，再涂上色彩。莫高窟保存完整的塑像一千四百多尊，残缺的七十多尊，经后代修补的有七百二十余尊。虽经千余年，至今仍泥坚如石，色泽艳丽。现存最早的塑像是北魏时期的作品，风格与印度的造像艺术相似，通体高大，鼻凸高额，眉眼细长，发髻呈螺旋状，长袍袈裟，有飘逸之感。后来发展为面相清癯瘦削，面带微笑，有一种可畏不可亲的森严之感。塑像加彩方式与壁画一样，常见的有白、土红、石绿等色。塑像贴于壁面，有浮雕效果。到了隋代，瘦削清癯的塑像转向雍容浑厚，佛像面容丰满，耳垂增大，手足肌体丰腴可爱。彩绘手法日趋细腻精巧，衣着表现追求华丽，衣褶线纹清晰柔和。那些袒露胸臂的女性宁静、秀美，象征着善良、美丽、智慧和尊严。袒露部分虽很少，但菩萨冰肌玉肤的细腻润泽却跃然欲现；力士则肌肉凸起，青筋暴露，动作刚健，面容可畏，体现出习武者的刚毅和力量。塑像的服饰襞纹流利如同绘画的线描，丝绸的质感薄于轻纱。涂彩和壁画浑然一体，使整个造像栩栩如生，呼之欲出。

莫高窟的壁画，经历了风风雨雨，有很多已经毁于风沙烈日，兵灾人祸，甚至连洞窟都荡然无存了。至今保存下来的四百九十二个洞窟，存壁画四十五万平方米，这些壁画的面积如果展开排列起来，长度可达三十公里。壁画艺术则显出各个时代的特殊风格，达到各个历史时期相当高的水平。这些壁画主要有这样几项内容：经变、本生故事、尊像图、供养人像和图案装饰。

“经变”即佛经的图像。经变是莫高窟壁画的主体，面积最大，数量最多。佛教经典很多，莫高窟壁画中的经变题材也很多，其中最多的是西方净土变，达一百二十多壁。莫高窟早期的壁画经变并不多，北魏只有本生变、降魔变、涅槃变数种，形式也很简单，处在萌芽状态。到了隋代，经变题材渐渐多了起来，画面也开始脱去质朴粗犷的风格，进而追求丰满华丽的效果。到了唐代，经变画有一种积极向上、欢快热烈的风格。宋代中期以后的经变，逐渐走上格式化、图案化，标志着佛教壁画的极盛时期已经过去。

本生故事，指释迦牟尼的前生故事。佛教徒相信轮回，认为释迦牟尼在降生前经历了许多世，做了许多善行功德，这些善行功德就是本生故事的内容。

尊像图，包括佛、菩萨、阿罗汉、小千佛、说法图等等图像。尊像图中最惹人注目的是“飞天”像。“飞天”是古人想象中的仙人，经常在天空中自由飞翔。佛教称为“香音之神”，能奏乐，善飞舞，满身香气。道教也相信有仙人。道教的仙人脚下有一堆云彩，表示仙人会腾云驾雾。可是，莫高窟里画的“飞天”，比上面的两种手法更巧妙，画师在“飞天”的身上画上两根飘带，两根飘带一转一折，仙女们上下飞腾的身姿，便潇洒自如地表现出来了。这种手法非常富于想象力。

供养人，指那些出钱修窟的人，他们把自己的像刻在墙壁上，表示这个窟内的佛是他们所供养的，表示期望佛、菩萨降福保佑他们。这些供养人都是现实社会的人，有真名实姓，他们之中有王公贵族，也有地位卑微的人。

包罗万象的敦煌艺术宝库是研究中国古代宗教、绘画、雕塑、建筑、服饰、音乐、舞蹈、天文历法等广泛领域的珍贵资料。清光绪二十六年（1900）在莫高窟发现的“藏经洞”，出土历代写经、文书和文物四万余件。这一举世瞩目的重大发现，更把对敦煌的研究推向了世界。

敦煌壁画 回鹘公主供养像
图绘两位回鹘王的公主。她们穿着翻领、窄袖的长袍，下垂遮盖住双脚，发髻后拖着一条长长的红色带饰。

敦煌壁画 张骞出使西域图
此图是现存最早的“张骞出使西域图”。

麦积山石窟

麦积山石窟艺术以其高超的泥塑艺术享誉中外。敦煌石窟以壁画著称，麦积山石窟则以雕塑著称。历史学家范文澜曾誉麦积山为“陈列塑像的大展览馆”。

麦积山位于甘肃省天水市，高一百四十二米，因山形似麦垛而得名。石窟开凿于悬崖峭壁之上，洞窟“密如蜂房”，栈道“凌空飞架”，形成一个惊险陡峻、宏伟壮观的立体建筑群。在崇信佛教的后秦姚兴的倡导支持下，十六国时期（384—417）在麦积山兴建了石窟，现存有二百二十一座洞窟、一万零六百三十二身泥塑石雕、一千三百余平方米壁画。这里的雕塑体现了中国历史上各个时代塑像的特点，反映出中国泥塑艺术的发展和演变过程。

北魏时期以“天堂洞”造像为代表，在形象上已完全不同于云冈早期造像雄大粗壮的风格，人物秀骨清俊，颔首微笑，用超脱的、俯视的角度看待人世间，寄托着人们淡忘人生荣辱的愿望，这种改变源自北魏推行的“汉化”政策。西魏、北周时期的造像温婉淳厚，寄托着对现实生活的热爱和对佛国世界的向往。在一些非主要形象的刻画上，造型既有“胡人”特点，也能很好地注意到精神境界的表现。隋唐时期造像丰满细腻，线条柔美；宋代造像衣纹写实，面貌庄重。

麦积山石窟群中最宏伟、最壮丽的一座建筑是“散花楼”。散花楼位于东崖三大佛上方最高处，距地高约七十米，是最辉煌壮观的殿堂式大窟。从建筑构建到洞内浮雕无不精雕细琢，体现了北周时期建筑技术的日臻成熟，是研究北朝木构建筑的重要资料，在石窟发展史上具有重要的意义。

麦积山石窟中最有故事的莫过于第四十三窟“魏后墓”。西魏时候，麦积山石窟一度兴旺，这就是大型洞窟一百二十七、一百三十五窟的兴建。这些石窟记录着西魏文帝元宝炬和乙弗皇后的故事。大统四年（538），西魏文帝元宝炬为使柔然不侵犯西魏边境，不得不采取和亲政策，迎娶了柔然可汗之女，并立其为皇后，废黜原皇后乙弗氏为尼。乙弗氏出家为尼后，常携幼子到秦州，侍婢随从俱全，物质生活并不欠缺而精神则寄托于佛教。麦积山石窟寺的修建因此有了兴旺的条件。大统六年(540)，文帝迫于压力，违心地将乙弗氏赐死，死后“凿麦积崖为龛而葬”。所以为乙弗氏所造的第四十三窟又被叫作“魏后墓”。

总体来看，麦积山塑像有两大基本特点：一是日渐凸显的民族意识；二是世俗化的趋向。除早期作品外，从北魏塑像开始，差不多所有的佛像都是俯首下视的体态，都有和蔼可亲的面容，虽是超脱世间的佛菩萨却有世俗人的形貌，因为这些造像寄托着人们美好的愿望。从塑像的体形和服饰看，也逐渐在摆脱外来艺术的影响，体现出汉民族的特点。

麦积山石窟曾是“有龛皆是佛，无壁不飞天”，但由于多雨潮湿，壁画大多剥落，现只存有北朝时期描绘西方净土变、涅槃变、地狱变及太子舍身饲虎等本生故事的壁画。2014年6月22日，在联合国教科文组织第38届世界遗产委员会会议上，麦积山石窟作为中国、哈萨克斯坦和吉尔吉斯斯坦三国联合申遗的“丝绸之路：长安—天山廊道的路网”中的一处遗址点成功列入了《世界遗产名录》。

麦积山石窟
麦积山又名麦积崖，因山形奇特，孤峰崛起“形似农家麦垛”得名。据记载，“麦积山，后秦姚兴凿山而修，千崖万像，转崖为阁，乃秦州胜景”。

佛教名塔

塔，梵语名为stupa，我国常译“浮图”，原为安放诸佛菩萨、祖师高僧遗骨之用，后成为象征佛教的一种建筑物。

佛塔起源于印度，随着佛教的传入而出现在中国。据统计，历史上遗留在我国各地的佛塔有三千多座，这些塔的造型有楼阁式、密檐式、亭阁式、花塔、钵式、金刚宝座式等。佛塔的建筑形式也是多种多样的，若从平面形状来看，有四方形塔、六角形塔、八角形塔和圆形塔等类型；从立体上看，有单层塔，三、五、七、九层塔等；佛塔的建筑材料也极其丰富，有木塔、砖塔、石塔、陶塔、金塔、铜塔、铁塔、琉璃塔等。

中国主要的佛教名塔有：

登封嵩岳寺塔。河南省登封市的嵩岳寺塔是中国现存最古老的砖塔，也是中国现存大型古塔实物中年代最早的。这座砖塔建于北魏孝明正光年间（520—524），是已知最早的密檐式塔，其总高度39.8米，底层直径10.6米，塔身部分全由砖砌成。下部台基由块石砌成。塔身平面呈十二边形。塔身上部有十五层密檐，层檐之间每面有三个小窗。嵩岳寺塔外形流畅，设计和施工严密，是现存佛塔中的“老寿星”。

山西省应县佛宫寺释迦塔是我国现存最早的木塔，通称“应县木塔”，建于辽代清宁二年（1056），距今近千年。此塔为八角形平面，共九层，其中有四个暗层，所以外观上只有五层。这座楼阁式塔高67.3米，底层直径30.27米。应县木塔高大宏伟，不仅为中国现存木构建筑之最，也是世界上现存最高大的古代木构建筑。

大雁塔。位于陕西省西安市城南大慈恩寺内。始建于唐永徽三年(652),

初为砖表土心五层方形。长安年间，纯用青砖改修成方形楼阁式的七层，登塔攀梯也改成盘道。大历年间又改建为十层。遭战火破坏，剩下七层，明代塔又残坏，在外表加砌面砖予以保护，即为今塔。塔高64米，七层，底层边长25米，四面有门，每层塔室均为方形，可沿阶梯登临。

山东历城四门塔。位于山东历城县柳埠村青龙山麓神通寺遗址东侧。建于隋大业七年（611），是我国现存最古的石塔。塔系平面方形，单层石塔，塔身为大块青石砌成，高15.04米，边宽7.4米，四面各辟一半圆形拱门，明清以来习称“四门塔”。塔顶用二十三行石板层层收缩叠筑，成四角尖顶锥形。塔室有方形塔心柱，四面各有石雕佛像一尊。

大理崇圣寺三塔。在云南大理县城西北的崇圣寺内。寺有三塔，一大二小。大塔方形，中空，名为千寻塔，为方形中空密檐式砖塔，塔高69.13米，共十六层，每层正面中央开龛，置白色大理石佛像一尊。建于南诏保和时期（824—839），是现存唐代最高的砖塔之一。两小塔为八角十层密檐式塔，分南北立于千寻塔后侧，形成三塔鼎立的布局。三塔浑然一体，壮观秀丽。

苏州虎丘塔。亦名“苏州云岩寺塔”，在苏州虎丘山上。兴建于五代周显德六年(959)，落成于北宋建隆二年（961）。平面八角形，七层，砖建仿楼阁式。每层均施以腰檐平座，总高47.50米。塔内部为空筒式回廊结构。

杭州六和塔，在浙江杭州市城南钱塘江边月轮山上。北宋开宝三年(970)吴越王钱弘俶为镇江潮而建。现塔共七层八面，高59.89米，每层中心都有小室，室外有廊，内有梯可供登临。该塔造型高大，为全国有名的大塔之一。

开封铁塔。因其外部以紫褐色琉璃砖贴面砌筑，近似铁色，故又称之为“铁塔”。建于北宋皇祐元年（1049）。八角，十三层，高54.66米。塔内有阶梯可供登临，塔身外的琉璃砖雕饰花样达五十余种，工艺精湛，是现存最早、最大的一座琉璃建筑物。

北京妙应寺白塔。位于北京西城区阜城门内大街。为藏式喇嘛塔，砖石结构。塔基为须弥座，三层方形，高50.9米，塔身全白，故俗称白塔。是我国现存最大、年代最早的藏式佛塔。

其他有名的佛塔还有北京房山云居寺塔、西安玄奘塔、河北正定开元寺塔、山西五台山塔院寺白塔、甘肃敦煌城子湾花塔、辽宁义县圆筒塔、湖北襄樊广德寺多宝佛塔等等。

虎丘塔
自明代起，由于地基原因，虎丘塔就向西北倾斜，塔顶中心偏离底层中心2.3米，被称之“东方比萨斜塔”。

佛教文学的形式

佛教文学是指既体现佛教教理、教义、佛教的神圣精神，同时又充分具备文学之美的作品。佛教文学有狭义和广义之分：狭义的佛教文学是指以探明佛教或弘扬佛教为目的而创作的具有文学价值的作品，像部分佛教经典、佛教说话、佛教赞歌等具有完全佛教文学性质的作品都属于此类；广义的佛教文学则是指佛教人士和非佛教人士所创作的与佛教相关的歌谣、诗歌、文章、戏曲等。

佛教初期的佛典，像简洁精练的《法句经》，故事性浓厚的《譬喻经》和《本生经》，构想雄伟瑰丽的《维摩诘经》《法华经》和《华严经》等，都属于狭义的佛教文学，是富有文学色彩的经典。《法句经》基本上是用偈句来写的。偈句一般是在佛讲完一段话后，用以小结、概括这一段中心思想的诗词。这种偈句是从整段的说教中提炼出来的最精练的语言，词意深刻，文句优美。佛教的诗词称偈。四字、五字或七字为一句，多以四句为一偈。

《本生经》是佛陀本生故事汇编，共有五百四十七篇故事，内容驳杂，有寓言、童话、箴言、奇闻逸事等，其中绝大部分来自民间。这部经是讲佛前生的故事。它是佛灭后华氏城结集时以巴利文编订成集的。以后广泛流传，衍变成很多集子。其中巴利文的《本生经》最为完备，是南传小乘佛教所依据的主要经典。北传大乘佛教对《本生经》也推崇备至。

以梵文写成的原典堪称文学佳作者，有公元2世纪马鸣描写释迦生平的《佛所行赞》，为印度古典文学的先驱；以舍利弗与目连为主题而编成的戏曲《舍利弗之所说》；以佛陀异母弟难陀的故事为题材所作的美丽诗篇《孙陀利难陀诗》等。在巴利文方面的原典有公元5世纪大学僧佛音之《法句经

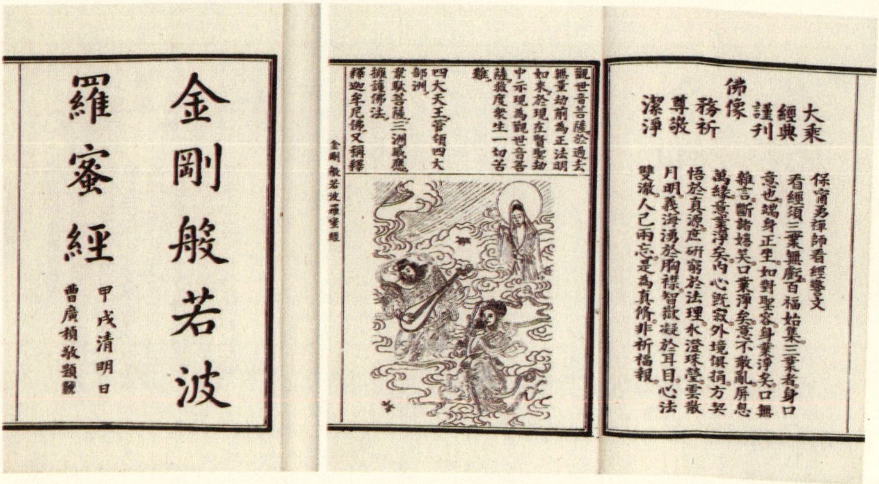

金刚经

注》和《本生经》等。其他如佛教典籍中的偈颂、赞、散文、故事、俗讲、变文、语录、传记、游记、文集等，均为优美的佛教文学作品。中国、日本、斯里兰卡的很多著名文学作品，都是在佛教的影响下，汲取本国传统文学的艺术形式，逐渐形成的一种独具风格的文学作品。它带来了新的意境、新的文体和新的命意遣词方法。

佛经翻译在中国持续近千年，始于后汉，盛于唐代，佛经翻译文学给中国古代文学以深远的影响。由后秦鸠摩罗什译的《维摩诘所说经》，文采斐然，故事性强，历来为文人学士所推崇。南朝齐求那毗地译《百句譬喻经》，全书据记载共有一百个（实为九十八个）寓言。其中不少含义深刻，隽永可爱。北凉昙无谶翻译的《佛所行赞》，为著名佛教诗人马鸣所著，译文既较好地表达了作品的原意，又注意到了汉诗的特点，对我国的诗歌创作尤其是长篇叙事诗的创作产生过影响。5世纪另一著名译者释宝云所译的《佛本行经》，改变了原文的韵诗体混合风格，纯以五言或七言或四言体译出，开六朝文坛无韵诗体之先河。佛经翻译文学开创了韵文与散文结合的朴实淡雅的文风。

随着翻译文学的发展，印度梵音拼法也传入中土，到唐代演变为三十六个字母。从南朝梁时学者沈约据梵音创四声，提倡声韵学，诗文律体开始讲求对仗精巧。佛教思想的传播也走向深入，般若和禅宗的思想尤其影响了诗人们的创作。教内的诗僧历代层出不穷，隋代的法周，唐代的王梵志、寒山、皎然，五代的齐己、贯休和希觉，北宋的思悦，明代的德言，清代的智朴、圣通、照浑和读彻，都写出了优美的佛教文学作品。教外的佛教诗歌创作也代不乏人，有陶渊明、王维、白居易、王安石、苏轼等一代名人。

随着译经的增多，信教队伍的扩大，佛教僧侣开始普及平民文学，导致了“变文”的产生。变文是指变更佛经本文而成通俗之文。它的主要特点是通俗易懂，散文与韵文结合，引人入胜。先以散文或骈文说一段故事，然后加三言或七言的唱词，偶有杂以五言或六言的。变文初期主要以佛教宣传为内容，《维摩诘经变文》是变文中最繁复、最长的。其他著名的变文还有《大目犍连变文》《地狱变文》《父母恩重经变文》和《八相成道》等。

唐代的“俗讲”也是因为佛理深奥，难以为一般群众所接受，才多穿插故事，多渲染，再适当地运用韵文，形诸歌唱。唐代的“俗讲”又影响到唐人的“说话”，由唐人的“说话”发展到宋代瓦肆的“说话”，其中有讲史书，有小说，有说经。变文也在发展，宋元间产生的诸宫调、戏文、杂剧等是变文形式的发展。至于以唱为主的宝卷、弹词、大鼓词等民间通俗文学作品，更是变文的直接继承。

小说无论从形式到内容都受变文、俗讲的影响。佛教典籍中有些部分本身即具备小说风格，如《维摩诘经》中天女散花的描写，文殊师利问维摩诘居士疾的叙述，原文便是半小说半戏剧的作品。想象力丰富，情节性强，人物形象丰满。佛教文学创作取得了很高的成就，在中国文学中占有重要的位置。

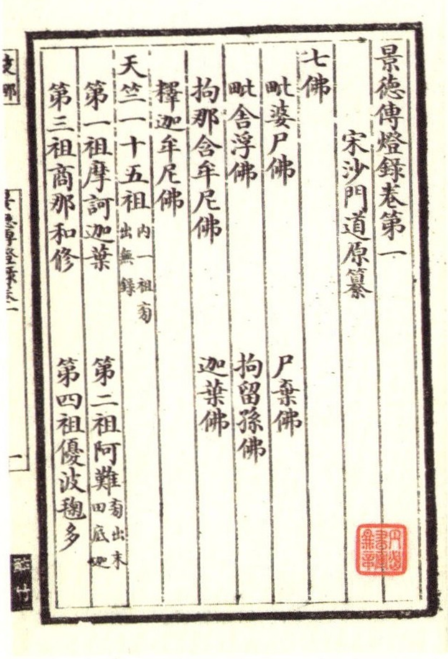
景德傳燈録卷第一
宋沙門道原纂
七佛
毗婆尸佛　尸棄佛
毗舍浮佛　拘留孫佛
拘那含牟尼佛　迦葉佛
釋迦牟尼佛
天竺一十五祖（内一祖旁出無録）
第一祖摩訶迦葉　第二祖阿難（旁出末田底迦）
第三祖商那和修　第四祖優波毱多

《景德传灯录》书影
《景德传灯录》为宋真宗年间，释道原所撰之禅宗灯史。

佛教对汉语的影响

佛教词语源自印度的梵文或巴利文。通过汉语佛典的传译，佛教词语作为外来语向汉语第一次大规模输入，几乎占了汉语史上外来语传入的百分之九十以上。随着佛典的大量翻译和广泛影响以及佛教长久的、深入人心的传播，佛教中的许多有新意、优美的词汇被吸收到汉语的语汇之中，佛教词语因此大大地丰富了汉语语汇，从而对中国文化产生了深远的影响。

增加的新词有三种情况：

一是一些中国固有的词语被移用来表达佛教的概念，又有了全新的意义，在表达佛教意义时，应看作是新词，如心、空、真、观、定等。这些都是表现佛教教义的专有名词，是佛教典籍中的高频词汇。

二是为翻译新传入的概念而创造的词，如四谛、五蕴、真如、法界、缘起等，创造这些词语多考虑到汉语构词结构并利用汉语原来构成词语的词素，反映的是外来概念，但并不给人留下“外来”的感觉，能很快融入汉语。

三是根据佛教观念而重新创造的词语，如判教、狂禅、照用、万劫难复、回光返照、头头是道、本来面目等。创造这些词语经过了很长的过程，往往是在许多异名中经筛选才固定下来，因为其中的许多词语具有准确鲜明的表现力，渐渐融入了一般用语当中，成为汉语的常用词，如实际、唯心、正宗、忏悔、因缘、真谛、法门、世界、觉悟、刹那、方便、相对、绝对、大千世界等。

佛教词语对汉语词汇产生的影响：

一、双音词与多音词的创造。中国上古语言以单音词为主，逐渐向复合词发展是语言的进化。翻译佛典大量使用双音词和多音词，对词汇的发展起了促进作用，如结集、道场、火宅、假名、种子、习气等，这些词语本身以及在构词上的特点对此后汉语词汇发展影响很大。

二、佛典中大量使用音译词，并总结了音译的原则。做出完整总结的是玄奘的“五种不翻”，即五种情况下要使用音译，一是“秘密故”，如经中的陀罗尼即经咒；二是“生善故”，如“般若”可译为智慧，但为表示尊敬，故译“般若”；三是“此所无故”，即中土原来没有的事物或概念，如阎浮树、迦陵频伽[①]等；四是“顺古故”，如“菩提”可译为“觉”，但已经约定俗成，也就相沿不改；是“含多义故”，如“薄伽梵”有六义。在音译的基础上，中国还创造出一批音义合译词，如偈颂、禅定、涅槃、六波罗蜜等。

三、介绍了外来语文的构词法。佛家有《六离合释》一书，是专门讲构词方法的，其中有六种构词方法：一是以体用关系立名，如藏识，藏为用，识为体；二是以主从关系立名，如根本烦恼，烦恼为主，根本为从；三是以所具内涵立名，如火宅，火属宅；四是以联合关系立名，如因缘、名色、生灭；五是标数以立名，如四谛、五蕴、六根、六道；六是以同义关系立名，如五阴和五蕴、六道和六趣、六尘和六境。这也是比较系统地总结了佛典的构词方法。这种构词法被佛典广泛运用后普及到一般著述，如刘勰的《文心雕龙》就多予以采用。

佛教还为汉语增添了许多成语或典故，如五体投地、聚沙成塔、一针见血、三生有幸、三头六臂、在劫难逃、功德无量、牛头马面、隔靴搔痒、心猿意马、盲人摸象、唯我独尊、皆大欢喜、现身说法、香象渡河、借花献佛、痴人说梦、泥牛入海等。佛教对中国语言的渗透已抵达文化的深层，成为一种文化形态。

佛教词语中最有特色的部分是因比喻的运用而得到的。佛理玄微，一般人难于领会，所以要借用譬喻故事，使人易于理解。因此譬喻在佛经上运用广泛，作用很大。因这些譬喻文学色彩浓厚，形象生动，大多符合汉民族的思维习惯，所以为汉语所吸收。如喻“因果报应”之理的“作茧

---

①迦陵频伽：佛教词汇，指一种神鸟，佛经中又美鹋或妙鹋。

自缚”“种瓜得瓜，种豆得豆”；喻“缘起性空”之理的“水月镜花”；喻佛及佛法稀有珍贵的“昙花一现”；喻接受最高教义、无上“法味”的“如饮醍醐”；喻世事空幻、人生无常的“梦幻泡影”“电光石火”“龟毛兔角”；喻数量之多的“恒河沙数”；喻众生苦无边际的“苦海无边，回头是岸”等等。这些形象隽永的比喻，生动活泼的语言，虽是源自佛教，却为中国人民广泛使用。

佛教词语大大丰富了汉语的词汇宝库。而佛教词语又是佛教文化的载体，通过佛教词语，佛教文化对中国社会逐步渗透、扩大影响，佛教在中国流传近两千年，由其词语带来的佛教文化对中国的哲学、伦理学、文学、艺术以及社会心理、民俗风情等都产生了重大的影响。

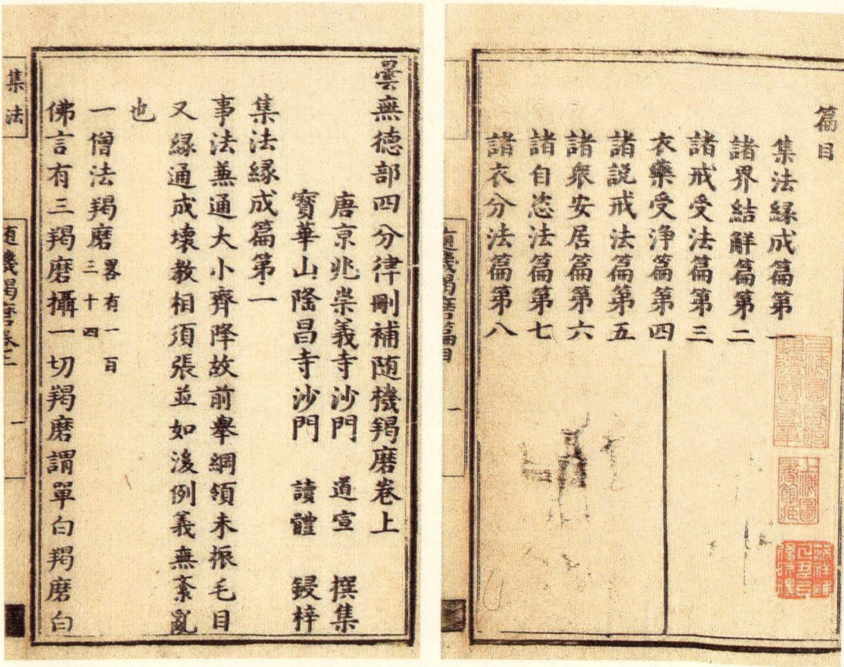
篇目
集法緣成篇第一
諸界結鮮篇第二
諸戒受法篇第三
衣藥受淨篇第四
諸說戒法篇第五
諸衆安居篇第六
諸自恣法篇第七
諸衣分法篇第八

曇無德部四分律刪補隨機羯磨卷上
唐京兆崇義寺沙門 道宣 撰集
寶華山隆昌寺沙門 讀體 鋟梓
集法緣成篇第一
事法兼通大小齊降故前舉綱領未振毛目又緣通成壞教相須張並如後例義無紊亂也
一僧法羯磨 畧有一百三十四
佛言有三羯磨攝一切羯磨謂單白羯磨白

《四分律》书影
《四分律》，原为印度上座部佛教系统昙无德部所传戒律，后秦时佛陀耶舍、竺佛念共译。

佛教对中国文化艺术的贡献

在文学方面，由于佛典的翻译，刺激了中国文学的变革，从诗文的意境到文体的演变，在魏晋南北朝的时代就已有了新的气象。六朝时代，由于梵文的拼音华严字母的翻译，启示了中国文字的反切，由反切产生四声，由四声而把五言与七言诗改进为律绝。

唐代以后的文体多能近于写实而顺畅，乃是受了佛教文学的感染；宋代"弹词小说"或"平话"的出现，是受了佛教所用"变文"的影响；近乎语体的唐宋诗，如白乐天及苏东坡等的诗，深受禅宗"颂古"以及寒山、拾得诗歌的影响。

梁启超先生说：中国古诗中的第一长诗《孔雀东南飞》是受马鸣大师所作《佛所行赞经》的影响。唐代的禅宗诸大师创用白话的语录体，说明佛法的要义。宋明理学家的语录完全是学自禅宗的笔法。明清的小说是由平话及拟平话而来，小说中"有诗为证"的风格，散文之后以韵文作结的形式，以及弹词里的说白与唱文夹杂并用，也都明显地受到佛经中"长行"与"偈颂"并用的启示。由于佛典的翻译，为汉语增加了三万五千多个新的词语。

在艺术方面：佛教建筑影响着中国的建筑形态。佛塔建筑为中国的建筑史开拓了新的里程。佛教的传入给中国带来了塑像艺术，在此以前中国尚没有塑像的技艺。佛教塑像美到极致，洛阳的龙门、大同的云冈，不仅是中国的艺术宝库，也是世界性的艺术杰作。在绘画方面，敦煌莫高窟的壁画享誉世界。云冈石室与敦煌石室、龙门石室，不啻中国北方之三大佛教美术陈列馆。（《中国佛教美术》）佛教的许多碑碣的保存为中国书法储蓄了无与伦比的财富，许多名家的字迹，也借着佛教的流传而得以遍及民间。

〔明〕丁云鹏 《五相观音》（局部）
《五相观音》图取材自《庄严经论》之“菩萨五种相”。

在哲学宗教方面：佛教初入中国时，道教对它非常排斥，但到了魏晋时代，讲佛学的引用了老庄，讲老庄的也引用了佛经，从此之后，道教典籍的日益完备，在许多方面都是取材于佛教，比如地狱及阎罗的观念，道教便欣然接受并加以运用了。在佛教没有传到中国之前，中国没有阎罗的形象，而到了宋时的全真教根本就是佛化的道教。

由于禅宗的启发，宋元明的儒家——理学的出现，从根本上来看乃是禅化的儒教，虽然理学家偏执于门户之见而抨击佛教，却是“坐在禅床上骂禅”。近世以来的中国思想家中，如康有为、谭嗣同、章炳麟、梁启超、胡适、梁漱溟等，虽然未必信仰佛教，却都受了佛教思想的启发。

在民间的风俗方面：中国原有的儒家信仰是着重于现实人生的建设，无暇推究生前与死后的问题，所以孔子说：“未知生焉知死？”对于生前死后的情形都是存而不论，纵然讲到善恶的补偿及惩罚问题，也只寄望于各人的后代子孙，所谓“积善之家必有余庆，积不善之家必有余殃”（《易经》）。自从佛教传入之后，“种瓜得瓜，种豆得豆”的因果观，为中国的民众带来了新的希望。生死轮回的问题以及善恶报应的问题告诉

我们，一切行为的后果均由各自承担，善报属于自己，恶果也属于自己，纵使现生不报，来世必报无疑，所谓“善恶到头终有报，只争来早与来迟”。佛教因果观鼓励人们要积极地积善去恶。这一观念对千百年来中国社会的安定影响深远。

黄地粉彩“佛日常明”碗
碗外壁以黄釉为地，其上绘缠枝莲花纹托出四个圆形开光，开光内以蓝料书写“佛日常明”四字。

第十一章

佛教诗歌

魏晋以降，佛教与中国本土文化的融合与日俱增，日益成为中国思想文化不可或缺的元素。在文化融合中，文人悟佛参禅、僧人写诗成为潮流。对于在家的文人，他们学佛并非为了成佛做祖，更多的是在禅中找到了一种随性自在、超凡脱俗的生活范式，裨补了人生理想与现实之间的鸿沟，如唐代诗人王维、白居易，宋代诗人苏东坡等文人的佛禅体悟并不逊色于禅门僧人；另一方面，唐诗的兴盛促进了禅门偈颂的流变，僧人作诗蔚然成风，如唐代僧人寒山、庞蕴，宋代僧人克勤、慧开的诗歌成就也可与文人诗歌相媲美。佛教思想内涵及审美特质对诗人的艺术思维、思想层次以及其诗歌境界开辟了一条不同于儒家诗教传统的诗学体系道路。

寒山《欲得安身处》

寒山，唐代著名诗僧，“在一定范围内作为一个宗教的传说、一个神奇的故事被传播和接受”（罗时进《唐诗演进论》）。在佛教传说中，“寒山”和“拾得”分别被誉为文殊菩萨和普贤菩萨的化身。在民间传说中，寒山、拾得被神化为“和合二仙”。传说中，老和尚曾给寒山、拾得每人半部经书、一枝荷花，分头行化。荷花意味着“并蒂莲”，盒子意味着“好合”，于是人们称寒山、拾得为和合二仙。和合二仙深受喜爱，人们甚至为和合二仙附会了一段寒山、拾得与芙蓉姑娘的爱情故事。

故事说寒山为了成全拾得与芙蓉而远赴“姑苏城外寒山寺”。拾得四方寻找寒山，找到姑苏城时正值盛夏，他在途中特别为寒山采了一朵荷花，而寒山听说拾得千里迢迢而来的消息，想拾得必腹中饥饿，从房中捧出一只盛着素饼的竹编食盒。

一朵荷花，一个食盒，铸就了“和合二仙”的故事传说。至于寒山究竟是谁，一种说法认为历史上并无此人——或说狂士假名寒山，编造传说；或说寒山是一个特定的作者群。另一种说法是认为确有此人——或说他是天台山一位隐逸诗人；或说他少年时过着富家子弟的生活，青年时进京参加科举考试，多次落选，无颜回乡，滞留京城，成为一个流浪书生，因为他无法在世俗生活中求得荣耀，带着伤痛的记忆浪游天下，最后选择了上山去隐居这种生活方式，在历史上连真实的姓名也没有留下，只是留下了“寒山”这样一个名号以及他的诗歌《寒山子诗集》。

寒山诗改变了传统诗歌的写法，主要用类似于偈颂的说理的、训诫的方式。一大特征就是接近口语，风格疏野骇俗。诗歌“信手拈弄”“机趣横溢”(《四库全书总目提要》)。“不拘格律，直写胸臆，或俗或雅，涉笔成趣”(项楚《寒山诗注·前言》)是寒山诗的总体风格。寒山诗所独有的风格为后代文人所模仿，从而形成独特的“寒山体”，如王安石《拟寒山拾得二十首》和苏轼的《拟寒山诗》八首。

“五四”运动时期，中国文学界开始大力倡导白话文，寒山诗的白话风格受到喜爱和关注。钱学烈先生赞誉：“寒山诗十分接近口语，堪称唐代白话诗的典范，在白话文学史上占有重要地位。”(《寒山子与寒山诗版本》)胡适先生认为，寒山“是七世纪中期以后出现的‘三五个白话大诗人’之一，是继王梵志之后‘佛教中的白话诗人’”(《白话文学史》)。

寒山诗在世界范围内产生了较大的影响。南宋前，寒山的名气已传入日本，并被视为禅宗大诗人，自江户时代起其诗歌就有多种注本流传。1916年，作家森鸥外据闾丘胤序改编成小说《寒山拾得》，遂使寒拾之名广为人知。寒山也是日本画家喜爱的题材，可翁、默庵、萧白、春信等都有寒山图传世。韩国古近代及现代文人中也颇有激赏寒山诗者，1999年，作家高银以寒山拾得的事迹为素材创作了小说《寒山拾得》。

从20世纪50年代起，寒山诗远涉重洋传入美国，“垮掉的一代”最重要的小说家杰克·克洛厄自传体小说《法丐》扉页上写着“献给寒山”。“The Beat Generation”①将寒山奉为偶像，美国的嬉皮士运动中他被封为祖师爷，他们的歌词这样写到：“如果你乐意，我就是寒山；如果你不乐意，我还是寒山。“I am Cold Mountain, if you please; I am Cold Mountain, if you don’t please! 寒山诗风靡欧美，被翻译成英语和法语，为众多的读者所接受。寒山及其诗歌所提供的精神指引一是独立的精神，二是打破社会制度的制约，三是回归自然的意识。

寒山诗中最有价值的内容是隐逸诗、禅趣诗，难能可贵的是寒山景物诗中所体现的禅意之美。对于寒山而言，审美和宗教不仅仅是素养、修养、抉择，而且是他存在于世界的方式。

①垮掉的一代（The Beat Generation)是第二次世界大战之后出现于美国的一群青年作家、诗人集合。

欲得安身处

欲得安身处，寒山可长保。
微风吹幽松，近听声愈好。
下有斑白人，喃喃读黄老。
十年归不得，忘却来时道。

【译文】

想要找到一个安身立命的地方，
幽远的寒山，就是最好的去处。
轻微的山风，吹过幽静的松树，
愈走近就愈会发现声音的美妙。
松树下有一位头发花白的老者，
喃喃自语地在读着黄老的图书。
他来此修行已有十年乐而忘返，
对回到红尘的道路已全然忘却。

白隐禅师曾提醒修行僧："寒山虽佳境，易见而悟难。"人们对寒山诗中所写的景百看不厌，但对它所象征的禅机却很难悟得到。寒山诗往往有不能用语言文字来表达的深意。

寒山子笔下塑造的"寒山"意境既是诗人的生活实境，也是他创造的精神世界，更是他开创的艺术天地。诗人为什么在寒山流连忘返？答案就是：此处是"安身处"，更是安心处：

微风吹动幽松，发出美妙的声音，距离愈近，声音愈加悦耳动听。怎样才是"近听"？仅仅是身体与它的接近是不够的，而是要与它融为一体，"在一种完全放松的意态下，在一种无差别的境界中，达到主客体的冥然一体"。你就是松，松就是你。只有远离红尘烦恼才能抬头看见大自然，才能成为松树，成为微风，成为一朵花、一片叶、一滴露。松树下面有位白发苍苍的老人，喃喃地翻读着黄帝学派、老子学派的修身养性的经书，这样的感受是多么的美妙！佛教传入中国之后，与儒家学说以及道家思想结合起来形成了独具特色的中国式佛学。禅宗思想里，也有黄老“休养生息”的成分。这里的黄老指代的就是修身养性的智慧。心无杂念的时候人就很容易入定。这位年老的修行者在读书之时，也俨然进入了禅定。他从哪里来？红尘世界又发生了什么？他已经沉湎于悟道之中，忘却了回到红尘俗世的路了。

〔明〕蒋贵 《寒山拾得图》（局部）
图绘唐贞观年间高僧寒山与拾得二人。

诗人在山林中随遇而安，“三界横眠闲无事，明月清风是我家”（寒山《世间何事最堪嗟》）。以天地为庐，以藤萝为盖，枕石漱流，不涉世事，自在山水，无忧无虑。“明月清风是我家”，这并不是文学上的夸张艺术手法，而是诗人的心灵境界，是诗人“快活枕石头，天地任改变”（寒山《细草作卧褥》）的豁达，是“白日游青山，夜归岩下睡”（寒山《千云万水间》）任运人生的真实写照。

寒山用山中的清幽之境来表现自己的志趣和取舍，把自己“曲径通幽”的禅悟历程展示给世人，并发出了深切召唤。寒山的幽境实佳，他自己乐在其中，忘记来时路。但对于世人而言，有多少人能找到通往寒山的路？找得到是否能坚持走下去呢？就连诗人自己也说：“可笑寒山道，而无车马踪。”（《可笑寒山道》）“谁能超世累，共坐白云中。”（《登陟寒山道》）

《欲得安身处》是寒山诗的代表作。寒山诗接近口语，通俗易懂，“不烦郑氏笺，岂用毛公解”，比较真实地反映了当时的语言面貌，对于了解唐代口语的语音、词汇、语法，研究中古和近代汉语，研究汉语发展史，都是极其珍贵的资料。因而，近年来从语言学角度研究寒山诗者也不在少数。

王维《终南别业》

王维（701—761），字摩诘，祖籍太原祁（今山西祁县）人，其父迁家蒲州（今山西永济），所以也说其是蒲人。官终尚书右丞，世称王右丞。

王维家庭佛教气氛十分浓厚。母亲崔氏是虔诚的佛教徒，曾师事大照禅师三十余年。王维自幼受到佛教思想的熏陶，甚至他的名字也与佛教有关。维摩诘是佛经中被赞为“智慧第一”的大居士。王维的名和字合起来就是这位大居士的名字。据《维摩诘经》所载，维摩诘以在家居士的身份辅助释迦教化众生，能够无相布施，“入诸淫舍，示欲之过。入诸酒肆，能立其志”。身临酒肆、妓院却能“逢场作戏，混俗和光”（《宏智禅师语录》卷一），处红尘度化众生却丝毫不受污染。王维从维摩诘居士的身上得到启示，开创了“仕隐”的范式，过着亦官亦隐的生活。

王维青少年时期才华横溢，擅书画，通音乐，特别善于演奏琵琶，因而名噪一时。诗作在社会上广泛流传，尤其在上层贵族中深受欢迎。中年时期仕途坎坷，约三十岁时中进士第，任太乐丞，主要负责音乐、舞蹈方面的教习、排练等工作。他手下的舞蹈演员，偶尔私自表演了只能为皇帝表演的黄狮子舞，王维因而获罪被贬济州。后来回到长安，得张九龄提携，很快成为右拾遗，负责进谏和举荐贤良。开元二十五年（737）四月，张九龄被贬为荆州长史，“九龄既得罪，自是朝廷之士，皆容身保位，无复直言”。开元盛世走向了天宝之乱。安禄山叛乱时王维曾接受伪职，乱平之后被降官。仕途的坎坷使王维渐生退隐之意，晚年无心仕途，寄情山水，结庐辋川，长持斋戒，崇信佛禅。作品禅趣盎然，深得禅家三昧，后人尊为“诗佛”。

辋川是王维一生中居住时间最长、最主要的活动场所。在辋川，他和裴迪等人“浮舟往来，弹琴赋诗，啸咏终日”，相互唱酬，成《辋川集》。集中诸诗写得清新自然，创造了一种静美的境界。

王维信奉佛教，他不仅接受佛教理论，而且身体力行。在衣食方面，“居常蔬食，不茹荤血；晚年长斋，不衣文彩”。在起居方面，“斋中无所有，唯茶铛、药臼、经案、绳床而已”。在事佛方面，“退朝以后，焚香独坐，以禅诵为事”（《旧唐书·王维传》）。

王维去世后，唐代宗访其文章，其弟王缙集成十卷呈上。今有《王右丞集》传世。他的奉佛对诗歌创作影响很大。王维诗歌 “字字入禅”，将禅的境界与艺术的境界、禅的精神与艺术的精神相互融合，使诗歌意境丰富而不着雕饰，诗的美让人心照不宣，无法言表。其大部分山水诗产生于后期，着意追求和表现大自然中的静美境界，作为精神上的寄托，往往渗透着佛家虚无冷寂的色彩，形成一种空寂、宁静、淡远、灵秀的艺术风格。

终南别业

中岁颇好道，晚家南山陲。
兴来每独往，胜事空自知。
行到水穷处，坐看云起时。
偶然值林叟，谈笑无还期。

【译文】

中年我特别喜欢参禅悟道，
晚年把家安在了南山脚下。
兴之所至的时候独自前往，
美妙的事情让我分外陶醉。
寻幽探胜走到溪水的尽头，
席地而坐欣赏云霞的生起。
偶然间遇到一位山野之人，
谈笑心欢忘却了何时回还。

〔唐〕王维《长江积雪图》（局部）
图绘大江之上茫茫之雪意。

王维晚年绝意仕途，在终南山下的别墅里过起了茹斋奉佛的生活。此诗反映了作者内心闲适、任运随缘的逸情雅趣。

“中岁颇好道，晚家南山陲。”诗人在终南山下过着隐者的生活，不是一时的冲动，而是中年就开始“好道”(喜爱证悟大道)的结果。南山之下，悠然纯净，有着与官场尘世迥然不同的氛围。

“兴来每独往，胜事空自知。”兴致来的时候经常是一个人独自前往。遇到特别殊胜的事情，自己一个人非常投入地欣赏，自得其乐，丝毫也不觉得孤单。

“行到水穷处，坐看云起时。”沿着溪流，寻幽探胜，一直走到了它的源头；席地而坐，闲看天际云卷云舒。这两句蕴含着极为丰富的禅意。“行到水穷处”，是逆流而上，逆生死烦恼之流而上，逆贪嗔痴之流而上，回到意识尚没有受到污染时的原点，是“色即是空”，由色入空；“坐看云起时”，是立足于空明的境界、空性的立场，看大千世界万象森罗云霞烂漫，是“空即是色”，由空入色。王维的诗将两者完美地融合起来，体现了“色即是空，空即是色”的禅境。禅宗认为“空即是色”，空生一切，所以王维诗中的“空”衍化着无穷的生机，体悟空，即能体味至高无上、回味无穷的艺术境界。

由于这联诗蕴含着独特而深邃的禅机，因而备受禅师们的喜爱，历史上的禅学大师在上堂说法时都非常喜欢引用这联诗，来阐说自己的禅学思想。如宏智禅师开示学人“闹浩浩中静悄悄，静悄悄中明历历”（《宏智禅师广录》卷一），就引用了这两句诗来加以印证。“闹浩浩中静悄悄”，就是在色相纷纭中悟空明宁静的心境；“静悄悄中明历历”，就是在空明宁静的心境中展现出万有的生机。有的禅师把它看是佛教禅宗的最高境界，无上秘法：“且道：‘全提正令一句如何？’良久云：‘行到水穷处，坐看云起时。’”有的禅师把它当成了自己的宗风：“问‘师唱谁家曲？宗风嗣阿谁？’答：‘行到水穷处，坐看云起时。’”有的禅师还指出，只有悟到了这种境界才能称得上是得道之人：“云：‘如何是道中人？’师云：‘行到水穷处，坐看云起时。’”确实，“未能行到水穷处，难解坐看云起时。”如果不能由色入空，就很难悟到由空入色的境界。执着于空，执着于色，都不能到达涅槃彼岸，由色悟空、由空生色才是透彻的禅悟。色与空本质上是圆融不二的。

“偶然值林叟，谈笑无还期。”当诗人返回住处的时候，不经意间遇到了一个老人，与他谈笑风生，竟至于乐而忘返。这其中透露着随缘自适的洒脱，王维可以“兴来每独往”，去寻幽访禅，偶然遇见林间老叟便“谈笑无还期”。“偶然”意味着不期而遇，随顺着因缘的流动，这就是随缘；“无还期”意味着安住在当下，以至于忘了回去，这就是适性。随缘适性中流露着禅“不与物拘，透脱自在”（《古尊宿语录》卷四《临济义玄》）的意趣。

王维《辛夷坞》

木末芙蓉花，山中发红萼。
涧户寂无人，纷纷开且落。

【译文】

辛夷树开在树梢头花形似莲花，
生长在幽谷绽放出红色的花萼。
山涧常年寂静没有游人的踪影，
花儿尽情地盛开又从容地凋落。

辛夷坞是辋川地名。王维的退隐生活，主要就在辋川别业度过。辋川在陕西蓝田县城西南约五公里的尧山间，风景秀美。辛夷是一种落叶乔木，又名木笔花、玉兰花，形色类似莲花。辛夷花开在枝头，所以说它是“木末芙蓉花”。

辛夷花在山涧之中，不会因为没有人观赏就不吐露生命的芬芳。她在寂静的山谷绽放芳华，静美而绚烂。芳华散尽后，它从容地凋落。每一朵花的生生灭灭中都蕴含着超越生死的从容与宁静。

诗人用瞬间美表达出的思想深度是无法言传的，使人“读之身世两忘，万念俱寂”（胡应麟《诗薮》）。禅脱胎于佛教，却早已成为一种中国特有的审美模式。

这首诗中融入了悟禅的三重境界：“见山是山”“见山不是山”“见山只是山”。因为“诸法有假象”，所以诗人看到了花开花落的现象，这是停留在表象的“见山是山”；因为“对境不生心”，所以花开花落不会引起诗人任何喜怒哀乐的情绪变化，这是因花进入悟境的“见山不是山”；因为“触处皆道”，所以诗人在花开花落间又看到了自在的真谛。辛夷花不偏执于空，不偏执于有，在开放时热烈地开放，在凋落时从容地离枝，安住当下，任运自在，这是“见山只是山”。

王维对自开自谢的辛夷花没有赞美，没有憧憬，也没有同情和惆怅，甚至连恬淡的怡然自得之情也没有，一切只是以自然的方式呈现。辛夷花开放时热烈开放，凋落时从容不迫，不为开而喜，不为落而悲，“枯者从它枯，荣者从它荣”（《五灯会元》卷五），一派任运自然的自在境界。“纷纷开且落”，将有限的时间指向了超时间的永恒，花开花谢指向了万物永恒不变的佛性。既没有生的狂喜，也没有死的哀伤；既有生命的欢乐，又有死亡的安详。世间万法本质上与辛夷花一样，在刹那生灭中因果相续、无始无终、自在自为，如果花常开不谢，生命常在不凋零，那么此情此景就无法激发出这种动人的情怀。辛夷花自开自放自凋零，不曾着意雕饰，更没有故作姿态，似乎花开花谢与世人毫不相干，心中毫无挂碍，但在当下的片刻中却能感受到不朽的存在。

一个人在社会上成就各种事业，就如花儿的绽放。有没有人喝彩叫好其实并不重要。孔子说，“人不知而不愠”，别人不知道你，你并不会失落，不会怨恨，这才是真正的君子。

花开，如同人生的繁华昌盛；花谢，如同人生的谢幕收场。很多人在“花开”之时得意忘形；在“花谢”之时贪恋名利荣宠，不愿从容离去——这是因为“我执”太重的缘故。开场终有散场日，上台即有下台时。从容地盛开，宁静地谢幕，没有盛开时的贡高我慢，没有凋谢时的自艾自怜，生如夏花之绚烂，死如秋叶之静美。淡定之至，超脱之至，自在之至。禅者的眼中，春花秋叶不是相上的生灭，而是自由生命的赞歌。随生命的源泉流淌跃动，安住于当下的每一刻的旋律，透过生灭证悟永恒，那是无比自由的境界。

这，便是辛夷花的佛心禅骨。

白居易《大林寺桃花》

白居易（772—846），字乐天，晚居香山，自号香山居士，又曾官太子少傅，后人因称白香山、白傅或白少傅。原籍太原，出生于河南新郑，后迁下邽（陕西渭南市临渭区）。白居易曾自称为秦朝名将白起之后，实则出身于一个小官僚家庭，世效儒业，祖、父皆以明经（科举名目）出身。“居易”之名语出《礼记·中庸》“故君子居易以俟命”，“乐天”语出《易经》“乐天知命故不忧”。白居易是中国文学史上负有盛名且影响深远的诗人和文学家。诗歌题材广泛，形式多样，语言平易通俗。代表诗作有《长恨歌》《琵琶行》等。

白居易自幼聪慧，五六岁时就会作诗。“十岁解读书，十五能属文。”（《朱陈村》）白居易一生大体上可分为前后两期，以四十四岁贬江州司马为分界线。前期是指从入仕到贬江州司马以前，这一时期白居易仕途顺利。他二十九岁一举成为当时最年轻的进士；三十二岁又以“拔萃登科”，为校书郎。三十五岁复应制举，“才识兼茂明于体用科”，以第四等入选，由校书郎为盩厔（即周至）尉，不久入为翰林学士，又做了三年的左拾遗。所以诗人自负地说：“十年之间，三登科第。名入众耳，迹升清贵。”

这一时期，“兼济天下”的思想占了主导地位，认为“丈夫贵兼济，岂独善一身！”（《新制布裘》）因此政治上他积极要求进取。他深感自己必须“为民请命”，因此长年累月闭门不出，揣摩当时的时事政治，并与元稹共同思考，最终由白居易执笔写成《策林》七十五篇，针对当时政治、经济、军事、文教等各方面提出自己的改革意见。他敢于抑藩镇、斥宦官、退奸佞，侃侃直言，充满了正义感，甚至敢于批龙鳞，扯虎须，竟在论事时当面指责宪宗说："陛下错矣！"宪宗不悦，正色罢朝，密召翰林承旨李绛说："白居易小臣不逊，须令出院。"李绛代为辩护说白居易敢于谏言，是想为皇帝效力，并且所言之事都是客观事实，并非出于一己之私，皇帝若想要广开言路就不能罢免白居易，不能堵塞谏诤之路。唐宪宗于是释怀，像以往一样对待白居易。但是白居易因耿直敢言得罪了宰相韦贯之、中书舍人王涯等权贵，他们罗织罪状想要排挤白居易，说白居易浮华无行，母亲因看花坠井而死，却作《赏花》和《新井》诗，有伤名教，不宜担任宫官。执政者正恶他不该越职言事，因此贬他为江州刺史。这是他仕途上的一大转折，从此他的思想就趋向于恬淡隐退的情绪。

从贬江州司马到病终是诗人独善其身的时期。江州之贬，诗人由元和谏官一变而为"香山居士"，佛道思想不断滋长，逐渐取代儒家的入世思想而占据了主导地位。他将佛家思想作为"明哲保身的法宝"，寄情山水诗酒间，以旷达乐天自遣。

为了避免卷入牛李党争中，他为自己安排了一条"中隐"的道路。他说："大隐住朝市，小隐入丘樊；丘樊太冷落，朝市太嚣喧。不如作中隐，隐在留司间。"（《中隐》）所谓中隐即不做朝官而做地方官，以地方官为隐。因此他力求外任，在任杭州和苏州刺史之后，又"求致身散地"，以太子宾客分司东都，在洛阳度过了最后十八年的"似出复似处"的生活。因此他后半期亦隐亦仕，以仕为隐，隐中求仕。

白居易笃信佛学，深谙佛理；外服儒风，内宗梵行；热衷佛禅，不忘世俗。他的后期虽然"不矜轩冕爱林泉"，但仍旧关心民瘼，不忘世事。白居易禅诗中既书写参悟禅、修行禅的体会，也透露着热情的、入世的情怀。

大林寺桃花

人间四月芳菲尽，山寺桃花始盛开。
长恨春归无觅处，不知转入此中来。

【译文】

人世间四月时分百花已经凋零，

山寺里的桃花此时才刚刚盛开。
我时常感叹春天归去难寻踪影，
却不知它已转移到了佛门中来。

此诗是一首广为传诵的名作。在写景之中寄寓着深邃的禅意。

“人间四月芳菲尽，山寺桃花始盛开。”诗人登山时已是孟夏，正是大地春归芳菲落尽的时候。但这高山古寺之中，因为山高地深与平地物候自是不同。在大林寺，诗人遇上了意想不到的春景，一片桃花，正热烈地绽放。

“长恨春归无觅处，不知转入此中来。”看到眼前情景，诗人感慨良多。自己曾为春光的匆匆离去而惆怅万分，却不知无尽的春色原来转移到了佛门。山下春尽花落，山上大林寺春光正盛，桃花夭夭。诗人本以为辜负了大好时光，寻春不见春，不料想却在深山古寺与其不期而遇。当这始所未料的艳丽春景映入眼帘时，诗人经历了曲折而收获了生机盎然的禅意，令人无比惊异和欣喜。

我们常恨“春归无觅处”，常常遗憾和后悔，常常认为错过的风景才是最美的。白居易用《大林寺桃花》告诉世人“每一相逢是道场”（白居易《赠僧五首·自远禅师》），佛门给予我们这种不期而遇的美丽。佛门的芳菲，穿越时空，流光溢彩，亘古长新。这佛门的芳菲就是充满了灵性的觉醒的生命。佛教流传迄今已经两千五百多年。今天，全世界无数的人，依然在佛禅智慧的芳菲中，找寻着心灵的陶冶与寄托。

白居易自诩为“天许作闲人”（《闲卧》），因为他在佛教中找到了寄托，超越了世间种种烦恼的束缚。他不执着于出仕、隐逸之殊：“随缘逐处便安闲，不住朝廷不入山。”（《咏怀》）在山时便乐享山水，将高山流水、朗月春风都纳入心怀：“空山寂静老夫闲，伴鸟随云往复还。”（《香山寺二绝》其一）在仕则看透了宦海浮沉，诗人不得志时并无怨怼，反倒渐将浮沉是非看淡，在逆境中修炼了平常心：“自从委顺任浮沉，渐觉年多功用深。面上减除忧喜色，胸中消尽是非心。”（《咏怀》）诗人悟得了陶渊明“心远地自偏”的精髓，体悟到“不用心来闹处闲”（《咏怀寄皇甫朗之》）的真谛。在参禅的过程中，诗人超越了对生死的恐惧，收获了随缘任运的旷达：“未归且住亦不恶，饥餐乐饮安稳眠。死生无可无不可，达哉达哉白乐天。”（《达哉乐天行》）唯其如此，诗人才会处处心安处处安：“心泰身宁是归处，故乡何独在长安。”（白居易《重题》其三）心若能随缘而安，就有了以天为盖以地为庐的境界，一改远离家乡漂泊流浪的精神状态。

在其临终前所著的《醉吟先生墓志铭》中，白居易书写了面对色身生命即将终结时的旷达洒脱：“来何因？去何缘？吾性不动，吾形屡迁。已焉已焉！吾安往而不可？又何足厌恋乎其间？”生死来去皆因缘，虽然生生死死，真如佛性却如如不动，丝毫不受形色迁变的影响。虽然肉身每时每刻都在变化，行将死亡，但我何必执着于这具皮囊呢？超脱了一己肉身的束缚，就能与整个宇宙的生命相融合，所以何必恋生厌死呢？勘破了生死的本质，就可达观地对待生死，将生命转向“桃花芳菲”的美丽归处。

〔清〕邹喆《松林僧话图》（局部）
画绘远离尘埃的僧人、高士在松林茅屋对话的情景。

庞蕴《日用事无别》

庞蕴，衡阳郡（今湖南衡阳市）人。中唐居士。贞元初，谒石头希迁，豁然有省；参马祖道一，顿悟禅旨。携妻女躬耕于鹿门山下。世称襄阳庞大士，与傅翕大士并称于世。后世誉称他为达摩东来开立禅宗之后“白衣居士第一人”，素有“东土维摩”之称。他的生活入世出世不分，洒脱超然率性，千年以来，成为众多中国士大夫们效仿的偶像。传世偈颂近二百首，擅于说理，以模拟佛经偈语的风格，殷殷嘱咐学佛者禅修的要义。

庞大士对佛教“空”观有着深刻的领悟。庞大士曾问洪州禅祖师马祖道一：“不与万法为侣者是什么人？”马祖回答：“待汝一日吸尽西江水，即向汝道。”“万法”指世间所有因缘而生的事物，庞居士在问马祖：“不受世间万法拘束，能够卓尔不群的是什么人呢？”马祖不做正面回答，只说：“到你一日之内把西江水都喝光我就告诉你。”马祖用“西江水”淘空了庞大士的机心，庞居士大悟而作《心空》偈：“十方同聚会，个个学无为。此是选佛场，心空及第归。”参禅学佛者多如牛毛，开悟成佛者却是凤毛麟角。这个过程犹如仕途考试的及第登榜，所以禅家形象地称此为“选佛”入禅门求道，则须“日损”，“个个学无为”，不断地放下，最终“心空及第归”。庞大士言：“空是诸佛座。”舍掉心里的一切附加之物，将心放空，会发现诸佛就端坐于心。“空里任横眠”，心不系于一物，完全归空时是多么的逍遥自在，乾坤任我行卧。

庞大士将入灭时，作偈云：“但愿空诸所有，慎勿实诸所无。”（《庞居士语录》）世事因缘而生，缘聚缘灭都是幻象，是虚妄不实的。庞大士警醒世人不要执着于贪有，要放下种种欲望，回归于无，而不要以无为有，执假为真。

日用事无别

日用事无别，唯吾自偶谐。
头头非取舍，处处勿张乖。
朱紫谁为号，丘山绝点埃。
神通并妙用，运水与搬柴。

【译文】

日常事没有什么特别的地方，
关键是自己一定要觉得和谐。
对是非圣凡得失不要去取舍，
时时处处都不要与自性违背。
所谓朱与紫只是名相的差别，
青翠的丘山不沾染半点尘埃。
开悟后最厉害的神通与妙用，
也就是日常生活的运水搬柴。

这是一首禅林传诵的哲理诗，着重阐发了在日常生活中如何修禅。

庞蕴大士曾参石头希迁禅师。石头禅师问庞蕴见过自己后，日常生活是怎么过的，庞蕴以这首诗偈作为回答。其实石头禅师并不是真的在问庞蕴生活细节，而是在考察他对禅的参悟是否达到了“心外无佛，生活即禅”的了然境界。庞蕴深知禅师的用心，便作此偈答复。

首句“日用事无别，唯吾自偶谐”中“偶谐”二字是此偈的“诗眼”。庞蕴意谓日常生活中无非行住坐卧，没有什么特别之事。大道不可以有心求，不着意追求，自然能有所悟，这就是“偶谐”。如何做到内心的和谐呢？这是诗的主旨，下面都是围着它来说的。

“头头非取舍，处处勿张乖。”对世间万事万物都不去取舍，不存圣凡分别心，不起净秽差别念，这样的话，时时处处，就不会与自性真心相背离。对于大道不可以刻意地去追求，大道遍在，落此失彼，执着于任何单一的事物都会与自性真心相违背。紧接着庞居士又解释为什么不能“取舍”和“张乖”——答案就是“朱紫谁为号？丘山绝点埃。” 现象界里有朱与紫的区别，但这是谁为它们立的名号？朱与紫不过是名相上的区别，其本质是空。正如青山不会受到尘埃的蒙蔽一样，绝对的自性真心，也不会受到这些名相尘埃的污染。有了取舍，就落入了名相的囚笼。既然不能在对象上进行取舍，那么究竟如何参禅呢？

“神通并妙用，运水与搬柴。”悟道之后，禅的神通和妙用，无非是搬柴运水这些最平常的生活，不要以为，神通妙用，就是脑后放光、足下腾云那些特异功能。

庞居士的日用偈正是说明禅就在最平凡、最普通、最平稳的人的生活里，在具体的平凡的事物里。庞居士常说自己的修行之道是“睡来展脚睡”，“夜来安乐眠”，“逍遥安乐睡”，“缘事常区区，不如展脚睡”，“横展两脚睡，至晓不寻思”。

中唐以后的南宗禅基本上是马祖一系的洪州禅，而洪州禅最有代表性的思想是“平常心是道”，“平常心”要求学人不造作，也就是庞蕴所说的“头头非取舍，处处勿张乖”，不落是非取舍，不思断凡取圣，用一颗平常心去应机接物，就会惊喜地发现大道无处不在。禅宗修行的最高境界是了无修行的概念，破除一切有为法，达到无心的至境，随缘任运，自在欢喜。达到至境方知修行道场不在高山深林中，不在寡室孤檐下，而在生活中的每一个平常细节里。

徒弟问慧海禅师：“师父您还用功修行吗？”慧海禅师说：“用功啊。”“有什么神通呢？”“饥来吃饭，困来即眠。”徒弟说：“世上所有人都是这样子的，为什么不是修行，而您这样做就是修行呢？”师父说：“不一样。世上的人，吃饭时不在吃饭，千种妄想；睡觉时不在睡觉，万般计较，所以不是修行。而为师我吃饭时只是吃饭，睡觉时只是睡觉，所以才是修行。能够做到这一点，才是最大的神通啊！”

〔北宋〕李公麟《佛像》

〔明〕丁云鹏《佛像》

李翱《赠药山高僧惟俨》

李翱(772—841)，字习之，陇西成纪(今甘肃秦安东)人。唐代文学家、哲学家。李翱是由反佛到参禅的典型。李翱任朗州刺史时曾得惟俨禅师点化，后作《复性书》将禅教义理融入儒家学说，开宋明理学之先声。诗题中的药山惟俨禅师是唐代高僧，石头希迁禅师法嗣，曹洞宗始祖之一，在禅宗历史上有着举足轻重的地位。

赠药山高僧惟俨

（其一）

炼得身形似鹤形，千株松下两函经。
我来问道无余说，云在青天水在瓶。

【译文】

把身体修炼得像仙鹤般轻灵，
千年长松下相伴着两卷佛经。
我来问道大师什么也没有说，
只是指示我云在青天水在瓶。

李翱去药山参拜药山惟俨禅师，禅师正在窗下看经，既不起身迎接，也不抬头招呼他。李翱急躁地说：“见面不如闻名！”禅师说：“太守为什么要贵耳贱目？”李翱连忙施礼道歉，请教：“什么是禅？”禅师用手指指空中，又指指地上。李翱没有领会，禅师说：“云在青天水在瓶。”李翱欣然有悟，当即吟出此诗。

“炼得身形似鹤形”。是从外貌的脱俗来赞叹惟俨禅师内心的修养。鹤给人的感觉是高洁与飘逸，这句话说惟俨禅师身体清瘦，精神矍铄，很有得道者的高逸之风，看上去令人神清气爽，与一般和尚的体型大为不同。

“千株松下两函经”。“千株松”说明药山环境的清幽美妙。松林茂密安静，是参禅悟道的好所在。鹤最喜欢巢在松树上，松下的禅师也自然令人联想到仙鹤。“两函经”，是说佛经还没有打开，还盛在书套里。为什么呢？因为药山禅师曾对人说自己拿着佛经的时候，不是为了阅读，而是“只图经遮眼”，只不过是用它来遮遮眼睛挡挡光线而已。这是只有大悟之人才具备的神情风致。这句诗透露出禅师熟悉经典又不屑于以研读经典自诩，对自己的悟性充满了自信。

“我来问道无余说”。惟俨禅师很久没有升堂说法，弟子们都很希望听到他的教诲。他就命人打钟，刚刚召集起众人后，就一言不发地退堂了。弟子们问其缘故，他说：“讲经文有讲经文的经师，讲戒律有讲戒律的律师，我是禅师，而禅又怎么可以讲呢？”可见惟俨之所以对来访者显示“无余说”的机锋，是不想用言语来谈禅。然而“无余说”又并不等同于压根儿就不说，因为学人还在一旁等着他的指点。那么，禅师又是如何指点学人的呢？

“云在青天水在瓶”。这便是禅师所指示、李翱所体悟到的“道”。云在青天，从风变灭，卷舒自如；水在瓶中，恬静安详，清光可鉴。如果你是云，就以云的立场，在天空逍遥漂流；如果你是水，就以水的立场，在瓶中安逸自在。一个人不论处在什么样的情境，都要充分把握住此时此刻，而不要徒劳无益地思考这个梦想那个，否则既得不到所企想的东西，又失去了此时此地的欢乐。云就只是天上的云，潇洒自在；水就只是瓶中的水，恬静安详。把握现境，活在当下，才是禅的精髓所在。

（其二）

选得幽居惬野情，终年无送亦无迎。
有时直上孤峰顶，月下披云啸一声。

〔南宋〕梁楷 《八高僧故事图卷》（局部）
图绘南北朝至唐代佛教禅宗高僧的故事。

【译文】

选择清幽的地方修行惬意怡情，
终年无俗事用不着送往和迎来。
有时径直就登上了孤峰的峰顶，
在月下长啸拨开了遮月的乌云。

第一首因“云在青天水在瓶”而闻名禅林，成为参禅佳句广为传诵。云和水性同而相殊，在青天以云的姿态卷舒自如，随风逍遥；在瓶中则以水的立场恬静安详，悠闲自在。这是“随缘任运”的一种宁静的特质。第二首诗则转入了另一面偏动的特质，写出了悟禅之人特有的风致。

“选得幽居惬野情，终年无送亦无迎。”“野情”，指迥离世俗的情趣，为全诗奠定了“野”的基调。这种“野”并非桀骜不驯的狂野，而是指率性自如的品格。禅师幽居山林，世人罕至，整年没有迎来送往的尘世应酬，心境便始终处于一种无拘无束的空灵而自由的状态。为了使这野情得到充分的体验，就得选取一个幽僻的居处环境，这也就是上诗所说的“千株松下”。在这里，世俗之人罕至，禅者可以完全不受世事的纷扰。整年没有迎来送往的尘世的交结应酬，心境便始终处于一种无拘无束的空灵而自由的状态。

“有时直上孤峰顶，月下披云啸一声。” 禅宗多以“孤峰”喻圣境。“有时”，偶尔；“直上”，径上，写的是禅师的率性任运。禅师的一切行为都是自由意趣的抒发。上到了峻拔孤立的峰顶圣境，他所见到的也只有他自己，孤迥迥地挺立于天地之间，自己遂和孤峰合而为一。月亮冲出云层，泻下万顷光辉，他的身心一片澄明，他被这月光所溶化，自己也仿佛变成了月亮。所以月亮冲出云层，也就是自己在拨开云雾。

为什么云开月出竟使得定力深厚喜忧不形于色的高僧如此激动不已呢？在《六祖坛经》里，我们可以找到答案：

“自性常清净，日月常明，只为云覆盖，上明下暗，不能了见日月星辰。忽遇惠风吹散，卷尽云雾，万象森罗，一时皆现。世人性净，犹如青天，慧如日，智如月，智慧常明，于外著境，妄念浮云盖覆，自性不能明。若遇善知识，闻真正法，自除迷妄，内外明彻，于自性中万法皆见……”

原来，云开月出，象征着世俗的尘霾被驱除殆尽，佛性的光辉涵盖宇宙。在这样的时候，他的激情达到了顶点，能够尽兴倾泻这自由奔放的豪情的方式，只能是那撼天动地的长啸！

据禅宗典籍的记载，惟俨禅师发出这一声长啸后，寺院周围九里之内的村民们都听到了他的啸声。村民们惊讶这声音来自何方，次日早晨，他们一路寻找，来到禅寺，这才知道昨晚的长啸声竟是禅师对月时发出的。

这样的一声长啸，震撼乾坤，何止九里，它一直延续到了宋代明代！李翱谒见惟俨禅师后，“著《复性书》上下二篇，大抵谓本性明白，为六情玷污，迷而不返。今牵复之，犹地雷之复见天地心矣。……其理则从真舍妄，彰而乃显自心。”（《宋高僧传》卷十七）在这开宋明理学先河的《复性书》中，我们不正可听到云开月现时禅师长啸的余音吗？

杜荀鹤《悟空上人院夏日题诗》

杜荀鹤(846—904)，池州石埭（今安徽石台）人。晚唐诗人。诗承杜甫、白居易的现实主义手法，多反映唐末的社会黑暗及民生苦难。语言浅白，晓畅易读。在当时，他就因其“多惭到处有诗名”(《叙吟》)的突出成就而被称作“诗家之雄杰”(顾云《唐风集序》)。杜荀鹤生逢时代变迁的动荡时代，目睹百姓之苦，亲证儒生梦想堕落之痛。他在佛教中找到心灵的慰藉，在精神上遁入空门，泯灭了早年不可能实现的人生理想与信念。杜荀鹤诗多有与寺僧赠题之作，诗歌中既可以看出当时佛教的情势，也可以看出杜荀鹤对佛教有着深刻的参悟。

悟空上人院夏日题诗

三伏闭门披一衲，兼无松竹荫房廊。
安禅未必须山水，灭却心头火自凉。

【译文】

三伏酷暑天高僧披着袈裟端正坐禅，
禅房闷热没有松竹荫凉来遮盖房廊。
深入禅定并不要靠清凉的名山胜水，
灭掉了心头的欲火自然会凉快无边。

此诗通过生动的形象，传达出心静自然凉的禅理，不论是在禅门还是在社会上都是流传极广的一首名诗。

“三伏闭门披一衲，兼无松竹荫房廊。”三伏酷暑是一年中最热的时候。禅师披着袈裟在禅房里用功打坐，并没有因为天气酷热就简单随便。禅师在其中打坐的禅房是怎样的情况呢？它完全暴露在烈日的炙烤之下，没有松竹的阴凉来遮盖房廊以挡住炎热的侵袭，换了一般人早就坐立不安了。而禅师却能在火炉似的房子里安然禅坐，这是何等的超脱，何等的从容，何等的自在！

“安禅未必须山水，灭却心头火自凉。”虽然房子里暴热，禅师仍然威仪具足、神态安详地在里面打坐，一点儿也没有炎热的感觉。诗人由衷地生起了钦佩赞叹之情：由此看来，安禅打坐，并不一定需要到山水清凉的地方去。参禅之人不要特别在意外界的条件和环境，只要灭掉了心中的欲火，没有任何杂念妄想，纵然是在酷热的环境里，仍然能心如止水，有置身清凉世界的感受。

灭却心头就是灭掉心中的相对立的观念，贫与富、尊与卑、多与少、冷与热，把这些相对的观念(“心头”)灭掉之后当下就有透体的清凉。“火”指世俗的烦恼。逃避烦恼并不能解决问题，只有深入烦恼中，才能证成对烦恼的觉悟。苦乐是心理现象，将苦乐的对立化解了，心里就会祥和。

白居易《苦热题恒寂师禅室》：“人人避暑走如狂，独有禅师不出房。可是禅房无热到？但能心静即身凉。”说的也是同一意思。

“安禅未必须山水，灭却心头火自凉”后来成为禅门流行的禅语，被许多禅师用来点化弟子。在有“禅门第一书”之称的《碧岩录》中有一则公案：学人问洞山禅师：“寒暑到来时，该怎样回避?”洞山答：“到那没有寒暑的地方去。”其人又问：“哪里是没有寒暑的地方?”洞山答：“冷时冷死你，热时热死你！”学人还是不懂，就去问黄龙禅师：“到底应该怎么办?”黄龙禅师一语道破天机说：“安禅未必须山水，灭却心头火自凉！” 大自然有寒暑变异，人生也有阴晴圆缺，此事古难全。对此，禅者的态度是不去回避，而是深入到问题的里面，与之打成一片，这样才能有烦恼即菩提的体证。

对这两句话的体证和修持，有的禅师甚至献上了自己的生命。

日本战国时期的织田信长消灭了对手武田信玄的军队后，因敬慕武田信玄的师尊快川国师，带着大礼到惠林寺邀请他出山，可快川却丝毫不予理睬，这大大刺激了织田的自尊。当织田得知惠林寺曾藏匿保护过武田的家将，并掩护他们出逃的消息后，就命令士兵纵火焚烧惠林寺。快川国师在寺院楼阁上，淡定从容地吟诵了“安禅未必须山水，灭却心头火自凉”两句诗，之后便投身火海，进入了清凉胜境。

怀浚《家在闽山东复东》

怀浚，秭归(今属湖北)人。唐末五代初僧。工诗。性孤高，清操自负。

家在闽山东复东

家在闽山东复东，其中岁岁有花红。
而今再到花红处，花在旧时红处红。

【译文】

家住在闽山的东边又朝东，
在那儿岁岁有花开似火红。
如今我再到花红的地方去，
花儿在过去红艳的地方红。

这是一首极富表现力的诗，是禅诗中的妙品。

“家在闽山东复东”。禅宗把大彻大悟、明心见性，比喻为“归家稳坐”。“家”喻指精神家园。“东复东”，是说家在很远的地方，远隔千山万水。其实，家并不遥远，它一直都在那里等你回来。而之所以觉得家远，是因为我们流浪太久，迷失了太久，以至于觉得离精神的故乡越来越远。

“其中岁岁有花红”。纯真的佛性，也正像家园的风景一样，绚烂明丽，温馨温暖。这样的故园景色，在我们迷失本心、浪迹天涯之前，就深深烙印在了脑海里，时时刻刻在梦醒时分呼唤着浪子回头。

“而今再到花红处，花在旧时红处红”。当结束了精神的流浪，悟得了大道，回归到心灵的故里，再一次看到了佛性的璀璨亮丽，就像红花一样饱满地热烈地绽放。色身如漏斗般过而不留，衣食住行等都需要依靠外在的条件，在人生苦旅中罹患衰老之苦；而佛性如万宝藏般永恒，不生不灭，从不凋零，佛性的清净光明不依靠外在条件，而在人之本心。

一个人经历了颠沛流离之后，勘破无明，“生灭灭已”，熄灭妄念，从迷失走向明达，就会收获不生不灭的“寂灭为乐”。“寂灭”，就是“涅槃”，是欲望之火平息之后，心中所生起的宁静平和的状态，也就是不生不灭的“花在旧时红处红”的感受。诗人采用回环唱叹的手法，使诗歌有了鲜明、活泼的画面感，把无色无相的佛性比作可感可知的花红，让人能更深刻具体地体悟佛性的热烈饱满，洞彻佛性不生不灭，永恒长在。

这种浪子归乡、复归本心的历程也就是王国维《人间词话》中所言成大事业、大学问者的第三重境界：“众里寻他千百度，蓦然回首，那人却在灯火阑珊处”（辛弃疾《青玉案·元夕》）。苦苦寻觅的“他”，就是“那人”，就是本心、大道、佛性，“蓦然回首”就是破迷开悟、当下承当，回首便在灯火阑珊处寻到了“那人”。其实“那人”一直就在身边，从未离开，只不过世人愚痴，不能察觉。一旦停止了向外求索，就会发现最美的风景近在咫尺。

〔明〕丁云鹏 《三教图》
图绘孔子、老子、红衣罗汉坐于树下共同探究玄理的情景。

释契此《插秧诗》

契此(？—916)，明州奉化(今属浙江)人。五代后梁高僧。史载，佛陀时期，弥勒佛生在印度，随佛陀出家，大乘佛教把他看作是释迦牟尼佛的继任者，常被尊称为当来下生弥勒佛。他被大乘佛教唯识学派奉为鼻祖。

到了五代，中国民间出现了一位布袋和尚，蹙额大腹，自称“契此”，一手持着念珠，一手背着布袋，四方游历，佯狂疯癫，出语不定，喜乐自在。有人向他问道时，他就把肩头的布袋放下，提醒人们放下即是自在。临圆寂时，说了首偈子：“弥勒真弥勒，化身千百亿。时时示时人，时人自不识。”圆寂后，现出种种异相。这时人们才恍然大悟，知是弥勒佛乘愿再来。于是，在中国后世的弥勒佛就依照布袋和尚的形象来进行塑造了。

插秧诗

手把青秧插野田，低头便见水中天。
六根清净方为稻，退步原来是向前。

【译文】

手上拿着一束青秧要插满这野田，
低头就看见了水中倒映着的青天。
六根清净秧苗就能成长长出稻子，
退着向后插秧秧田就一步步向前。

这首诗以农夫插秧感悟人生哲理。

“手把青秧插野田”。农夫插秧时，手里拿着满把的秧苗，低头弯腰，倒退着身子，依次把秧苗插到田里。

“低头便见水中天”。低下头来才能看到倒映在水田里的天空。这句的喻义是，人在虚心谦卑时，就能发现自己清净的心灵如同清澈的水一样，包容辉映着天地万物。

“六根清净方为稻”。表层的意思是说，秧苗干净，没有被虫蛀，才能长成稻子。深层是以“稻”喻“道”。如何是道呢？六根不受尘埃的污染，才能修炼成大道。“六根”是指眼、耳、鼻、舌、身、意六种人与生俱来的感知世界的机能。与六根相对的是“六尘”，也称作六境，即六根所缘之外境，是指色尘、声尘、香尘、味尘、触尘、法尘，尘意为染污，意谓六境能染污清净本心。内六根接触外六境时，生成相应的色、声、香、味、触法六识，形成了通常意义上对世界的认知。

佛教有一则故事，说黑氏梵志以左右手擎合欢、梧桐花来供养佛。佛说：“放下著。”梵志放下左手一株花。佛又说：“放下著。”梵志又放下右手一株花。佛又说：“放下著。”梵志说：“佛陀，我今两手皆空，更教放下个什么？”佛说：“我并不是要你放下手里的花，而是要你放下外六尘、内六根、中六识。把这些统统放下，放到没有可放的时候，你就能免生死，进入涅槃境界了。”梵志于言下顿悟，直契本心，进入了不生不灭的“无生忍”境界。（《五灯会元》卷一《释迦牟尼佛》）人产生烦恼的根本在于六根与六尘相接触，产生虚假无明的六识。佛陀让梵志统统放下，就是要他放下所有执着烦恼，无心无求，就能见性成佛。

“退步原来是向前”。插秧时一边插一边往后退，退后一是不会踩到刚插下去的秧苗，二是能把插下去的秧苗与前面的对齐，不会插得歪歪斜斜。当人在“退步”的时候，秧田在一步步地前进，插秧的工作正在一步步地完成，可见这“退步”实际上就是最大的进步。这里的寓意非常显明。古人说“以退为进”，又说“万事无如退步好”，人生若能退后一步，呈现在你面前的世界，反而是海阔天空了。

苏轼《和子由渑池怀旧》

苏轼(1037—1101)，字子瞻，自号东坡居士，四川眉山人。宋神宗嘉祐进士，官至礼部尚书。因反对王安石变法，几度被贬。苏轼是宋代伟大的文学家，诗词文皆佳，他才华卓越，悟性灵动，给世人留下了大量的禅诗佳作。他是最浪漫的诗人，最超脱的文人，最豪放的词人，最潇洒的旅人，最有魅力的禅人。苏轼的一生，将中国传统的儒、道、佛三大思想体系很好地融于一身。他以儒家积极入世的思想从政，立志做一个经世济民的人物，又以释、道二家思想，应对人生忧患，超然物外，因而在任何逆境中都能随遇而安，不悲观，不颓唐，永远保持一种旷达乐观的人生态度。

和子由渑池怀旧

人生到处何所似，应似飞鸿踏雪泥。
泥上偶然留指爪，鸿飞那复计东西。
老僧已死成新塔，坏壁无由见旧题。
往日崎岖君记否？路长人困蹇驴嘶。

【译文】

人的一生四处漂泊到底像个什么？
就好像飞鸿在雪泥地上留下爪印。
泥地上偶然留下的爪印难以长久，
鸿雁总是飘飞而去不知身在何处。
老僧已经寂灭，留下了新塔一座，

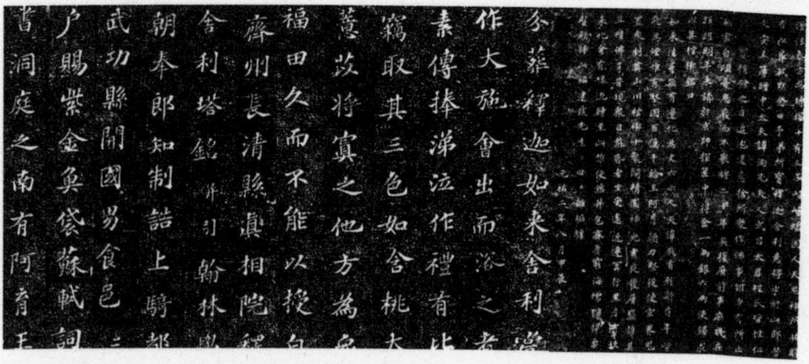

〔北宋〕苏轼《长清真相院舍利塔铭》(局部)
塔铭记述了元丰八年（1085）苏轼由登州奉诏回京，途经长清真相院，将其弟苏辙所得舍利捐献为父母祈福之事。

颓坏的墙壁上，哪里找旧日题诗？
兄弟你可还记得往日的山路崎岖，
日子长行人倦还有那跛驴在鸣嘶。

子由，苏轼之弟苏辙，字子由。渑池在河南境内。当时作者赴任陕西路过渑池(今属河南)，其弟苏辙送作者至郑州，然后返回京地开封，眷眷手足之情难遣，写下《怀渑池寄子瞻兄》寄赠，本诗是和诗。本诗是一首备受称道的七律，著名的成语“雪泥鸿爪”就来自于本诗，比喻人生的虚无缥缈、飘忽不定和难以捉摸。诗中透露出人生无常、珍惜缘分的思想。

“人生到处何所似，应似飞鸿踏雪泥。”人生在世，到处漂浮，到底像什么？人生无常漂泊，就像飞鸿留在雪泥上的爪印一样。

“泥上偶然留指爪，鸿飞那复计东西？”雪泥上偶然留下了爪印，但那留下爪印的鸿雁，早已不知道飞到了哪里。“老僧已死成新塔，坏壁无由见旧题。”回首往事，也是雪泥鸿爪般无常脆弱。老僧已死，塔林中新添了一座舍利塔，佛寺的墙壁上也泯灭了往日的题诗。那些题诗，也像老僧之死一样，渺无踪迹可寻。

“往日崎岖君记否？路长人困蹇驴嘶。”写这首诗时，距离上次时间已过去了五年。回想起当年赴任的光景，道路漫长，行人困乏，还有那跛驴在疲倦地嘶鸣。这些往日颠沛坎坷的光景，今天回忆起来，就愈发显得温馨。人生是雪泥鸿爪般的无常，生活的每一个脚印都是雪泥鸿爪，兄弟之间的每一次相处都弥足珍贵。往日的狼狈情景，今天反而成为美好的回忆。

克勤《悟道诗》

克勤(1063—1135)，彭州(今四川彭州市)人。年少出家，参五祖法演禅师而得法，住成都昭觉寺。靖康之变后，宋高宗召其议论军事，赐号“圆悟大师”。所著《碧岩录》被誉为“禅门第一书”。

悟道诗

金鸭香销锦绣帏，笙歌丛里醉扶归。
少年一段风流事，只许佳人独自知。

【译文】

金鸭香炉吐出香烟消失在锦绣的罗帐内，
笙歌缭绕的欢场痛饮大醉让人搀扶而归。
这一段风光旖旎的少年儿郎的风流韵事，
只有和自己情投意合的佳人独自来体会。

在写这首诗之前，克勤禅师听到他的师父法演禅师向人举“频呼小玉元无事，只要檀郎认得声”两句描写新婚洞房情景的诗来谈禅。

古时男女授受不亲，一个女子是不能主动对男性表示愉悦之情的，纵然是在洞房花烛之夜的新娘子，也不能大声呼叫自己的夫婿。于是，坐在洞房里等待夫婿的新娘子，就通过频频使唤贴身丫鬟小玉端茶倒水的举动，来引起夫君的注意，让他知道自己正在房中等着他呢。

诸佛祖师的良苦用心就如同这位新娘子，而众生就如同被点醒的新郎。

诸佛的教示言说、祖师们的语录公案，就是那频呼小玉的弦外之音。法演禅师引用这首艳诗，用来暗示具有慧根利器的人，一经诸佛祖师的启示，便可悟道。

克勤听了这两句诗后心有所悟，就作了这首艳诗呈给师父。诗中用少年羞于言说风流韵事的沉醉情态来比喻禅不可说，象征禅门师徒间特有的心心相印的传承方式。

“金鸭香销锦绣帏，笙歌丛里醉扶归。”“金鸭”是鸭形的金属香炉。“锦绣围”是锦绣罗帐。诗意说，金鸭香炉，香烟缭绕，弥漫在锦绣的罗帐内。酒宴是如此的欢快，让人畅饮尽兴，他喝得醉醺醺的，被人搀扶着回去。

“少年一段风流事，只许佳人独自知。”这沉醉的少年郎回想起刚刚经历的一段风流艳事，心中充满了喜悦之情。他知道这秘而不宣的两情相悦，只有那个和他共同体验着“风流”情趣的“佳人”才能心知肚明。两句诗是在比喻禅悟的境界，只有两个当事人才知道其中的意味，这两个人就是自己和老师。

禅悟的境界好比少年热恋中的情事，如人饮水，冷暖自知。少年的情意，只有热恋少年的女子才能感觉得到。佛对众人的呼唤，师父对徒弟的呼唤，也只有那些心中有佛性的人才能听得到。

法演看了弟子这首香韵袅袅的艳情诗后，非常高兴地予以认可。

千佛石碑
以石碑形式雕刻的千佛群像。四周满刻千佛小龛，神圣庄严。
正背中央凿刻释迦牟尼佛与弥勒佛，表现“贤劫千佛”主题。

慧开《颂平常心是道》

慧开(1183—1260)，字无门，杭州人。幼年出家，广识经论。参赵州禅师“无”字而得悟。绍定二年（1229），为给皇帝祝寿而撰写《无门关》一卷，被誉为禅门三大圣书之一，与《碧岩录》《十牛图》齐名。

颂平常心是道

春有百花秋有月，夏有凉风冬有雪。
若无闲事挂心头，便是人间好时节。

【译文】

春来百花香，秋到月色美，
夏日凉风爽，冬至雪花飞。
如果没有闲杂事情挂心头，
任何时候都是人间好时节。

这是一首流传千载脍炙人口的禅诗。“春有百花秋有月，夏有凉风冬有雪。”春花秋月，夏风冬雪，一年四季，都有良辰美景。人间胜景，令人赏心悦目，心旷神怡。不但四季有美景，而且即便是同一美景，四季也各不相同。欧阳修《醉翁亭记》说：春天野花竞发，幽香袭人；夏季佳木舒展，浓荫铺地；秋季风冷霜清，天高气爽；冬时水落石出，银装素裹。北宋画师郭熙在《林泉高致》里说四时山色的特征是：“春山淡冶而如笑（形容山颜色浅淡明丽），夏山苍翠而如滴，秋山明净而如妆，冬山惨淡而如睡。”明人沈颢《画

敦煌壁画 菩萨像

麈》则说："山于春如庆，于夏如竞，于秋如病，于冬如定（老僧入定）。"

"若无闲事在心头，便是人间好时节。""闲事"指妨碍平常心的事，也就是耗费心智的事。心灵的明镜若蒙上了"闲事"的尘垢，则映现出来的万事万物就会失去其本来面目。陆游《解闷》说："君能洗尽世间念，何处楼台无月明？"只要抛开世俗的名利欲望，则无论在哪里，楼台上的月色都清丽明亮。确实，如果我们把闲杂的事情从心头断除，就能时时刻刻欣赏人间的好时节，充分体会"日日是好日"的生命情境。

苏东坡《记承天寺夜游》："何夜无月？何处无竹柏？但少闲人如吾两人者耳。"在这个世界上，心头能够不挂闲事的人，确实非常难得。唐人欧阳詹诗谓"月照千峰为一人"（《秋夜寄弘济上人》），圆悟克勤说："百花春至为谁开？"（《碧岩录》）在这个世界上，缺乏的不是美景，而是品鉴美景的眼睛、格调、心情。

所谓"众里寻他千百度，蓦然回首，那人却在灯火阑珊处"，这经过苦苦寻觅的"那人"，就是本心、大道、佛性。品读禅诗，你会惊喜地发现，在经历了苦苦寻觅之后，终于在这里，找到心灵深处的最终极的期盼，找到时时收获春花秋月、夏风冬雪的好时节！

德清《醒世歌》

德清（1546—1623），字澄印，别号憨山，世称憨山德清。安徽全椒人。十九岁受具足戒。明神宗时，以私创寺庙罪流放雷州。遇赦后，入庐山禅居。提倡“禅净兼修”，主张“念佛参禅兼修之行，极为稳当法门。”德清极力倡导三教一理，三圣同体。“不知《春秋》，不能涉世；不精《老》《庄》，不能忘世；不参禅，不能出世。”有《憨山老人梦游全集》传世。

以下都是《醒世歌》：

红尘白浪两茫茫，忍辱柔和是妙方。
到处随缘延岁月，终身安分度时光。

【译文】

逆缘逆境像红尘飘飞白浪奔涌般无边无际，
忍辱谦让心性调柔，才是为人处世的妙方。
无论身处何地都随顺着因缘从容度过岁月，
终身心满意足安守本分地度过美好的时光。

“红尘白浪两茫茫，忍辱柔和是妙方。”世间的流言蜚语像红尘一样掀天揭地，像白浪一样扑面而来。如何面对这些逆缘、逆境，用忍辱柔和的方式来应对是最妙的药方？“忍一时风平浪静，退一步海阔天空。”不管遇到怎么样的艰难挫折，只要柔和泰然地面对它，就能跨过去。在众人你死我活争来抢去的红尘里，如果能多一点忍辱柔和，当下就会快乐自在。

“到处随缘延岁月，终身安分度时光。”不管在什么地方，我们都不要强求，不要攀缘，而要随缘，随顺着缘分，一辈子安于本分度过时光。生活里很多人都想攀缘，喜爱权势的人想着升官发财，喜爱金钱的人想着日进斗金，注重形貌的人想着整容手术，结果反而往往给自己带来了不幸。一个人如果能大富大贵，肯定有大富大贵的因缘，如果相貌丑陋，肯定也有相貌丑陋的因缘，要想攀缘去强行改变是很困难的，命中只有半斗米，走遍天下无十升。世间万事都是如此，因缘具足时，该来的钱会来，该转的运会转。命里有时终须有，命里无时莫强求。随顺因缘，用坦然的心态，过宁静的生活，是人生的一大福报。

休将自己心田昧，莫把他人过失扬。
谨慎应酬无懊恼，耐烦作事好商量。

【译文】

要坚守住底线不要昧着良心做出不好的事，
也不要把别人的过失在别人面前大肆宣扬。
与人应酬时要小心谨慎不要冲突以免懊悔，
做事情时要细致耐心和别人好好沟通商量。

“休将自己心田昧，莫把他人过失扬。”做人要有良心，要与人为善，多赞扬别人的优点和长处，不要去宣扬别人的过失。如果看到别人有过失就幸灾乐祸，大肆宣扬，这是一种很坏的行为。《弟子规》中说：“扬人恶，即是恶。”宣扬别人的过失本身就是一种过失。说人是非者，即是是非人。静坐常思己过，闲谈莫论人非。别人统统是菩萨，唯我一个是凡夫。

“谨慎应酬无懊恼，耐烦作事好商量。”与人交往时要谨慎应酬，要懂得为人处世的基本原则：对上者恭敬尊重，对中者和睦相处，对下者慈悲关爱。不要跟谁都合不来。有些人，一开口就是负能量，浑身散发着浊恶之气，结果落得一身的毛病，这是业障深重的结果。在做事情时，我们不能自作主张，要跟别人多多商量。这样即使事情没办成功，人们也不会对你有怨言。因此，在和别人接触时，一定要耐住烦躁，要多多商量，要有善巧方便才好。

从来硬弩弦先断，每见钢刀口易伤。
惹祸只因闲口舌，招愆多为狠心肠。

【译文】
自古及今常见强硬弓弩的弦线很易被折断，
削铁如泥的钢刀的刀口也极容易受到损伤。
招惹飞来横祸往往是由闲话开始继起争执，
罪祸降临身上也多是因心狠手辣心地不良。

“从来硬弩弦先断，每见钢刀口易伤。” 为什么硬弩的弦最容易绷断？就是因为绷得太紧了。为什么钢刀的口最容易损伤？就是因为太锋利了。如果一个人的心气行为太粗暴、性情太刚强，早晚会落得悲惨的下场。所以我们应该经常保持柔和的态度，心平气和地为人处世。

“惹祸只因闲口舌，招愆多为狠心肠。”我们要时刻观照自己的语言，不让它引起种种祸患。《老子》说：“多言数穷，不如守中。”一个人的闲话口舌太多，会给自己惹来祸患。人生很多罪过的降临，都是由于过于自我，性情刚强难化所导致的。这就叫自作孽，不可活。

是非不必争人我，彼此何须论短长。
世事由来多缺陷，幻躯焉得免无常。

【译文】
没有必要整天争论你多了不起我有多厉害，
彼此之间又何必一直要分别你多短我多长。
这娑婆世界从来就充满了各种各样的缺陷，
缘起如幻的躯体又怎能长命百岁逃离无常。

“是非不必争人我，彼此何须论短长。”一个沉浸在悟道中的禅人，根本没有时间去谈论别人的是非，也不会在意别人对自己说是说非。“举世誉之而不加劝，举世非之而不加沮。”（《庄子·逍遥游》）“从他谤，任他非，把火烧天徒自疲。我闻恰如饮甘露，销融顿入不思议。”（《永嘉证道歌》）同样，彼此之间，又何必争短论长？各人的田地各人种，修自己的行，悟自己的道，他人是长还是短，和我有什么关系？我有多长有多短，关别人什么事？

“世事由来多缺陷，幻躯焉得免无常。”我们生活的这个世界是娑婆世界，不是极乐世界，所以自然会有许多缺陷。既然娑婆世界缺陷这么多，加之自己的幻化的身躯也免不了无常，来时一丝不挂，去时一缕青烟，还不如路过人间，拈花而笑。如果天天掉到人我是非、斗来争去的粪坑中，又有什么意思？

吃些亏处原无碍，退让三分也不妨。
春日才看杨柳绿，秋风又见菊花黄。

【译文】
在为人处世的时候吃些亏没有什么大不了，
在与人交往时大度一点退让三分又有何妨。
兴衰交替如此迅疾才看到春天杨柳纤纤绿，
转瞬之间又看到了秋天怡人的菊花璨璨黄。

“吃些亏处原无碍，退让三分也不妨。”吃亏是福。舍得舍得，小舍小得，大舍大得，不舍不得。一个修行人，就不要怕吃亏。如果怕吃亏，就不是修行人。吃亏是在干什么？是在消除你的业障，培植你的福报。天道好还。爱占便宜的人，越占便宜他的人品就越便宜。能吃亏的人，越吃亏他的福报就越大。吃亏是修行，吃亏是福报。精明的最高境界就是厚道。既然如此，让他三分对修行的禅人来说，又有什么妨碍呢？让一时，风平浪静；退一步，海阔天空。退让三分也不妨，退让三尺也不妨。因为大家在世上争来争去，到头来到底能带走什么？“万里长城今犹在，不见当年秦始皇！”

“春日才看杨柳绿，秋风又见菊花黄。”春天的绿柳虽然很美，绿丝千缕，婀娜多姿，翠眉如黛，但转瞬之间，刹那生灭，很快就枝老叶黄，凋零衰落，弹指间就被秋天的黄菊璨璨的景色替代了。光阴奔驶，四季轮回，韶华易逝，万有归空，你还有什么放不下的，为什么还要老是纠缠在亏了还是赚了、升了还是降了、进了还是退了这些鸡零狗碎、猥琐不堪的事情上呢？

荣华终是三更梦，富贵还同九月霜。
老病死生谁替得，酸甜苦辣自承当。

【译文】

荣华终是半夜三更的美梦醒后什么都没有，
富贵如同九月的秋霜转瞬间也会无影无踪。
在轮回中有谁能替自己感受老病死生之苦，
这里面的酸甜苦辣悲欣啊唯有自己来承当。

“荣华终是三更梦，富贵还同九月霜。”虽然世人一门心思钻营荣华富贵、名声地位，但这一切就像三更梦、九月霜一样很快就会烟消云散。《六度集经》云：“盛者必衰，实者必虚。”昨天前呼后拥颐指气使的高官，可能一夜之间就沦为阶下囚、笼中虎；昨天挥金如土踌躇满志的富商，可能天还未亮就沦为负债翁、过街鼠。一辈子，用生命去交换虚无的三更梦，去博取短暂的九月霜，实在是如来所说的“可怜悯者”！只是可怜之人，必有可恨之处。身在局中之人，又如何能够体会和警觉？

“老病死生谁替得，酸甜苦辣自承当。”在这个世界上，荣华富贵带不走，功名利禄带不走，当你踏上轮回路，走上奈何桥的时候，你会发现，唯有业力才会如影随形地跟着你。在漫漫的轮回过程中，不管是到恶道中受苦还是到善道中受乐，一切酸甜苦辣都只有自己才能真切感受到，别人不可能代替。各人的田地各人耕，各人的生死各人了。既然如此，又何必为了短暂的荣华富贵而造作恶业，使自己遭受无休无止的永劫轮回之苦呢。

人从巧计夸伶俐，天自从容定主张。

谄曲贪嗔堕地狱，公平正直即天堂。

【译文】

人自恃聪明巧计钻营别人也夸他聪明伶俐，

最终却要受因果制裁老天自会从容定主张。

谄曲心贪婪心嗔恨心重的人将堕落到地狱，

公平正直行善积德的人一定会上升到天堂。

“人从巧计夸伶俐，天自从容定主张。”世人绞尽脑汁，费尽心机，拼命地算计钻营，斤斤计较，巧取豪夺，谋取私利，却还自以为聪明盖世，伶俐无双。殊不知对这一切上天早已看得清清楚楚，明明白白。人在做，天在看。天网恢恢，疏而不漏。举头三尺有神明，如影随形不离身。人算不如天算，不管你如何算计，到头来都必须遵循上天的主张。一味工于算计的人，到头来只会落得个“机关算尽太聪明，反误了卿卿性命！”（《红楼梦》王熙凤判词）的下场，算来算去，赔上了自己的身家性命。

“谄曲贪嗔堕地狱，公平正直即天堂。”何者下地狱，地狱在何处？何者升天堂，天堂在哪里？善有善报，恶有恶报。如果用谄曲心、贪婪心、嗔恨心造作恶业，必定会堕入旁生道、饿鬼道、地狱道感受痛苦；如果居心公平正直，用无贪的知足之心、无嗔的包容之心、无痴的智慧之心来行持善法，就可以前往天堂享受快乐。你的下一站是快乐还是痛苦，完全取决于你自己的行为是善还是恶。

麝因香重身先死，蚕为丝多命早亡。

一剂养神平胃散，两钟和气二陈汤。

【译文】

麝因为珍贵的麝香牵累了自身而招致惨死，

蚕因为贵重的蚕丝而被扔到沸水中把命丧。

所以我们应服用一剂养神调胃的灵丹妙药，
再加上两钟清心寡欲平淡和气的养心仙汤。

“麝因香重身先死，蚕为丝多命早亡。” 麝因为珍贵的麝香而身先死，蚕因为贵重的蚕丝而命早亡。一个人如果不能韬光养晦，动辄就显摆自己的财富、名声、地位、才华等，就容易受到别人的觊觎窥探，受到别人的羡慕忌妒恨，从而招致灭顶之灾。倒不如做一颗庄子所说的散木，匠人看不上眼，不会被利斧砍倒做成家具，散木就反而有了“无用之用”，而得以尽其天年。

“一剂养神平胃散，两钟和气二陈汤。”有鉴于树大招砍的教训，一个禅人就应当服用养神、和气的药方，过平平淡淡、宁静自在的生活。平胃散和二陈汤都是中药的名称。服用平胃散的重点在“养神”，服用“二陈汤”的重点在“和气”。服用平胃散和二陈汤这两种药，能让人们身体健康；同样，服用调心养神、和气融融的心灵之药，也能让人们内心快乐幸福。有求皆苦，无欲则刚。知足常乐，知足不辱。一个修行人能沉淀下来，身体健康调和，心灵愉悦快乐，养神怡性，和气生春，就生活在悟道的世界里面了。

生前枉费心千万，死后空持手一双。
悲欢离合朝朝闹，富贵穷通日日忙。

【译文】
生前没有觉悟的时候费尽心机地苦苦营谋，
殊不知临死的时候只能两手空空一无所有。
世间凡夫众生天天上演着悲欢离合的闹剧，
大家日日都在拼命地为富贵穷通辛苦奔忙。

“生前枉费心千万，死后空持手一双。”生前费尽心机、辛辛苦苦谋求财产、名声、地位，一直为这些身外之物而奔波忙碌，但死时只能两手空空，什么也带不走。万般带不去，唯有业随身！

敦煌莫高窟 第20窟 白佛爷洞——露天大佛
云冈石窟的第20窟又叫白佛爷洞，窟前一带大约在辽代以前已崩塌，造像完全露天，俗称“露天大佛”。这是云冈石窟的标志。

“悲欢离合朝朝闹，富贵穷通日日忙。”世间凡夫众生，天天上演着悲欢离合的闹剧，日日为富贵穷通而忙碌不已。大限到来时，现在我们为之忙碌的一切都会消失，一丝一毫也带不走。既然如此，那么现在我们每天都在上演悲欢离合的闹剧，都在为了富贵穷通而奔走忙碌，又到底有什么意义呢？把这个问题看清楚了，就是看破的悟者。把这个问题看不清楚，就是痴迷的众生。

休得争强来斗胜，百年浑是戏文场。
顷刻一声锣鼓歇，不知何处是家乡。

【译文】

要尽快地停止整天无穷尽争强斗胜的把戏，
人生短短的百年光阴就好像演了戏文一场。
执迷不悟时忽听得“当”的一声最后的锣鼓响，
突然间散场竟不知将随着业力流转到何方。

"休得争强来斗胜，百年浑是戏文场。" 滚滚长江东逝水，浪花淘尽英雄。是非成败转头空，输赢胜负浑如梦。宋代儒家说，尧舜事业，也不过是天空中的一点浮云掠过。千古风流人物，盖世功业，总被雨打风吹去。你再争强，能强过尧舜？你再斗胜，能胜过无常？所以，用禅心超越无常，人生顿时就会有崭新的气象，这就叫："成固可喜，败亦欣然。"（苏轼《观棋》）人生像是在下棋，也像是在演戏。短短百余年，不过一局棋，不过一场戏。纵是那锣鼓声掀天揭地，震耳欲聋，你我都不过是戏台上的傀儡，你方唱罢我登场，牵线的根本不是我们自己。什么时候上来，什么时候下去，也都由不了自己。

"顷刻一声锣鼓歇，不知何处是家乡。"当我们兴高采烈，手舞足蹈，在戏台上卖力表演，博得别人的掌声、赞叹的时候，忽然听到"当"的一声，原来是收场的锣鼓声响起，人生的这幕大戏在猝然间收场。再热闹再辉煌的戏也要谢幕。曲终人散的时候，四大分离的时候，我们惶恐茫然，手足无措：今生已过去，来生来世不知会随着业力流转到何方？人生一场戏，每个人的角色不尽相同。有的人成功得意，有的人失败潦倒。有的人富贵荣华，有的人一贫如洗。但不管你是谁，最后都终将谢幕，"当"的一声，你在这一辈子的戏就演完了，你就该下场了。如果平时没有修行，没有准备，这时你就会像热锅上的蚂蚁一样手忙脚乱，备受煎熬。而平日有所准备的人，锣鼓歇时就能潇洒谢幕，淡然一笑，欢喜而去，从容再来。

憨山大师用《醒世歌》警醒凡夫众生早日醒来，从痴迷无明中醒来，从昏昏大梦中醒来，从执着计较中醒来，泯分别，断轮回，证菩提。对于沉迷于红尘物欲的世人，可谓振聋发聩，当头棒喝。自古以来，所有的禅师都和憨山大师一样，推心置腹，和盘托出，用尽千种语言、万种比方，都是为了让世人早日醒来，早日休歇，早日回家："千种言，万般解，只要教君长不昧！"（石头希迁《草庵歌》）"千种言，万般说，只要教君自家歇。"（《续传灯录》黄龙法忠禅师语）"千般说，万般喻，只要教君早回去。"（《五灯会元》黄龙慧南禅师语）叹只叹凡夫众生，到底什么时候才能从红尘大梦中醒来呢？

【参考文献】

[1] 吕澄．中国佛学源流略讲[M]．北京：中华书局，1979．

[2] 赵朴初．佛教常识答问[M]．北京：北京出版社，2010．

[3] 印顺．中国禅宗史[M]．扬州：广陵书社，2008．

[4] 圣严法师．正信的佛教[M]．台北：法鼓文化，1999．

[5] 赖永海．中国佛教百科全书[M]．上海：上海古籍出版社，2000．

[6] 黄颂一．佛教200题[M]．北京：中国社会科学出版社，2006．

[7] 吴言生．参禅开智慧[M]．杭州：西泠印社出版社，2009．

[8] 吴言生，辛鹏宇．禅诗名篇一百首[M]．北京：中华书局，2016．

佛教

通识中国传统文化丛书

TONGSHIZHONGGUOCHUANTONGWENHUACONGSHU